TAX ACCOUNTING

应用型本科经济管理类·财会系列教材

税务会计与纳税申报实务

主　编　林颖华　郑雪莲

厦门大学出版社
XIAMEN UNIVERSITY PRESS
国家一级出版社
全国百佳图书出版单位

图书在版编目（CIP）数据

税务会计与纳税申报实务 / 林颖华，郑雪莲主编
. -- 厦门：厦门大学出版社，2023.8
应用型本科经济管理类. 财会系列教材
ISBN 978-7-5615-9027-0

Ⅰ. ①税… Ⅱ. ①林… ②郑… Ⅲ. ①税务会计-高
等学校-教材②纳税-税收管理-高等学校-教材 Ⅳ.
①F810.42

中国版本图书馆CIP数据核字(2023)第103187号

出 版 人　郑文礼
责任编辑　李瑞晶
美术编辑　李嘉彬
技术编辑　朱　楷

出版发行　厦门大学出版社
社　　址　厦门市软件园二期望海路 39 号
邮政编码　361008
总　　机　0592-2181111　0592-2181406(传真)
营销中心　0592-2184458　0592-2181365
网　　址　http://www.xmupress.com
邮　　箱　xmup@xmupress.com
印　　刷　厦门市明亮彩印有限公司

开本　787 mm×1 092 mm　1/16
印张　19.25
字数　460 千字
版次　2023 年 8 月第 1 版
印次　2023 年 8 月第 1 次印刷
定价　55.00 元

厦门大学出版社
微信二维码

厦门大学出版社
微博二维码

前　言

　　党的二十大报告指出"教育是国之大计、党之大计",强调"加快建设教育强国、科技强国、人才强国,坚持为党育人、为国育才"。习近平总书记指出:"育人的根本在于立德。要坚持社会主义办学方向,培养德智体美劳全面发展的社会主义建设者和接班人。"高校要全面贯彻党的教育方针,坚持社会主义办学方向,落实立德树人根本任务,深入推进课程思政建设,使思想政治教育贯穿人才培养全过程。本教材是在经济新常态下深化税制改革和全面推进高校课程思政建设的双重背景下编写而成的,旨在让学生在纳税申报过程中学会依法申报、合法筹划,让学生专业成才、精神成人,从而实现知识传授、能力培养与价值引领同频共振。

　　本教材以我国最新的税法和《企业会计准则》为主要依据,基于税务会计与财务会计适度分离的原则,以培养应用型人才为根本任务,按照企业税务实际工作的过程设计教材内容,系统地阐述了税务会计理论和纳税基础相关知识。在会计记录环节,按税务会计与财务会计混合模式阐述各税种的确认与计量。在申报纳税环节,分述符合税法要求的各税种申报实务知识。通过本教材的学习与相关训练,学生可以熟练地进行企业税务会计核算与纳税申报等工作。"税务会计与纳税申报实务"课程的前置课程为"中国税制",后置课程为"纳税筹划实务",读者可以同时选用本教材作者编写的、在厦门大学出版社出版的《中国税制》这一教材。

　　本教材的编写具有以下几个特点。

　　第一,操作性强,重视实践能力的培养。本教材的内容体现了最新的税收制度改革方向,利用全仿真的业务原始凭证和纳税申报表格为学生提供一个全真的模拟空间,可以培养学生对各税种的准确计算能力、纳税申报表主表及附表的填列能力,促使学生通过实训将所学的会计与税法专业知识进行有机结合。

第二,内容设计精炼,涉税事项覆盖面广。本教材涉及目前我国18个税种的核算与申报,实现了税种的全面覆盖,力求给学生和老师营造一个业务丰富的实务模拟环境。

第三,渐进教学,使用效果好。本教材的内容循序渐进,环环相扣,以不同税种会计为项目,在项目下按工作过程分解为"认识税种—税种的会计核算—税种纳税申报"三大具体工作任务,通过一系列相对独立、分层递进的实训示范和针对性练习,为学生的职业成长奠定扎实的基础。

第四,新颖性突出,使纳税申报简洁化。本教材的纳税申报内容与实际相结合,突出实用性和可操作性。由于目前网络远程纳税申报已是很多地区实行的纳税申报办法,为了让读者对主要税种的申报有更为清晰的了解,以国家税务总局厦门市税务局官网的操作为例,通过图示进行分步骤讲解。

编者

2023 年 3 月

目 录

第一章　税务会计与纳税申报基础

【学习目标】

1.理解税务会计的概念

2.掌握税务会计与财务会计的联系与区别

3.掌握纳税申报实务的基础知识

4.理解诚信纳税与纳税信用的内容

第一节　税务会计概述

一、税务会计的概念

(一)税务会计的产生特征

在国家产生并开始征税后,与关心自己的生产耗费一样,税款的缴纳者必然会关心自己的税收负担,自然也会有纳税计量和记录的要求。但在一个相当长的历史阶段内,社会生产力水平低下,各国的税制远未走向法治化,在这种纳税环境下,纳税人纳税的原始记录和计量不可能形成规范的体系。19 世纪末 20 世纪初,随着现代所得税的产生,各国税收逐步走上法治化的轨道,社会的经济形态从自给自足的自然经济(农业经济)转向工业经济,税务会计(纳税会计)的产生也就逐步具备了经济、法律等环境条件。正如美国著名会计学家 E.S.亨德里克森在其《会计理论》一书中所言,很多小型企业的会计目的主要是填制所得税申报表,它们在报税以前都不记账。甚至在大公司,收益的纳税也是会计师面临的一个主要问题。因此,所得税

— 1 —

法规对建立会计的通用程序具有一定的影响力就不足为奇了,这些程序也有助于会计理论的形成。

在税务会计的产生和发展过程中,现代所得税的诞生和不断完善对其影响最大,主要表现在:首先,企业所得税涉及企业的经营、投资和筹资等各环节、各方面,涉及收入、收益、成本、费用等会计核算的全过程;其次,科学先进的增值税的产生和不断完善,对税务会计的发展起了重要的促进作用,因为它对企业会计提出了更高的要求,迫使企业在会计凭证和会计账簿的设置、记载上分别反映收入的形成、物化劳动的转移价值及转移价值中所包括的已纳税金,这样才能正确核算其增值额,从而正确计算企业应纳增值税额。为了适应纳税人的需要,或者说纳税人为了适应纳税的需要,税务会计有必要从传统会计中独立出来,以充分发挥现代会计的多重功能。现在,越来越多的人承认,税务会计与财务会计、管理会计(成本会计可以与管理会计融合,也可以独立)共同构成会计学科的三大分支。可以说,现代企业会计体系是以财务会计为核心,以税务会计和管理会计为两翼的。

(二)税务会计的定义

税务会计形成时间较短,其制度及体系尚不完善,关于税务会计的定义更是众说纷纭。日本税务会计专家武田昌辅认为,税务会计是为计算法人税法中的应税所得而设立的会计,它不是制度会计,是以企业会计为依据,按税法的要求,对既定的盈利进行加工、修正的会计。日本的富岗幸雄则认为,税务会计是根据会计的预测方法来掌握并计算出确定的计税标准,从而起到传达和测定财务信息的租税目的与作用的会计。中国台湾地区的税务会计专家卓敏枝、卢联生、庄传成认为,税务会计是一门以法令规定为准绳,以会计技术为工具,日常负责归集企业各项交易活动和事项、股东可抵扣税额与未分配盈余计算的合法凭证,并加以整理、记录、分类、汇总,进而年度终了加以结算、编表、申报、纳税的社会(人文)科学。中国大陆著名税务会计学者盖地教授认为:税务会计是以所涉税境的现行税收法规为准绳,运用会计学的理论、方法和程序,对企业涉税会计事项进行确认、计量、记录和申报(报告),以实现企业最大税收利益的一门专业会计。

在总结国内外关于税务会计的定义的基础上,本教材对税务会计的定义作如下界定:税务会计是以税收法律法规为依据,对纳税人的纳税义务及其缴纳情况进行记录、计算、汇总,并编制出纳税申报表,在此基础上通过合理安排公司筹资、投资、经营、利润分配等财务活动,参与采购、生产经营以及内部核算等管理决策,既保证企业完成利税义务,又能降低企业税收负担,从而实现企业自身持续健康的发展。

二、税务会计模式

税务会计模式既受各国税法立法背景、程序的影响,又受各国会计规范方式、历史传统的影响,但基本上可以归为非立法会计(盎格鲁-撒克逊模式,社会公认型)、立法会计(大陆模式,法治型)和混合会计(准法治型)三种模式,也可以分为立法会计与非立法会计两种模式,如表 1-1 所示。

表 1-1　立法会计与非立法会计

项目	非立法会计	立法会计
实施国家	英国、加拿大、澳大利亚、美国、荷兰等	德国、法国、瑞士、大部分拉美国家
会计实务	公认会计原则指导	广泛立法规范
主导方	投资者(股东)	税法

在法国、德国等实施立法会计模式的国家,会计准则、会计制度从属于税法(特别是所得税法),即以税法为导向。因此,其会计所得与应税所得基本一致,只需对个别永久性差异进行纳税调整,税务会计与财务会计不必分开。而在实施非立法会计模式的国家和部分实施立法会计模式的国家,会计准则、会计制度独立于税法的要求,其财务会计的账面所得不等于应税所得,需要进行纳税调整,税务会计与财务会计应该分开。我国现行税法及会计准则、会计制度也遵循两者分离的原则。财务会计与税务会计属于不同的会计领域,两者分离有利于形成具有独立意义、目标明确、科学规范的会计理论和方法体系,是会计发展的主流方向。

由于各国社会经济环境存在明显差异,财务会计与税务会计之间形成了不同的关系模式,一般可以分为以英、美为代表的财税分离会计模式,以法、德为代表的财税合一会计模式和以日、荷为代表的财税混合会计模式。三种模式的对比见表 1-2。

表 1-2　财务会计与税务会计三种关系模式的对比

比较项目	财税分离会计模式	财税合一会计模式	财税混合会计模式
目标	体现真实公允	国家宏观需要	满足多方需要
账簿	财务会计与税务会计分设"两套账"	财务会计与税务会计为"一套账"	财务会计与税务会计合为"一套账"
程序	分别按会计准则、税法要求各自进行会计处理	对会计准则、制度与税法的不同之处,按税法要求进行处理,期末无须调整	在会计记录环节混合,其他环节各自处理
优点	会计信息质量较高	无须纳税调整	前两种模式的优点折中
缺陷	比较复杂	影响财务会计信息质量	前两种模式的缺陷折中

因各国的税制结构体系不同,税务会计一般可以划分为以下三种类型。

(1)以所得税会计为主体的税务会计。采用这种税制模式的国家(如美国、英国、加拿大、丹麦等),其所得税收入占税收总收入的50%以上,因此要求构建以所得税会计为主体的税务会计模式。

(2)以流转税(货物劳务税)会计为主体的税务会计。在一些发展中国家,流转税收入是税收收入的主体,所得税所占比重很小。在这种情况下,应建立以流转税会计为主体的税务会计模式。

(3)流转税与所得税并重的税务会计。在采用这种税制模式的国家(如德国、荷兰、芬兰、意大利等),实行的是流转税与所得税并重的复合税制,两者比重相差不大,共同构成国家的税收收入主体。就我国而言,尽管我国的流转税,尤其是增值税、消费税所占比重最大,但从税制体系看,我国也是复合税制体系。因此,在这些国家应建立流转税会计与所得税会计并重的税务会计模式。

三、税务会计与财务会计的联系与区别

(一)税务会计与财务会计的联系

要探讨税务会计与财务会计的关系,就必须明确会计与法律、会计与税收、会计与企业决策者的关系。法律对会计的影响是一个渐进的历史过程。历史发展到今天,各国包括税法在内的法律、会计都发生了巨大变化。会计的法规制度对我国会计工作的影响是方向性的。税收对会计的影响往往与法律对会计的影响分不开。税收通过法律发挥作用,法律保障税收的执行,但它们对会计影响的着重点不同。法律规定会计"能做什么"和"不能做什么";税收则引导企业及其会计"怎样做",从而影响企业及其会计的具体行为。例如,当在实务中允许税务会计与财务会计存在合理差异时,会计计量模式的选择必须遵循分别反映的原则,否则,两者之间量的差异将无法被揭示,因此,税收对会计的影响是调节性的。企业决策者则要求在国家法律、制度许可的范围内,进行某些会计政策选择,如选择会计原则、会计程序、会计方法等,会计的规范、计量方法、处理方法等也会反作用于法律、税收和企业决策者。

税务会计与财务会计具有互调性。对于财务会计根据会计准则确认、计量和记录的事项及其结果,只要与税法规定不悖,税务会计就可以直接采用。只有对与税法规定有差异或者不符合税法规定的事项才进行纳税调整,即进行税务会计处理,使之符合税法的要求。根据成本效益原则,对小税种的会计处理,财务会计一般都是直接接受税务会计的处理结果,"没有差异"也就不必进行纳税调整。由此可见,

两者互相依赖、互相借鉴,共同承担企业会计的重任,税务会计向政府提供纳税申报表,财务会计向投资人、债权人提供财务报表(报告)。与管理会计相比,税务会计与财务会计的关系更为密切。

(二)税务会计与财务会计的区别

(1)目标不同。财务会计的目标是向管理部门、投资者、债权人及其他相关的报表使用者提供财务状况、经营成果和财务状况变动的信息,便于信息使用者做出决策。税务会计目标可以分为基本目标、最终目标和特定目标,以避免单一目标的局限性。基本目标是遵守或不违反税法,即达到税收遵从(正确计税、纳税、退税等),从而降低税法遵从成本。最终目标是向税务会计信息使用者提供有助于其进行税务决策、实现最大涉税利益的会计信息。特定目标则是根据税务会计信息使用者的不同,提供具有决策相关性的信息:首先是各级税务机关,可以借此进行税款征收、监督、检查,并将这些信息作为税收立法的主要依据;其次是企业的经营者、投资人、债权人等,可以从中了解企业纳税义务的履行情况和税收负担,并获得进行经营决策、投融资决策等涉税的会计信息,最大限度地争取企业的税收利益;最后是社会公众,通过企业提供的税务会计报告,了解企业纳税义务的履行情况,以及对社会的贡献额、诚信度和社会责任感等。

(2)对象不同。财务会计的对象是企业外部有经济利益关系的单位和个人,同时也包括投资者、债权人和经营管理者。税务会计的对象是独立于会计系统之外的客体,是运用会计的特定程序和方法对客体进行的分类和表述。在企业中,凡是涉税事项都是税务会计的对象,因此,纳税人因纳税而引起的税款的形成、计算、缴纳、补退、罚款等经济活动就是税务会计对象。

(3)核算基础、处理依据不同。税收法规与会计准则存在不少差别,其中最主要的差别在于收益实现的时间和费用的可扣减性。税收制度是收付实现制与权责发生制的结合,因为计算应税所得是要确定纳税人立即支付货币资金的能力、管理上的方便性和征收当期收入的必要性,与财务会计所依据的持续经营假定(假设)相矛盾。财务会计只是遵循财务会计准则处理各种经济业务,会计人员对某些相同的经济业务可能有不同的表述,因而出现不同的会计结果。税务会计既要遵循税务会计的一般原则,也要遵循与税收法规不相矛盾的财务会计一般原则(质量要求)。

(4)计算损益的程序不同。税收法规中包括修正一般收益概念的社会福利、公共政策和权益条款,强调应税所得与会计所得的不同。各国所得税法都明确规定法定收入项目、税法允许扣除项目及两者金额的确认原则和方法,企业按税法规定确定两者金额后,其差额即为应纳税所得额。税务会计以此为法定依据,但在实际计算时,要在会计所得的基础上调整为应税所得。当财务会计的核算结果与税务会计不一致时,财务会计的核算应服从于税务会计的核算,使之符合税法的要求。

税务会计坚持历史成本,不考虑货币时间价值的变动,更重视可以预见的事项,而财务会计却可以有某些不同。各国都在努力缩小财务会计与税务会计的差异,但两者的差异不可能消失,因为两者目标不同。此外,承认税务会计与财务会计的区别,实际上是承认政府有权对纳税人的非经营收益等进行确认和征税的问题。抹杀两者的区别,可能对征纳双方都是无益的。因此,税务会计与财务会计应该各自遵循自身的规律和规范,在理论上不断发展,在方法上不断完善,更好地体现各自的具体目标,共同服务于企业的整体目标。

第二节　纳税申报实务基础知识

一、税收实体法的构成要素

(一)纳税义务人

纳税义务人或纳税人又叫纳税主体,是税法规定的直接负有纳税义务的单位和个人。任何一个税种的法律法规首先要明确的就是国家对谁征税的问题,如我国个人所得税法、增值税法、消费税法、资源税法等法律法规的第一条规定的都是该税种的纳税义务人。

纳税人有两种基本形式:自然人和法人。按照不同的目的和标准,还可以对自然人和法人进行多种详细的分类,如自然人可划分为居民纳税人和非居民纳税人、个体经营者和其他个人等;法人可划分为居民企业和非居民企业,还可按企业的不同所有制性质来进行分类等。国家对不同类别的纳税人制定不同的税收政策,从而发挥税收的经济调节作用。

与纳税义务人紧密联系的两个概念是负税人和扣缴义务人。

负税人是最终负担税款的单位和个人。在实际生活中,有的税收是由纳税人自己缴纳,同时自己负担的,比如说企业所得税、个人所得税。而有的税收虽然是纳税人缴纳,但由于税收转嫁的特性,这些税款实际上是由他人所负担的,纳税人和负税人不一致,比如增值税、消费税等。

扣缴义务人可分为代扣代缴义务人和代收代缴义务人。代扣代缴义务人是指虽不承担纳税义务,但依照有关规定,在向纳税人支付收入、结算货款、收取费用时有义务代扣代缴其应纳税款的单位和个人,如单位代扣工资、薪金的个人所得税等。如果代扣代缴义务人按规定履行了代扣代缴义务,税务机关将支付一定的手续费。反之,若其未按规定代扣代缴税款,造成应纳税款流失,或将已扣缴的税款私自截留挪用、不按时缴入国库,一经税务机关发现,将要承担相应的法律责任。代收代缴义务人是指虽不承担纳税义务,但依照有关规定,在向纳税人收取商品或劳务收入时,有义务代收代缴其应纳税款的单位和个人。如我国消费税暂行条例规定,委托加工的应税消费品,由受托方在向委托方交货时代扣代缴委托方应该缴纳的消费税。

(二)征税对象

征税对象又称课税对象、征税客体,指税法规定对什么征税,是一种税区别于另一种税的主要标志,它体现着不同税种的界限,决定着不同税种名称的由来。每一种税种都有自己的征税对象,凡是列入征税对象的,都应征税,未列入征税对象的,则不征税。

征税对象随着社会生产力的发展变化而变化。自然经济中,土地和人丁是主要的征税对象。商品经济中,商品的流转额、企业利润和个人所得成为主要的征税对象。在可以作为征税对象的客体比较广泛的情况下,选择征税对象一般应遵循有利于保证财政收入、有利于调节经济和适当简化的原则。

与征税对象有关的概念包括税目和计税依据。

1.税目

税目是税法中对征税对象分类规定的具体的征税项目,反映具体的征税范围,是对课税对象质的界定。一般而言,征税对象比较简单、明确的税种,没有另行规定税目的必要,比如房产税。但对征税对象比较复杂的税种而言,将征税对象划分为若干品目,有利于明确征税对象的界限,便于征税,比如消费税以消费作为征税对象,但这个范围过于宽泛,因此需要明确对哪些消费品征税,即税目的具体化。同时,通过不同税目规定不同税率实行差别征收,可以实现国家拟定的经济政策目标。

确定税目通常采用两种方法。一种是列举法,即按商品或经营项目对征税对象进行分类列举,规定不同的税目,划分不同的细目,凡在列举范围的都必须征税,不在列举范围内的则可以不征。另一种是概括法,即按商品大类或行业设置税目,其适用于课税对象品种繁多、不易划分的税种。以上两种分类方法,前者界限分明,便于征纳,但如果税目过多,不便查找;后者税目简单,查找方便,但税目过粗,界限不明。在具体应用中,可以将两种方法结合起来,使税目设计既有利于征管,又有利于贯彻国家政策。

2.计税依据

计税依据也称税基,是据以计算征税对象应纳税款的直接数量依据。它解决对征税对象课税的计算问题,是对课税对象的量的规定。计税依据按照计量单位的性质划分,有两种基本形态:价值形态和物理形态。价值形态包括应纳税所得额、销售收入、营业收入等;物理形态包括面积、体积、容积、重量等。以价值形态作为税基的征税方式又称为从价计征,即按征税对象的货币价值计算。如生产销售化妆品的应纳消费税额是用化妆品的销售收入乘以适用税率计算得到的,其税基为销售收入,采用的是从价计征的方法。另一种征税方式是从量计征,即直接按征税对象的自然单位计算,如城镇土地使用税采用的就是从量计征方式。例如,某城市一企业使用土地面积1万平方米,此土地为应税土地,每平方米税额4元,则该企业全年应纳城镇土地使用税额4万元。

另外,在征税对象的实际价格无法确定时,税务机关可以使用组成计税价格对征税对象从价计征。组成计税价格按不同情形,由影响价格的各个因素组成,例如:含税商品的组成计税价格=成本+利润,不含税商品的组成计税价格=(成本+利润)÷(1−消费税税率)。

(三)税率

税率是对征税对象的征收比例或征收额度。税率是计算税额的尺度,也是衡量税负轻重与否的重要标志。我国现行的税率主要有三种:比例税率、累进税率、定额税率。

1.比例税率

对同一征税对象,不分数额大小,规定相同的征收比例。我国增值税、城市维护建设税、企业所得税等采用的是比例税率。比例税率在实务中又可分为以下三种具体形式。

(1)单一比例税率,是指对同一征收对象的所有纳税人都适用同一比例税率。

(2)差别比例税率,是指对同一征税对象的不同纳税人适用不同的比例征税。我国现行税法又分别按产品、行业和地区的不同将差别比例税率划分为以下三种类型:一是产品差别比例税率,即对不同产品分别适用不同的比例税率,同一产品采用同一比例税率,如消费税、关税等;二是行业差别比例税率,即对不同行业分别适用不同的比例税率,同一行业采用同一比例税率,如增值税等;三是地区差别比例税率,即对不同的地方分别适用不同的比例税率,同一地区采用同一比例税率,如城市维护建设税等。

(3)幅度比例税率,是指对同一征收对象,税法只规定最低税率和最高税率,各地区在该幅度内确定具体的适用税率。

比例税率计算简单,税负透明度高,有利于保证财政收入,有利于纳税人公平竞争,不妨碍商品流转额或非商品流转额的扩大,符合税收效率原则。但是,比例税率中也存在不足,主要表现在不能针对不同收入的纳税人实施不同的税率,对高收入者和低收入者均按同一比例征收,难以体现税收的公平原则。

2.累进税率

累进税率是随着课税对象数额的增大而提高的税率。将课税对象按其数额(或相对率)大小分成若干等级,每一等级规定一个税率,税率依次提高;每一纳税人的征税对象则依所属等级同时适用几个税率分别计算,将计算结果相加后得出应纳税额。累进税率体现了量能负担的原则,能适应纳税人负担能力的变化,更灵活地调节收入,体现税负的公平原则。因此,所得税一般采用累进税率,特别是个人所得税。其缺点是在计算和征收上比较复杂。

在实际应用中,根据累进方式的不同,累进税率又可分为全额累进税率、超额累进税率、超率累进税率。

3.定额税率

按征税对象确定的计算单位,直接规定一个固定的税额。目前采用定额税率的有城镇土地使用税、车船税等。在实际应用上,定额税率又可分为以下几种:

(1)地区差别定额,即为了照顾不同地区的自然资源、生产水平和盈利水平的差别,根据各地区经济发展的不同情况对各地区分别制定不同的税额。

(2)幅度定额,即税法只规定一个税额幅度,由各地根据本地区的实际情况,在税法规定的幅度内确定一个执行税额。

(3)分类分级定额,即把征税对象划分为若干个类别和等级,对各类各级由低到高规定相应的税额,等级高的税额高,等级低的税额低,具有累进税的性质。

定额税率的优点包括三方面:一是其从量计征,而不是从价计征,有利于鼓励企业提高产品质量和改进包装。在优质优价、劣质劣价的情况下,税额固定的产品相对税负轻,劣质劣价的产品相对税负重,因此,企业在改进包装后,售价提高而税额不增。二是计算简便。三是税额不受征税对象价格变化的影响,纳税人的负担相对稳定。但是,由于此种税率的税额一般不随征税对象价值的增长而增长,不能使国家财政收入随国民收入的增长而同步增长,因而在调节收入和使用范围上有局限性。

(四)纳税环节

纳税环节,是指税收制度中规定的征税对象从生产到消费流转过程中应当缴纳税款的环节。商品从生产到消费,要经过多个流转环节,包括工业生产、商品批发和商品零售等环节。任何一种税都要确定纳税环节,有的税种纳税环节比较明确固定,有的则需要在许多流转环节中选择和确定适当的纳税环节。

哪些环节纳税,哪些环节不纳税,税法中有明文规定。按照纳税环节的多少,还可以将税收征收制度分为一次课税制和多次课税制。

(1)一次课税制度,即同一种税在其征税对象运动过程中只在一个环节征税的课税制度。比如我国现行的资源税。

(2)多次课税制,即同一种税在其征税对象运用过程中选择两个以上环节,甚至在所有环节都征税的课税制度。

合理地确定在哪个环节缴纳税款,不仅关系到税制结构和整个税制的布局,而且对于控制税源、保证国家财政收入、平衡地区间的收入、便利纳税人缴纳税款等方面都有十分重要的理论和实践意义。

(五)纳税期限

纳税期限是指税法规定的关于税款缴纳时间方面的限定,它是税收的固定性、强制性在时间上的体现。从原则上讲,纳税义务的发生时间和税款的缴纳时间是一致的。但是,由于纳税人取得应税收入或者发生纳税义务具有重复性、连续性,不可能每一次取得应税收入或者发生应税义务就立即缴纳一次税款。为了简化纳税手续,便于纳税人经营管理,同时有利于税款及时纳入国库,有必要根据各种税的不同特点以及纳税人的具体情况分别规定不同的纳税期限。

我国的税法规定了每种税的纳税期限,即每个固定时间汇总一次纳税义务的时间。如《中华人民共和国增值税暂行条例》规定,增值税的具体纳税期限分别为 1 日、3 日、5 日、10 日、15 日、1 个月或者 1 个季度。纳税人的具体纳税期限,由主管税务机关根据纳税人应纳税额的大小分别核定;不能按照固定期限纳税的,可以按次纳税。由于纳税人对纳税期限内取得的应税收入和应纳税款需要一定时间进行结算并办理纳税手续,因此还必须规定一个申报缴纳税款的期限。例如,限定在纳税期满后,纳税人将应纳税额缴纳国库的期限。如《中华人民共和国增值税暂行条例》规定,纳税人以 1 个月或者 1 个季度为 1 个缴纳期的,自期满之日起 15 日内申报纳税;以 1 日、3 日、5 日、10 日或者 15 日为 1 个缴纳期的,自期满之日起 5 日内预缴税款,于次月 1 日起 15 日内申报纳税并结清上月应纳税款。

（六）减税免税

减税免税主要是对某些纳税人和征税对象采取减少征税或者免于征税的特殊规定。具体而言,减税是对应征税款减征一部分,免税是免除全部税收负担。税收减免体现了国家一定时期的经济和社会政策,有较强的政策目的和针对性,是一项重要的税制要素。从形式上看,减免税主要包括税基式减免、税率式减免、税额式减免。

1.税基式减免

税基式减免是通过直接缩小计税依据的方式来实现的减税免税,具体包括起征点、免征额、项目扣除以及跨期结转等四个要点。

（1）起征点。是税法规定的征税对象达到征税数额开始征税的界限。在规定了起征点的情况下,征税对象的数额未达到起征点的不征税,达到或超过起征点的则须全额征税。

（2）免征额。是指税法规定的征税对象全部数额中免于征税的数额,即按照一定标准从征税对象数额中预先扣除的部分。不论课税对象的数额有多大,免征额部分始终不征税,仅对超过免征额的部分征税。例如,我国个人所得税法中就有关于免征额的规定。

（3）项目扣除。是指征税对象总额中先扣除某些项目的金额后,以其余额为计税依据计算应纳税额。例如,我国企业所得税法中具有项目扣除的规定。

（4）跨期结转。是指将某些费用或损失向后或向前结转,抵消其一部分收益,以减少税基,实现减免税。例如,我国企业所得税法中的亏损弥补等规定。

2.税率式减免

税率式减免是通过直接降低税率的方式实行的减税免税。具体又包括重新确定税率、选用其他税率、零税率。比如就企业所得税而言,符合小型微利条件的企业适用 20％的税率,而对于国家重点扶持的高新技术企业,则适用 15％的企业所得税税率,因此 20％和 15％的企业所得税税率相对于 25％的基本税率而言就是税率式减免。

3.税额式减免

税额式减免是指通过直接减少应纳税额的方式实现的减税免税,具体包括全部免征、减半征收、核定减免率以及另定减征额等。比如就企业所得税而言,对于符合条件的企业技术转让所得实行税额式减免,即一个纳税年度内,居民企业技术转让所得不超过 500 万元的部分,免征企业所得税;超过 500 万元的部分,减半征收企业所得税。

(七)纳税地点

纳税地点主要是指根据各个税种纳税对象的纳税环节和有利于对税款的源泉控制而规定的纳税人(包括代征、代扣、代缴义务人)的具体纳税地点。合理规定纳税人申报纳税的地点,有利于税务机关实施税源管理,防止税收流失,又便于纳税人缴纳税款。

(八)违章处理

违章处理是对有违反税法行为的纳税人采取的惩罚措施,是税收强制性在税收制度中的体现。纳税人必须按期足额地缴纳税款,凡有拖欠税款、逾期不缴税、偷税逃税等违反税法行为的,都应受到制裁(包括法律制裁和行政处罚制裁等)。通过违章处理,可以增强纳税人的法治观念,提高其依法纳税的自觉性,从而有利于确保国家财政收入并充分发挥税收的职能和作用。

二、我国现行税种

(一)按课税对象的性质分类

按课税对象的性质,可以把我国现行的 18 个税种分为商品劳务税、所得税、财产税、资源税、行为税和特定目的税六大类。这一分类方法是中国税收分类的主要方法。

1.商品劳务税

商品劳务税是以商品和劳务的流转额为课税对象的税种。它主要以商品销售额、购进商品的支付金额和营业收入额为计税依据,一般采用比例税率的形式。商品劳务税对商品经济活动有直接的影响,易于发挥税收对经济的宏观调控作用。

2.所得税

所得税是以收益所得为课税对象的税种。它主要根据纳税人的生产经营所得、个人所得和其他所得进行课征,可以直接调节纳税人收入,发挥其公平税负、调整分配关系的作用。

3.财产税

财产税是以财产价值为课税对象的税种,包括房产税、车船税等。

4.资源税

资源税是以资源的绝对收益和级差收益为课税对象的税种。前者是指以拥有某种国有资源的开发和利用权为征收对象;后者是指以纳税人占用资源的数量和质量的差额所形成的级差收入为征税对象,征收的目的在于调节级差收入。

5.行为税

行为税是以特定的行为为课税对象的税种。行为税的征收是为了利用税收杠杆配合国家的宏观经济政策,对社会经济生活中的某些特定行为进行调节和限制。该税种包括印花税、车辆购置税等。

6.特定目的税

特定目的税是对某些特定对象和特定行为发挥特定调节作用的税种,包括城市维护建设税、烟叶税等。

(二)按税负能否转嫁分类

按税负能否转嫁,可以将税种分为直接税和间接税两大类。

直接税是指纳税人直接负担的各种税。所得税和财产税属于直接税。对于直接税而言,由于税负不能转嫁,因而纳税人就是负税人。

间接税是指纳税人能将税负转嫁给他人负担的各种税。商品税属于间接税。对于间接税而言,纳税人不一定是负税人,最终负担税收的可能是消费者。

(三)按税收与价格的关系分类

按税收与价格的关系,可以将税种分为价内税和价外税两大类。

价内税是指税款构成商品或劳务价格组成部分的税种。价内税的计税价格为含税价格。由于价内税的税款是价格的组成部分,价格实现,税金就随之实现,有利于国家及时取得财政收入。我国的消费税就属于价内税。

价外税是指税款不包含在商品和劳务价格中的税种。价外税的计税价格为不含税价格。我国的增值税就属于价外税。

(四)按税收的计量标准分类

按税收的计量标准,可将税种分为从价税和从量税。

从价税是以征收对象的价格为计税依据的税种。我国现行的增值税和企业所得税等税种就是从价税。

从量税是以征税对象的数量、重量、容积或体积等自然单位为计税依据的税种。从价税的应纳税额是随着商品价格或劳务收费的变化而变化的,从价税能够体现合理负担的税收政策,同时也能保证财政收入与计税价格同比例变化,因此大部分税种都采用这种计税方法。从量税的税额随着征收对象数量的变化而变化,虽然计算简单,但税收负担和财政收入不能随价格高低而增减,因而税收负担不尽合理,目前只有少数税种采用这一计税方法。

(五)按税收收入归属分类

所有实行分税制的国家采取的分税制都分为两种类型,即彻底的分税制和不彻底的分税制。

采取彻底的分税制的国家,将税收分为中央税和地方税两类,中央政府和地方政府各有其独立的税收立法和征管权限。

采取不彻底的分税制的国家,将税收分为中央税、地方税、中央与地方共享税三类,其立法权全部归中央政府,地方政府无权立法,中央税和地方税收入分别归属中央政府和地方政府,中央与地方共享税采取在中央政府与地方政府之间分征、分成等分享形式。

我国现行税制就是不彻底的分税制。

1.中央税

中央税是由国家税务局负责征收管理,收入全部归中央政府支配的税种。

2.地方税

地方税是由地方税务局负责征收管理,收入归地方政府支配的税种。

3.中央和地方共享税

中央与地方共享税是由国家税务局负责征收管理,收入由中央政府与地方政府共同分享的税种。

三、纳税人的权利、义务与法律责任

中华人民共和国国家税务总局(以下简称国家税务总局)发布的《关于纳税人权利与义务的公告》(公告 2009 年第 1 号)中明确,您在履行纳税义务过程中[①],依法享有 14 项权利,并负有 10 项义务。

(一)纳税人的权利

(1)知情权。您有权向我们了解国家税收法律[②]、行政法规的规定以及与纳税程序有关的情况,包括:现行税收法律、行政法规和税收政策规定;办理税收事项的时

---

① 该公告中的"您"指纳税人或扣缴义务人。
② 该公告中的"我们"指税务机关或税务人员。

间、方式、步骤以及需要提交的资料;应纳税额核定及其他税务行政处理决定的法律依据、事实依据和计算方法;与我们在纳税、处罚和采取强制执行措施时发生争议或纠纷时,您可以采取的法律救济途径及需要满足的条件。

（2）保密权。您有权要求我们为您的情况保密。我们将依法为您的商业秘密和个人隐私保密,主要包括您的技术信息、经营信息以及您、主要投资人和经营者不愿公开的个人事项。上述事项,如无法律、行政法规明确规定或者您的许可,我们将不会对外部门、社会公众和其他个人提供。但根据法律规定,税收违法行为信息不属于保密范围。

（3）税收监督权。您对我们违反税收法律、行政法规的行为,如税务人员索贿受贿、徇私舞弊、玩忽职守,不征或者少征应征税款,滥用职权多征税款或者故意刁难等,可以进行检举和控告。同时,您对其他纳税人的税收违法行为也有权进行检举。

（4）纳税申报方式选择权。您可以直接到办税服务厅办理纳税申报或者报送代扣代缴、代收代缴税款报告表,也可以按照规定采取邮寄、数据电文或者其他方式办理上述申报、报送事项。但采取邮寄或数据电文方式办理上述申报、报送事项的,需经您的主管税务机关批准。您如采取邮寄方式办理纳税申报,应当使用统一的纳税申报专用信封,并以邮政部门收据作为申报凭据。邮寄申报以寄出的邮戳日期为实际申报日期。数据电文方式是指我们确定的电话语音、电子数据交换和网络传输等电子方式。您如采用电子方式办理纳税申报,应当按照我们规定的期限和要求保存有关资料,并定期书面报送给我们。

（5）申请延期申报权。您如不能按期办理纳税申报或者报送代扣代缴、代收代缴税款报告表,应当在规定的期限内向我们提出书面延期申请,经核准,可在核准的期限内办理。经核准延期办理申报、报送事项的,应当在税法规定的纳税期内按照上期实际缴纳的税额或者我们核定的税额预缴税款,并在核准的延期内办理税款结算。

（6）申请延期缴纳税款权。如您因有特殊困难,不能按期缴纳税款的,经省、自治区、直辖市国家税务局、地方税务局批准,可以延期缴纳税款,但是最长不得超过三个月。计划单列市国家税务局、地方税务局可以参照省级税务机关的批准权限,审批您的延期缴纳税款申请。您满足以下任何一个条件,均可以申请延期缴纳税款:一是因不可抗力,导致您发生较大损失,正常生产经营活动受到较大影响的;二是当期货币资金在扣除应付职工工资、社会保险费后,不足以缴纳税款的。

（7）申请退还多缴税款权。对您超过应纳税额缴纳的税款,我们发现后,将自发现之日起 10 日内办理退还手续;如您自结算缴纳税款之日起 3 年内发现的,可以向我们要求退还多缴的税款并加算银行同期存款利息。我们将自接到您退还申请之日起 30 日内查实并办理退还手续,涉及从国库中退库的,依照法律、行政法规有关国库管理的规定退还。

(8)依法享受税收优惠权。您可以依照法律、行政法规的规定书面申请减税、免税。减税、免税的申请须经法律、行政法规规定的减税、免税审查批准机关审批。减税、免税期满,应当自期满次日起恢复纳税。减税、免税条件发生变化的,应当自发生变化之日起 15 日内向我们报告;不再符合减税、免税条件的,应当依法履行纳税义务。如您享受的税收优惠需要备案的,应当按照税收法律、行政法规和有关政策规定及时办理事前或事后备案。

(9)委托税务代理权。您有权就以下事项委托税务代理人代为办理:办理、变更或者注销税务登记,除增值税专用发票外的发票领购手续,纳税申报或扣缴税款报告,税款缴纳和申请退税,制作涉税文书,审套的税务总局规定的其他业务财务、税务咨询,申请税务行政复议,提起税务行政诉讼以及国家税务总局规定的其他业务。

(10)陈述与申辩权。您对我们做出的决定,享有陈述权、申辩权。如果您有充分的证据证明自己的行为合法,我们就不得对您实施行政处罚;即使您的陈述或申辩不充分合理,我们也会向您解释实施行政处罚的原因。我们不会因您的申辩而加重处罚。

(11)对未出示税务检查证和税务检查通知书的拒绝检查权。我们派出的人员进行税务检查时,应当向您出示税务检查证和税务检查通知书;对未出示税务检查证和税务检查通知书的,您有权拒绝检查。

(12)税收法律救济权。您对我们做出的决定,依法享有申请行政复议、提起行政诉讼、请求国家赔偿等权利。您、纳税担保人同我们在纳税上发生争议时,必须先依照我们的纳税决定缴纳或者解缴税款及滞纳金或者提供相应的担保,然后可以依法申请行政复议;对行政复议决定不服的,可以依法向人民法院起诉。如您对我们的处罚决定、强制执行措施或者税收保全措施不服的,可以依法申请行政复议,也可以依法向人民法院起诉。

当我们的职务违法行为给您和其他税务当事人的合法权益造成侵害时,您和其他税务当事人可以要求税务行政赔偿。主要包括:一是您在限期内已缴纳税款,我们未立即解除税收保全措施,使您的合法权益遭受损失的;二是我们滥用职权违法采取税收保全措施、强制执行措施或者采取税收保全措施、强制执行措施不当,使您或者纳税担保人的合法权益遭受损失的。

(13)依法要求听证的权利。对您做出规定金额以上罚款的行政处罚之前,我们会向您送达《税务行政处罚事项告知书》,告知您已经查明的违法事实、证据、行政处罚的法律依据和拟将给予的行政处罚。对此,您有权要求举行听证。我们将应您的要求组织听证。如您认为我们指定的听证主持人与本案有直接利害关系,您有权申请主持人回避。对应当进行听证的案件,我们不组织听证,行政处罚决定不能成立。但您放弃听证权利或者被正当取消听证权利的除外。

(14)索取有关税收凭证的权利。我们征收税款时,必须给您开具完税凭证。扣缴义务人代扣、代收税款时,纳税人要求扣缴义务人开具代扣、代收税款凭证时,扣缴义务人应当开具。我们扣押商品、货物或者其他财产时,必须开付收据;查封商品、货物或者其他财产时,必须开付清单。

(二)纳税人的义务

(1)依法进行税务登记的义务。您应当自领取营业执照之日起 30 日内,持有关证件,向我们申报办理税务登记。税务登记主要包括领取营业执照后的设立登记,税务登记内容发生变化后的变更登记,依法申请停业、复业登记,依法终止纳税义务的注销登记等。

在各类税务登记管理中,您应该根据我们的规定分别提交相关资料,及时办理。同时,您应当按照我们的规定使用税务登记证件。税务登记证件不得转借、涂改、损毁、买卖或者伪造。

(2)依法设置账簿、保管账簿和有关资料以及依法开具、使用、取得和保管发票的义务。您应当按照有关法律、行政法规和国务院财政、税务主管部门的规定设置账簿,根据合法、有效凭证记账,进行核算;从事生产、经营的,必须按照国务院财政、税务主管部门规定的保管期限保管账簿、记账凭证、完税凭证及其他有关资料;账簿、记账凭证、完税凭证及其他有关资料不得伪造、变造或者擅自损毁。此外,您在购销商品、提供或者接受经营服务以及从事其他经营活动中,应当依法开具、使用、取得和保管发票。

(3)财务会计制度和会计核算软件备案的义务。您的财务、会计制度或者财务、会计处理办法和会计核算软件,应当报送我们备案。您的财务、会计制度或者财务、会计处理办法与国务院或者国务院财政、税务主管部门有关税收的规定抵触的,应依照国务院或者国务院财政、税务主管部门有关税收的规定计算应纳税款、代扣代缴和代收代缴税款。

(4)按照规定安装、使用税控装置的义务。国家根据税收征收管理的需要,积极推广使用税控装置。您应当按照规定安装、使用税控装置,不得损毁或者擅自改动税控装置。如您未按规定安装、使用税控装置,或者损毁或者擅自改动税控装置的,我们将责令您限期改正,并可根据情节轻重处以规定数额内的罚款。

(5)按时、如实申报的义务。您必须依照法律、行政法规规定或者我们依照法律、行政法规的规定确定的申报期限、申报内容如实办理纳税申报,报送纳税申报表、财务会计报表以及我们根据实际需要要求您报送的其他纳税资料。作为扣缴义务人,您必须依照法律、行政法规规定或者我们依照法律、行政法规的规定确定的申报期限、申报内容如实报送代扣代缴、代收代缴税款报告表以及我们根据实际需要要求您报送的其他有关资料。您即使在纳税期内没有应纳税款,也应当按照规定办理纳税申报。享受减税、免税待遇的,在减税、免税期间应当按照规定办理纳税申报。

(6)按时缴纳税款的义务。您应当按照法律、行政法规规定或者我们依照法律、行政法规的规定确定的期限,缴纳或者解缴税款。未按照规定期限缴纳税款或者未按照规定期限解缴税款的,我们除责令限期缴纳外,从滞纳税款之日起,按日加收滞纳税款万分之五的滞纳金。

(7)代扣、代收税款的义务。如您按照法律、行政法规规定负有代扣代缴、代收代缴税款义务,必须依照法律、行政法规的规定履行代扣、代收税款的义务。您依法履行代扣、代收税款义务时,纳税人不得拒绝。纳税人拒绝的,您应当及时报告我们处理。

(8)接受依法检查的义务。您有接受我们依法进行税务检查的义务,应主动配合我们按法定程序进行的税务检查,如实地向我们反映自己的生产经营情况和执行财务制度的情况,并按有关规定提供报表和资料,不得隐瞒和弄虚作假,不能阻挠、刁难我们的检查和监督。

(9)及时提供信息的义务。您除通过税务登记和纳税申报向我们提供与纳税有关的信息外,还应及时提供其他信息。如您有歇业、经营情况变化、遭受各种灾害等特殊情况的,应及时向我们说明,以便我们依法妥善处理。

(10)报告其他涉税信息的义务。为了保障国家税收能够及时、足额征收入库,税收法律还规定了您有义务向我们报告如下涉税信息:①您有义务就您与关联企业之间的业务往来,向当地税务机关提供有关的价格、费用标准等资料。您有欠税情形而以财产设定抵押、质押的,应当向抵押权人、质权人说明您的欠税情况。②企业合并、分立的报告义务。您有合并、分立情形的,应当向我们报告,并依法缴清税款。合并时未缴清税款的,应当由合并后的纳税人继续履行未履行的纳税义务;分立时未缴清税款的,分立后的纳税人对未履行的纳税义务应当承担连带责任。③报告全部账号的义务。如您从事生产、经营,应当按照国家有关规定,持税务登记证件,在银行或者其他金融机构开立基本存款账户和其他存款账户,并自开立基本存款账户或者其他存款账户之日起 15 日内,向您的主管税务机关书面报告全部账号;发生变化的,应当自变化之日起 15 日内,向您的主管税务机关书面报告。④处分大额财产报告的义务。如您的欠缴税款数额在 5 万元以上,您在处分不动产或者大额资产之前应当向我们报告。

(三)税务违法责任

税务违法责任是指税收法律关系中的违法主体由于其行为违法,按照法律规定必须承担的法律后果。根据税务违法情节轻重,税务违法处罚分为行政处罚和刑事处罚。

1.行政处罚

行政处罚是指国家行政机关对违反法律、法规的相关方当事人所给予的惩戒或制裁。行政处罚包括以下三种。

第一,责令限期改正。适用于情节轻微或尚未构成实际危害后果的违法行为的一种处罚形式。

第二,罚款。这是一种经济上的处罚,也是税务处罚中应用最广的一种形式。罚款额在 2 000 元以下的,由税务所决定。

第三,没收。对行政管理相对一方当事人的财产权予以剥夺。

根据《中华人民共和国税收征收管理法》及其实施细则,税务行政处罚标准规定如下:

(1)对未按规定登记、申报及进行账证管理行为的处罚。除责令限期改正,可以处以 2 000 元以下的罚款;情节严重的,处 2 000 元以上 1 万元以下的罚款。未按照规定使用税务登记证件,或者转借、买卖、伪造税务登记证件的,处 2 000 元以上 1 万元以下的罚款;情节严重的,处 1 万元以上 5 万元以下的罚款。

(2)对违反发票管理行为的处罚。由税务机关销毁非法印制的发票、没收违法所得和作案工具,并处 1 万元以上 5 万元以下罚款。

(3)对逃税行为的处罚。由税务机关追缴其不缴或少缴的税款和滞纳金,并处不缴或少缴的税款 0.5～5 倍的罚款。扣缴义务人不缴或少缴已扣、已收的税款,处罚幅度与此相同。

(4)对欠税行为的处罚。由税务机关追缴欠缴的税款和滞纳金,并处欠缴税款 0.5～5 倍的罚款。

(5)对骗税行为的处罚。由税务机关追缴其骗取的退税款,并处骗取税款 1～5 倍的罚款;并在规定期限内(一般 6 个月),税务机关停止为其办理出口退税。

(6)对抗税行为的处罚。情节轻微,未构成犯罪的,由税务机关追缴其拒缴的税款和滞纳金,并处拒缴税款1～5倍的罚款。

(7)对阻碍税务人员执行公务行为的处罚。由税务机关责令改正,处1万元以下的罚款;情节严重的,处1万～5万元的罚款。

(8)对编造虚假计税依据的处罚。由税务机关责令限期改正,并处5万元以下的罚款;纳税人不进行纳税申报,不缴或少缴应纳税款的,由税务机关追缴其不缴或少缴的税款和滞纳金并处不缴或少缴税款0.5～5倍的罚款。

(9)对未按规定履行扣缴义务的处罚。由税务机关向纳税人追缴税款,对扣缴义务人处应扣未扣应收未收税款0.5～3倍的罚款。

2.刑事处罚

违法情节严重的,根据《中华人民共和国刑法》相关规定,属于危害税收征管罪。危害税收征管罪包括两类。一类是直接针对税款的,包括逃税罪、抗税罪、逃避追缴欠税罪、骗取出口退税罪。另一类是妨碍发票管理的,包括:(1)虚开增值税专用发票,用于骗取出口退税、抵扣税款发票罪;(2)伪造、出售伪造增值税专用发票罪;(3)非法购买增值税专用发票、购买伪造的增值税专用发票罪;(4)非法制造、出售非法制造的用于骗取出口退税、抵扣税款发票罪;(5)非法制造、出售非法制造的发票罪;(6)非法出售用于骗取出口退税、抵扣税款发票罪;(7)非法出售发票罪。

直接针对税款的犯罪,其处罚规定如下:

(1)逃税罪的处罚。纳税人采取欺骗、隐瞒手段进行虚假申报或不申报,逃避缴纳税款数额较大且占应纳税额10%以上的,处3年以下有期徒刑,并处或单处1～5倍罚金;数额巨大并且占应纳税额30%以上的,处3～7年有期徒刑,并处1～5倍罚金。

对多次实施前款行为,未经处理的,按照累计数额计算。有前款行为,经税务机关依法下达追缴通知后,补缴应纳税款,缴纳滞纳金,已受行政处罚的,不予追究刑事责任;但5年内因逃避缴纳税款受过刑事处罚或被税务机关给予二次以上行政处罚的除外。

扣缴义务人采取前款所列手段,不缴或少缴已扣、已收的税款,税额较大的,处罚幅度相同。

(2)抗税罪的处罚。犯抗税罪的,处3年以下有期徒刑或拘役,并处拒缴税款1～5倍罚金;情节严重的,处3～7年有期徒刑,并处拒缴税款1～5倍罚金。情节严重指抗税数额较大、多次抗税、抗税造成税务人员伤亡的,以及造成较为恶劣影响的。

(3)逃避追缴欠税罪的处罚。犯逃避追缴欠税罪,致使税务机关无法追缴欠缴的税款,税额在 1 万～10 万元的,处 3 年以下有期徒刑或拘役,并处或单处欠缴税款 1～5 倍罚金;数额在 10 万元以上的,处 3～7 年有期徒刑,并处欠缴税款 1～5 倍罚金。单位犯逃避追缴欠税罪的,对单位判处罚金,并对其直接负责的主管人员和其他直接责任人员追究刑事责任。

(4)骗取出口退税罪的处罚。犯骗取出口退税罪的,处 5 年以下有期徒刑或拘役,并处骗取税款 1～5 倍罚金;骗取国家出口退税数额巨大或有其他严重情节的,处 5～10 年有期徒刑,并处骗取税款 1～5 倍罚金;数额特别巨大或有特别严重情节的处 10 年以上有期徒刑或无期徒刑,并处骗取税款 1～5 倍罚金或没收财产。单位犯骗出口退税罪的,对单位判处罚金,并对其直接负责的主管人员和其他直接责任人员追究刑事责任。

第三节　诚信纳税与纳税信用

一、诚信纳税及其意义

(一)诚信及诚信纳税

诚信即诚实守信、言必有信。市场经济是信用经济、法治经济,市场交易主体的诚实守信符合市场经济发展及秩序的基本要求,是现代市场经济的应有之义。

诚信原则是现代民法的基本原则。诚信原则既具备一般条款的强制性效力,又蕴含伦理道德标准,将道德规范的自律性提升至强制性规范的他律性,实现了道德诚信的法律化。诚信原则的基本内涵是民事主体在民商事活动中应当恪守承诺,不仅承担契约规定义务,还应当承担诚实、善意的一般义务,即在追求各自利益的同时,不损害他人及社会利益。诚信原则包含市场经济的基本道德要求,体现了公平、正义等价值取向。

将诚信原则应用于税法关系中,是对税收法定原则的有益和必要的补充。诚信原则施于征税人是诚信征税,施于纳税人则是诚信纳税。

税收诚信原则蕴含高度道德价值。在税法中,其内在的"诚实善意"对征纳双方都有要求:(1)征税方在履行职责时,要明确纳税人的合法权益,坚持诚信推定、无过错推定;保护纳税人的善意期待,保证已作出的行政行为的效力稳定;及时行使征税

第一章　税务会计与纳税申报基础

权,超出合理期限则可能是违法行政或丧失追诉权;坚持"取之有度,用之有效"的税收伦理等。(2)纳税人应诚信纳税,及时足额缴纳税款,积极主动地配合征税机关履行职责。

诚信纳税是在现代市场经济条件下,社会普遍存在的相互信任关系在税务领域的具体体现。对纳税人来说,是将诚信规范体现在履行纳税义务上。诚信纳税就是按照法律规定自觉、准确、及时地履行税收给付义务和各种应作为义务,是表现和反映征纳双方相互之间信任程度的标的,是由规则、诚实的征纳行为形成的税收道德规范。诚信纳税在一个行为规范、诚实而合作的税收征纳群体中产生,它既促进税收征纳双方共同遵守规则,改善征纳关系,也在潜移默化中提高征纳主体成员的素质,促使征纳双方在相互信任中转化成合作、和谐关系。

法不可违,信不可失。只有守信用、讲品德、重责任,才能树立良好的企业形象,在现代法治社会才会有长久立足之地。

(二)诚信纳税的意义

(1)诚信纳税有利于促进市场经济健康发展。市场经济是竞争经济,这种竞争是一种公平有序的竞争;市场经济也是一种法治经济,它通过将一切市场行为纳入法律体系以确保市场经济秩序有法可依和有法必依。可见,健全的法制和公平的竞争环境是保障市场经济健康发展的要件。实施诚信纳税,以财力保障政府行使其职能,为市场经济的健康发展提供了保证;诚信纳税还可以促使纳税人公平地参与市场竞争,营造良好的税收法治环境与公平的纳税环境,这是市场经济健康发展不可或缺的条件。

(2)诚信纳税利国利民。诚信纳税可以保证政府有稳定、充足的财政收入,增强国家实力,政府就可以为社会提供更多更好的公共物品和服务,满足人民日益增长的美好生活需要。诚信纳税与国家和人民的利益息息相关,利国利民。国家富强,民族振兴,人民幸福才有坚实的基础。

(3)诚信纳税可以降低征收成本。纳税人讲诚信,纳税遵从度高,税务部门就可以给依法纳税人以较大的自由度,取消或简化一些不必要的管理程序和要求,提高征管效率,降低征收成本。

(4)诚信纳税有利于维护企业的商誉。在市场经济条件下,纳税人的商誉不仅包括其在生产经营活动及商业交易中的诚信度,还包括其诚信纳税情况、纳税信用等级。可以说,诚信纳税是企业的一项无形资产,是衡量企业商业信誉的重要尺度。只有诚信纳税的企业才会获得较高的商业信用和更多商机,从而基业长青、行稳致远。

（三）涉税服务人员个人信用记录

为加快个人诚信记录建设，对从事涉税服务人员（会计从业人员、注册会计师、注册税务师、律师等）实行个人信用记录，及时归集有关人员在相关活动中形成的诚信信息，体现"守信激励、失信惩戒"。根据《从事涉税服务人员个人信用积分指标体系及积分记录规则》，个人信用指标包括基本信息、执业记录、不良记录、纳税记录四类一级指标。

执业记录部分采取累加计分规则，从事涉税服务人员为多个委托人提供同项涉税业务都会获得累加计分；不良记录部分采取累计扣分规则，从事涉税服务人员每发生一次违法违规情形都会扣去相应分值，情节较重或情节严重的，纳入涉税服务失信名录。

从事涉税服务人员只有通过电子税务局办理纳税申报代理和其他税务事项代理业务方能加分。因此，应尽可能在线上办理，提高办理效率，降低征纳成本。

二、纳税信用管理与评价

纳税信用是指纳税人依法履行纳税义务，并被社会普遍认可的一种信用，是社会信用体系建设的重要内容。

纳税信用管理是指税务机关对纳税人的纳税信用信息开展的采集、评价、确定、发布和应用等活动，遵循客观公正、标准统一、分类分级、动态调整的原则。国家税务总局推行纳税信用管理工作信息化，规范统一纳税信用管理。税务机关积极参与社会信用体系建设，与相关部门建立信用信息共建共享机制，推动纳税信用与其他社会信用联动管理。

纳税信用评价采取年度评价指标得分和直接判级方式。评价指标包括税务内部信息和外部评价信息。年度评价指标得分采取扣分方式。在评价年度内，纳税人经常性指标和非经常性指标信息齐全的，从 100 分起评；非经常性指标缺失的，从 90 分起评。直接判级适用于有严重失信行为的纳税人。

税务机关每年 4 月确定上一年度纳税信用评价结果，并为纳税人提供自我查询服务。有下列情形之一的纳税人，该评价年度直接判为 D 级。

（1）存在逃避缴纳税款、逃避追缴欠税、骗取出口退税、虚开增值税专用发票等行为，经判决构成涉税犯罪的。

（2）存在前项行为，未构成犯罪，但逃避缴纳税款金额 10 万元以上且占各税种应纳税总额 10%以上,或者存在逃避追缴欠税、骗取出口退税、虚开增值税专用发票等税收违法行为,已缴纳税款、滞纳金、罚款的。

(3)在规定款期限内未按税务机关处理结论缴纳或者足额缴纳税款、滞纳金和罚款的。

(4)以暴力、威胁方法拒不缴纳税款或者拒绝、阻挠税务机关依法实施税务稽查执法行为的。

(5)存在违反增值税发票管理规定或者违反其他发票管理规定的行为,导致其他单位或者个人未缴、少缴或者骗取税款的。

(6)提供虚假申报材料享受税收优惠政策的。

(7)骗取国家出口退税款,被停止出口退(免)税资格未到期的。

(8)有非正常户记录或者由非正常户直接责任人员注册登记或负责经营的。

(9)由 D 级纳税人的直接责任人员注册登记或者负责经营的。

(10)存在税务机关依法认定的其他严重失信情形的。

纳税信用级别设 A、B、M、C、D 五级,未发生上述失信行为的下列企业适用 M 级纳税信用:(1)新设立企业;(2)评价年度内无生产经营业务收入且年度评价指标得分 70 分以上的企业。

对纳税信用评价为 M 级的企业,税务机关实行下列激励措施:(1)取消增值税专用发票认证;(2)税务机关适时进行税收政策和管理规定的辅导。

A 级纳税信用为年度评价指标得分 90 分以上的;B 级纳税信用为年度评价指标得分 70 分以上不满 90 分的;C 级纳税信用为年度评价指标得分 40 分以上不满 70 分的;D 级纳税信用为年度评价指标得分不满 40 分或者直接判级确定的。

税务机关按照守信激励、失信惩戒的原则,对不同信用级别的纳税人实施分类服务和管理。对税收违法失信行为当事人实行"一处失信,处处受限"的联合惩戒措施,将税收违法失信行为当事人分为向社会公布和不向社会公布两类当事人。对不向社会公布的当事人,实施纳税信用级别降为 D 级的惩戒措施。对 D 级纳税信用企业,严格限制发票领用量,严控每次领取数,并要预缴 3%的税额,必须到办税服务厅排队验票、比对认证等。鼓励纳税人主动纠正税收违法失信行为,建立信用修复制度。

对纳税信用评价为 A 级的纳税人,税务机关采取下列激励措施。

(1)主动向社会公告年度 A 级纳税人名单。

(2)一般纳税人可单次领取 3 个月的增值税发票用量,需要调整增值税发票用量时即时办理。

(3)普通发票按需领用。

（4）连续 3 年被评为 A 级信用级别的纳税人，除享受以上措施外，还可以由税务机关提供绿色通道或专门人员帮助办理涉税事项。

（5）税务机关与相关部门实施联合激励措施。企业不仅可以在发票领用、认证、出口退税和日常办税多方面享受便利，而且在不动产登记、申请贷款和政府招投标等方面享受审批优先待遇。

纳税信用数据（信息）有较高的客观性、真实性和准确性，是优质的第三方数据。通过"税银（银税）互动"，可以产生三方共赢的溢出效应。随着社会信用体系建设不断深入，纳税信用应用逐步拓展。在银行信贷、政府招投标、企业上市和评优争先等方面，已经将纳税信用情况作为重要的考量因素。

对银行贷款授信审批部门来说，与企业的财务报表数据相比，税务机关提供的纳税信用信息具有更强的真实性、权威性、可量化性，是难得的高质量参考依据，可以在很大程度上消除银行与企业之间的信息不对称，消除银行的信息收集盲区。银行可以借此综合分析企业的应税收入、进项税额抵扣、入库税款和税款缴纳速度等关键指标来为企业"画像"，由大数据自动确定是否放款、放多少款。原先烦琐的贷款审批流程可以大大简化，甚至可以实现全流程网上审批，加快审批速度，降低审批成本和不良贷款率，银行还能获得优质客户资源。

三、纳税信用等级的提升

A 级纳税信用企业不仅可以在发票领用、认证、出口退税和日常办税多方面享受便利，也可以在不动产登记、申请贷款和政府招投标等方面享受审批优先待遇。对企业来说，提升纳税信用等级，除了可以直接降低纳税成本外，还可以降低融资成本，扩大融资规模。企业的纳税信用等级越高，得到的贷款就越多，贷款期限就越长。

纳税人应重视自身的纳税信用，提高税务会计核算水平，加强税务会计管理，日常积累纳税信用，努力提升纳税信用等级。具体而言，主要应做到：

（1）按规定正确进行纳税申报，及时进行抄报税等；

（2）按规定要求报送企业会计制度和会计处理方法；

（3）归集并留存享受税收优惠政策的相关备查资料；

（4）如实向税务机关提供与关联企业业务往来中的价格、费用标准等信息；

（5）及时响应税务机关的风险提醒，按规定及时解除非正常户；

（6）及时、如实向税务机关备案银行账户。

本章小结

(1)税务会计是以税收法律法规为依据,对纳税人的纳税义务及其缴纳情况进行记录、计算、汇总,并编制出纳税申报表,在此基础上通过合理安排公司筹资、投资、经营、利润分配等财务活动,参与采购、生产经营以及内部核算等管理决策,既保证企业完成利税义务,又能降低企业税收负担,从而实现企业自身持续健康的发展。

(2)税务会计的三种类型:①以所得税会计为主体的税务会计;②以流转税(货物劳务税)会计为主体的税务会计;③流转税与所得税并重的税务会计。

(3)税务会计与财务会计两者具有互调性。对财务会计根据会计准则确认、计量和记录的事项及其结果,只要与税法规定不悖,税务会计就可以直接采用。只有对与税法规定有差异或者不符合税法规定的事项才进行纳税调整,即进行税务会计处理,使之符合税法的要求。与管理会计相比,税务会计与财务会计的关系更为密切。但两者在目标、对象、核算基础和计算损益的程序上存在不同。

(4)税收实体法的构成要素包括纳税义务人、征税对象、税率、纳税环节、纳税期限、减税免税、纳税地点和违章处理等。对我国现行税种进行分类的常用的分类方式有五种,分别是按课税对象的性质分类、按税负是否转嫁分类、按税收与价格的关系分类、按税收的计量标准分类和按税收收入归属分类。

【复习思考题】

1.何为税务会计?

2.税务会计与财务会计的关系是什么?

3.试述税收实体法的基本构成要素。

4.简述诚信纳税的意义。如何提升企业纳税信用等级?

【应用技能题】

请根据已经学习过的财务会计和税收法律法规的知识内容,制作一张财务会计和税务会计联系与区别的对比表。

第二章 税务登记及发票领购流程实务

【学习目标】

    1.掌握企业设立税务登记的流程

    2.掌握企业纳税人身份登记的流程

    3.掌握发票领购流程

第一节 设立税务登记

一、税务登记和税种认定

(一)"五证合一、一照一码"登记制度

"五证合一、一照一码"是指企业分别由工商行政管理部门核发工商营业执照、质量技术监督部门核发组织机构代码证、税务部门核发税务登记证、劳动保障行政部门核发社会保险登记证和统计部门核发统计登记证,改为一次申请、由工商行政管理部门核发一个加载法人和其他组织统一社会信用代码营业执照的登记制度。2015年10月1日起,营业执照、组织机构代码证和税务登记证"三证合一",而从2016年10月1日起正式实施"五证合一、一照一码",在更大范围、更深层次上实现信息共享和业务协同,巩固和扩大"三证合一"登记制度改革成果。2019年7月24日起,新设立登记的企业、农民专业合作社完成一照一码户登记信息确认后,其加载统一社会信用代码的营业执照可代替税务登记证使用,不再另行发放税务登记证件。

需要明确的是，"五证合一"登记制度改革并非将税务登记取消了，税务登记的法律地位仍然存在，只是政府简政放权，将此环节改为由工商行政管理部门"一口受理"，核发一个加载法人和其他组织统一社会信用代码营业执照，这个营业执照在税务机关完成信息补录后具备税务登记证的法律地位和作用。

(二)税务登记和税种认定操作

新的"五证合一"办证模式，采取"一表申请、一窗受理、并联审批、一份证照"的流程：首先，办证人持工商网报系统申请审核通过后打印的《新设企业五证合一登记申请表》，携带其他纸质资料，前往大厅"多证合一窗口"受理；其次，窗口核对信息、资料无误后，将信息导入工商准入系统，生成工商注册号，并在"五证合一"认证平台生成各部门号码，补录相关信息，同时，窗口专人将企业材料扫描，与《工商企业注册登记联办流转申请表》传递至质监、税务机关、社保、统计四部门，由四部门分别完成后台信息录入；最后，打印出载有一个证号的营业执照。办证模式的创新，大幅缩短了办证时限，企业只需等待2个工作日即可办理。

此处以厦门市为例说明设立登记流程。新设企业、农民专业合作社、外国企业常驻代表机构依照市场监督部门统一的登记条件、登记程序和登记申请文书材料规范，向登记机关提交申请。市场监督部门统一受理并核发"一照一码"的营业执照，企业领取载有18位的"统一社会信用代码"营业执照后，无须再次进行设立登记，也不再领取税务登记证。

为简化纳税人办税流程，各区(县)税务机关对新办企业报到业务采取全区通办模式，即企业发生应税行为需办理涉税事项时，可以持"一照"在其住所地任一税务机关办税服务厅办理信息补录、核定税种及划分主管税务机关等报到业务。当企业近期无应税行为发生、不用进行纳税申报或申领(代开)发票时，可暂不办理税务机关报到事宜。

除企业、农民专业合作社、外国企业常驻代表机构外，其他主体税务登记按照原有法律制度执行，即其他机关(编办、民政、司法等)批准设立的主体暂不纳入"五证合一、一照一码"办理范围，仍按现行有关规定进行。

"五证合一"后，税务登记流程有所变化，具体操作各地略有差异，现以厦门市为例进行说明。已实行"多证合一、一照一码"登记模式的纳税人，首次办理涉税事宜时，对税务机关依据市场监督管理等部门共享信息制作的《"多证合一"登记信息确认表》进行确认，对其中不全的信息进行补充，对不准确的信息进行更正。具体操作步骤如下：

1.登陆"电子税务局"

纳税人通过浏览器访问厦门市税务局官网,如图 2-1 所示,点击首页中的"电子税务局"即可跳转进入。

图 2-1 "厦门市电子税务局"操作界面

2.纳税人信息

(1)注册信息

步骤:进入"厦门市电子税务局"界面,按照"我的信息—纳税人信息—注册信息"的顺序依次点击,最后呈现的界面如图 2-2 所示。

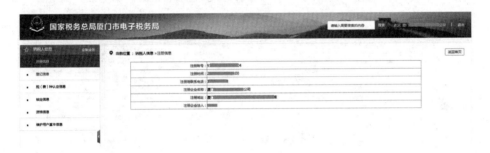

图 2-2 信息注册操作

(2)登记信息

步骤:按照"我的信息—纳税人信息—登记信息"的顺序依次点击,最后呈现的界面如图 2-3 所示。

3.税种认定信息

步骤:按照"我的信息—纳税人信息—税(费)种认定信息"的顺序依次点击,最后呈现的界面如图 2-4 所示。

4.核定信息

步骤:按照"我的信息—纳税人信息—核定信息"的顺序依次点击,最后呈现的界面如图 2-5 所示。

图 2-3　登记信息操作

图 2-4　税种认定信息操作

图 2-5　核定信息操作

5.资格信息

步骤:按照"我的信息—纳税人信息—资格信息"的顺序依次点击,最后呈现的界面如图 2-6 所示。

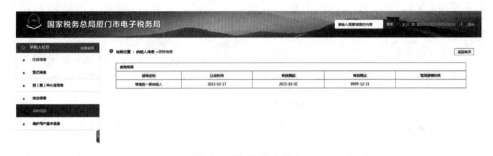

图 2-6　资格信息操作

6.维护用户基本信息

步骤:按照"我的信息—纳税人信息—维护用户基本信息"的顺序依次点击,最后呈现的界面如图 2-7 所示。

图 2-7　维护基本用户信息操作

二、变更税务登记

变更税务登记是指纳税人办理税务登记后,需要对原登记内容进行更改而向税务机关申报办理的税务登记。其适用范围主要有以下 11 种:①改变名称;②改变法人代表;③改变经济性质;④增设或撤销分支机构;⑤改变住所或经营地点(涉及主管税务机关变动的办理注销登记);⑥改变生产、经营范围或经营方式;⑦增减注册资本;⑧改变隶属关系;⑨改变生产经营期限;⑩改变开户银行和账号;⑪改变生产经营权属以及改变其他税务登记内容。

(一)变更税务登记管理规程

(1)领取"五证合一、一照一码"营业执照的企业的生产经营地、财务负责人、核算方式三项信息由企业登记机关在新设时采集。在企业经营过程中,上述信息发生变化的,企业应向主管税务机关申请变更,不向工商登记部门申请变更。除上述三项信息外,企业在登记机关新设时采集的信息发生变更的,均由企业向工商登记部门申请变更。对于税务机关在后续管理中采集的其他必要涉税基础信息发生变更的,企业直接向税务机关申请变更即可。

(2)未领取"五证合一、一照一码"营业执照的企业申请变更登记或者申请换发营业执照的,税务机关应告知企业在登记机关申请变更,并换发载有统一社会信用代码的营业执照。原税务登记证由企业登记机关收缴、存档。企业"财务负责人""核算方式""经营地址"三项信息发生变化的,应直接向税务机关申请变更。

(3)其他机关批准设立的暂不纳入"五证合一、一照一码"登记范围主体的变更事项,按照以下业务规程操作:

①纳税人税务登记内容发生变化的,应当向原税务登记机关申报办理变更税务登记,报送材料有《变更税务登记表》、工商营业执照原件及复印件、纳税人变更登记内容的有关证明文件原件及复印件以及税务登记证件。

②税务登记情形发生变化,但不涉及改变税务登记证件内容的纳税人,向原主管税务机关办理变更税务登记,报送材料为《变更税务登记表》、纳税人变更登记内容的有关证明文件原件及复印件。

③纳税人已在工商行政管理机关办理变更登记的,应当自工商行政管理机关变更登记之日起 30 日内,向原税务机关申报办理变更税务登记。

④纳税人按照规定不需要在工商行政管理机关办理变更登记,或者其变更登记的内容与工商登记内容无关的,应当自税务登记内容实际发生变化之日起 30 日内,或者自有关机关批准或者宣布变更之日起 30 日内,到原税务登记机关申报办理变更税务登记。

(二)变更税务登记操作

变更税务登记时,应注意企业是否领取"一照一码"营业执照,不同情况下变更税务登记申报流程不同,下面以厦门市为例进行说明。

1.领取"一照一码"营业执照的企业纳税人

步骤:按照"我要办税—综合信息报告—身份信息报告—纳税人(扣缴人)身份

信息报告—变更税务登记"的顺序依次点击,最后呈现的界面如图 2-8 所示。

图 2-8　领取"一照一码"营业执照的企业纳税人变更税务登记操作

2.非"一照一码"企业纳税人

步骤:按照"我要办税—综合信息报告—身份信息报告—税务登记信息变更(非"多证合一""两证整合"纳税人)"的顺序依次点击,最后呈现的界面如图 2-9 所示。

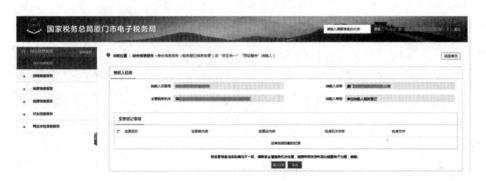

图 2-9　非"一照一码"营业执照企业纳税人变更税务登记操作

三、停业、复业登记

(一)停业、复业登记管理规程

(1)实行定期定额征收方式的个体工商户需要停业的,应当在停业前向税务机关申报办理停业登记。纳税人的停业期不得超过一年。

(2)纳税人在申报办理停业登记时,应如实填写停业申请登记表,说明停业理由、停业期限、停业前的纳税情况和发票的领、用、存情况,并结清应纳税款、滞纳金、罚款。税务机关应收存其税务登记证件及副本、发票领购簿、未使用完的发票和其他税务证件。

(3)纳税人在停业期间发生纳税义务的,应当按照税收法律、行政法规的规定申报缴纳税款。

(4)纳税人应当于恢复生产经营之前,向税务机关申报办理复业登记,如实填写《停业复业(提前复业)报告书》,领回并启用税务登记证件、发票领购簿及其停业前领购的发票。

(5)纳税人停业期满不能及时恢复生产经营的,应当在停业期满前到税务机关办理延长停业登记,并如实填写《停业复业报告书》。

资料阅读

请扫一扫:《停业复业报告书》

(二)停业、复业登记操作

实行定期定额征收的个体工商户或比照定期定额户进行管理的个人独资企业发生停业的,应当在停业前向税务机关书面提出停业报告;纳税人停业期满不能及时恢复生产经营的,应当在停业期满前到主管税务机关办理延长停业报告,下面以厦门市为例进行说明。

1.停业登记

步骤:按照"我要办税—综合信息报告—状态信息报告—经营状态信息报告—停业登记"的顺序依次点击,最后呈现的界面如图2-10所示。

图 2-10 停业登记操作

2.复业登记

步骤:按照"我要办税—综合信息报告—状态信息报告—经营状态信息报告—复业登记"的顺序依次点击,最后呈现的界面如下图 2-11 所示。

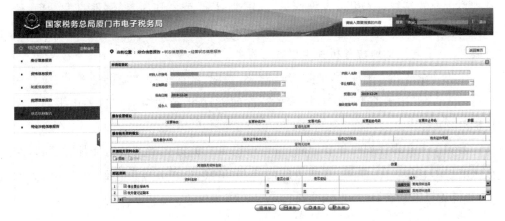

图 2-11   复业登记操作

四、注销税务登记

(一)注销税务登记管理规程

(1)已实行"五证合一、一照一码"登记模式的企业办理注销登记,须先向税务主管机关申报清税,填写《清税申报表》。企业可向国税、地税任何一方税务主管机关提出清税申报,税务机关受理后应将企业清税申报信息同时传递给另一方税务机关,国税、地税税务主管机关按照各自职责分别进行清税,限时办理。清税完毕后一方税务机关及时将本部门的清税结果信息反馈给受理税务机关,由受理税务机关根据国税、地税清税结果向纳税人统一出具"清税证明",并将信息共享到交换平台。

(2)未换发"五证合一、一照一码"营业执照的企业申请注销登记按照以下规程操作。

①纳税人发生解散、破产、撤销以及其他情形,依法终止纳税义务的,应当在向工商行政管理机关或者其他机关办理注销登记前,持有关证件和资料向原税务登记机关申报办理注销税务登记;按规定不需要在工商行政管理机关或者其他机关办理注册登记的,应当自有关机关批准或者宣告终止之日起 15 日内,持有关证件和资料向原税务登记机关申报办理注销税务登记。

②纳税人被工商行政管理机关吊销营业执照或者被其他机关予以撤销登记的,

应当自营业执照被吊销或者被撤销登记之日起 15 日内,向原税务登记机关申报办理注销税务登记。

③纳税人因住所、经营地点变动,涉及改变税务登记机关的,应当在向工商行政管理机关或者其他机关申请办理变更、注销登记前,或者住所、经营地点变动前,持有关证件和资料,向原税务登记机关申报办理注销税务登记,并自注销税务登记之日起 30 日内向迁达地税务机关申报办理税务登记。

④境外企业在中国境内承包建筑、安装、装配、勘探工程和提供劳务的,应当在项目完工、离开中国前 15 日内,持有关证件和资料,向原税务登记机关申报办理注销税务登记。

⑤纳税人办理注销税务登记前,应当向税务机关提交相关证明文件和资料,结清应纳税款、多退(免)税款、滞纳金和罚款,缴销发票、税务登记证件和其他税务证件,经税务机关核准后,办理注销税务登记手续。

(二)注销税务登记操作

已实行"一照一码""两证整合"登记模式的纳税人提交《清税申报表》;未实行"一照一码""两证整合"登记模式的纳税人提交《注销税务登记申请表》,下面以厦门为例进行说明。

资料阅读

请扫一扫:《清税申报表》

1."一照一码"户清税申报

步骤:按照"我要办税—综合信息报告—状态信息报告—经营状态信息报告—"一照一码"户清税申报"的顺序依次点击,最后呈现的界面如图 2-12 所示。

2.注销税务登记(适用于未实行"一照一码""两证整合"模式的纳税人)

步骤:按照"我要办税—综合信息报告—状态信息报告—注销税务登记"的顺序依次点击,按要求填写,最后呈现的界面如图 2-13 所示。

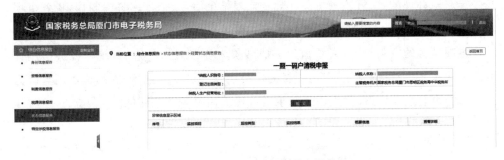

图 2-12　"一照一码"户清税申报操作

图 2-13　未实行"一照一码""两证整合"模式的纳税人注销税务登记操作

第二节　纳税人身份登记

一、增值税一般纳税人资格登记

　　纳税人在完成税务登记和税种确定后,缴纳增值税的纳税义务人还必须进行纳税身份登记。增值税纳税人身份分为一般纳税人和小规模纳税人。年应税销售额或年应税服务销售额未超过增值税小规模纳税人标准(自 2018 年 5 月 1 日起,增值税小规模纳税人标准调整为年应征增值税销售额 500 万元及以下)以及新开业的增值税纳税人,可以向主管税务机关申请增值税一般纳税人资格登记。增值税纳税人年应税销售额超过规定标准的,除符合有关规定选择按小规模纳税人纳税的,在申报期结束后 20 个工作日内按照规定向主管税务机关办理一般纳税人登记手续;未按规定时限办理的,主管税务机关在规定期限结束后 10 个工作日内制作《税务事项通知书》,告知纳税人在 10 个工作日内向主管税务机关办理登记手续。

主要报送的资料有:(1)《增值税一般纳税人登记表》;(2)加载统一社会信用代码的营业执照(或税务登记证、组织机构代码证等)原件。(注意:除纳税信用等级为 D 级的纳税人之外,可选择采用告知承诺替代上述税务登记证件。)

资料阅读

请扫一扫:《增值税一般纳税人登记表》

(一)基本流程

增值税一般纳税人资格登记的基本流程如图 2-14 所示。

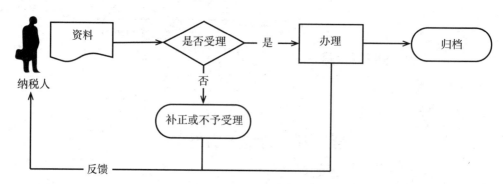

图 2-14　增值税一般纳税人资格登记基本流程

(二)增值税一般纳税人资格登记操作

下面以厦门为例,说明增值税一般纳税人资格登记操作。步骤:按照"我要办税—综合信息报告—资格信息报告—增值税纳税人类型报告—增值税一般纳税人登记"的顺序依次点击,做完人脸识别后的界面如图 2-15 所示。

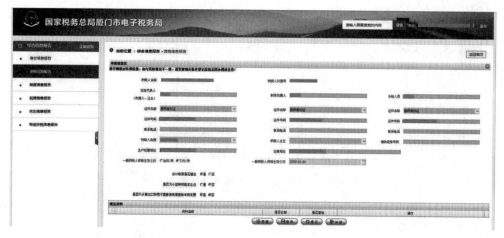

图 2-15　增值税一般纳税人资格登记操作

二、增值税小规模纳税人资格登记

非企业性单位、年应税销售额超过财政部、国家税务总局规定的增值税小规模纳税人标准且不经常发生应税行为的单位和个体工商户,可向主管税务机关提交书面说明,选择按照小规模纳税人纳税,在进行资格认定登记时需要提交《选择按小规模纳税人纳税的情况说明》。(个体工商户以外的其他个人年应税销售额超过规定标准的,不需要向主管税务机关提交书面说明。)

资料阅读

请扫一扫:《选择按小规模纳税人纳税的情况说明》

(一)基本流程

增值税小规模纳税人纳税基本流程如图 2-16 所示。

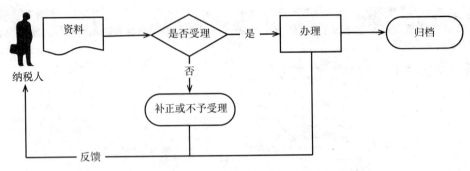

图 2-16　增值税小规模纳税人纳税基本流程

(二)增值税小规模纳税人资格登记操作

下面以厦门为例,说明增值税小规模纳税人资格登记操作。步骤:按照"我要办税—综合信息报告—资格信息报告—增值税纳税人类型报告"的顺序依次点击,选择"小规模纳税人纳税的情况说明",如图 2-17 所示。

图 2-17　增值税小规模纳税人资格登记操作

第三节　发票管理

自 2016 年 5 月 1 日起,"营改增"试点在全国范围内全面推开,经营活动都纳入增值税征税范围,相应地,发票都由国家税务局系统管理。因此,营改增全面实施后,所有的发票可以统称为增值税发票。纳税人申领的发票包括增值税普通发票和

增值税专用发票两类,税务机关根据纳税人的选择和其他具体情况核定其可领用的
发票种类。

发票通常由收款方向付款方开具,税务师代理领用和发票管理,付款方向收款
方开具发票。

一、发票管理规程

(一)首次申领发票

纳税人在首次申请领用发票时,办理的主要涉税事项包括发票票种核定、增值
税税控系统专用设备的领购初始发行和压缩新办纳税人首次申领增值税发票时间
等涉税事项。

1.发票票种的核定

发票票种核定的内容包括纳税人领用发票的种类、最高开票限额、每次申领发
票的数量。

(1)申领的发票种类

纳税人申领的发票包括增值税普通发票和增值税专用发票两类,税务机关根据
纳税人的选择和其他具体情况,核定其可领用的发票种类。

①增值税普通发票。纳税人办理了税务登记或领取营业执照办理落户手续后,
即可申请领用增值税普通发票。

②增值税专用发票。纳税人在办理一般纳税人登记手续时,可自行选择登记的
当月1日或者次月1日为一般纳税人生效之日,除中华人民共和国财政部、国家税
务总局另有规定之外,一般纳税人自生效之日起可以按照规定领用增值税专用
发票。

自2020年2月1日起,小规模纳税人(其他个人除外)可以自愿使用增值税发
票管理系统自行开具增值税专用发票,对于选择自行开具增值税专用发票的小规模
纳税人,也可以按规定领用增值税专用发票。

(2)增值税专用发票(增值税税控系统)最高开票限额审批

增值税专用发票(增值税税控系统)实行最高开票限额管理,纳税人初次申请使
用增值税专用发票以及变更增值税专用发票限额,最高开票限额由一般纳税人和选
择自行开具增值税专用发票的小规模纳税人申请,区县税务机关依法审批。

纳税人申请最高开票限额时,需填报《增值税专用发票(增值税税控系统)最高
开票限额申请单》。主管税务机关受理纳税人申请以后,根据需要进行实地查验,一

般纳税人申请专用发票(包括增值税专用发票和货物运输业增值税专用发票)最高开票限额不超过 10 万元的,主管税务机关不需事前进行实地查验。各省税务机关可在此基础上适当扩大不需事前实地查验的范围,实地查验的范围和方法由各省税务机关确定。主管税务机关应根据纳税人实际生产经营和销售情况进行审批,保证纳税人生产经营的正常需要。

自 2019 年 12 月 1 日起,税务机关办理增值税专用发票(增值税税控系统)最高开票限额审批自受理申请之日起 10 个工作日内作出行政许可决定。在上述时限内不能办结的,经税务机关负责人批准,可以延长 5 个工作日。

(3)发票领用数量的审批

纳税人领用发票的数量由纳税人申请,主管税务机关根据领用单位和个人的经营范围和规模,确认领用发票的数量。自 2020 年 1 月起,纳税人办理增值税普通发票、增值税电子普通发票、收费公路通行费增值税电子普通发票、机动车销售统一发票、二手车销售统一发票票种核定事项,除税务机关按规定确定的高风险等情形外,主管税务机关应当即时办结。

2.增值税税控系统专用设备的领购初始发行

使用增值税专用发票的纳税人或纳入增值税发票管理新系统的纳税人,实行增值税防伪税控系统使用增值税发票,应按规定向批准发行的机构领购"金税盘"或"税控盘"等专用设备。

纳税人在领购"金税盘"或"税控盘"后,应到主管税务机关进行专用设备的初始发行,主管税务机关依据综合征管软件同步的税务登记信息、资格认定信息、税种税目认定信息、票种核定信息、离线开票时限、离线开票总金额等信息对专用设备进行发行。

3.压缩新办纳税人首次申领增值税发票时间

为进一步深化税务系统"放管服"改革,优化税收营商环境,方便新办纳税人首次申领增值税发票,按照中华人民共和国国务院关于进一步压缩企业开办时间的要求,国家税务总局自 2018 年 8 月 1 日起压缩新办纳税人首次申领增值税发票时间。

(1)符合首次申领发票压缩时间的纳税人。

同时满足下列条件的新办纳税人:

①纳税人的办税人员、法定代表人已经进行实名信息采集和验证(需要采集、验证法定代表人实名信息的纳税人范围由各省税务机关确定);

②纳税人有开具增值税发票需求,主动申领发票;

③纳税人按照规定办理税控设备发行等事项。

（2）首次申领时限。

符合条件的纳税人首次申领增值税发票，主管税务机关应当自受理申请之日起2个工作日内办结，有条件的主管税务机关当日办结。

（3）首次申领发票的票种核定。

税务机关为符合规定的首次申领增值税发票的新办纳税人办理发票票种核定：

①增值税专用发票最高开票限额不超过10万元，每月最高领用数量不超过25份；

②增值税普通发票最高开票限额不超过10万元，每月最高领用数量不超过50份。

各省税务机关可以在上述范围内结合纳税人税收风险程度，自行确定新办纳税人首次申领增值税发票的票种核定标准。

纳税人首次领用发票，可以通过"非接触式"方式办理，即纳税人可进入"电子税务局"，选择"新办纳税人套餐"，填写完成相关税务信息报告后，根据系统提示，完成"发票票种核定""增值税税控系统专用设备初始发行"和"发票申领"等业务申请。税务机关审批完成后，即可领用发票。

（二）后续申领发票

在纳税人后续经营活动中，若首次申领发票时办理的涉税事项未发生变化，就按首次申领增值税发票票种核定标准，持续按规定领用发票；若经营活动或者其他条件变化，应重新（或补充）办理相应的发票领用涉税事项。

（三）发票领用手续

需要领用发票的单位和个人在办理发票申领涉税事项后，就可以按发票管理规定领用所需要的发票。在领用发票时，应当持经办人身份证明，根据不同情况携带"金税盘"、"税控盘"、"报税盘"、税控收款机用户卡、税务登记副本等，按照国务院税务主管部门规定式样制作的发票专用章的印模，向主管税务机关办理发票领用手续。对于未纳入增值税发票管理新系统的纳税人，应出示发票领购簿申领相应的发票；对于纳税增值税发票管理新系统的纳税人，可以持"金税盘"或"税控盘"及相关资料到主管税务机关领取相应的增值税发票。

除首次领用发票外，纳税人再次领用发票时，应对原领用的发票使用情况进行查验，即发票的验旧。自2014年5月1日起，取消增值税发票手工验旧。税务机关应用增值税一般纳税人发票税控系统报税数据，通过信息化手段实现增值税发票验旧工作。

(四)申领增值税电子普通发票

增值税电子普通发票,是指通过增值税发票系统升级版开具、上传,通过电子发票服务平台查询、下载的电子增值税普通发票;是在原有加密防伪措施上,使用数字证书进行电子签章后供购买方下载使用的。增值税电子普通发票不表现为税务机关监制、印刷的纸质发票形式,既可以为电子数据形式,也可以打印为纸质发票形式(即增值税电子普通发票的版式文件)。

自 2016 年 1 月 1 日起,纳税人应使用国家税务总局组织开发的增值税电子发票系统开具增值税电子普通发票,其他开具电子发票的系统同时停止使用。

二、发票管理操作

下面以厦门为例讲解操作。

(一)发票认证

如图 2-18 所示进行操作。

图 2-18　发票认证操作

(二)发票票种核定

进行人脸识别后,如图 2-19 所示进行操作。

图 2-19　发票票种核定操作

(三)发票领用

如图 2-20 所示进行操作。

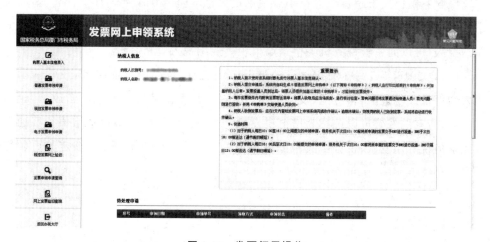

图 2-20　发票领用操作

资料阅读

请扫一扫:《纳税人领用发票　　《税务行政许可申请表》　　《增值税专用发票最高
　　　　票种核定表》　　　　　　　　　　　　　　　　　　　　开票限额申请单》

本章小结

(1)税务登记是税务机关对纳税人实施税收管理的首要环节和基础工作。2015年10月1日起,营业执照、组织机构代码证和税务登记证"三证合一"。从2016年10月1日起,正式实施"五证合一、一照一码",在更大范围、更深层次上实现信息共享和业务协同,巩固和扩大"三证合一"登记制度改革成果。2019年7月24日起,新设立登记的企业、农民专业合作社完成"一照一码"户登记信息确认后,其加载统一社会信用代码的营业执照可代替税务登记证使用,不再另行发放税务登记证件。

(2)在完成税务登记和税种确定后,缴纳增值税的纳税义务人还必须进行纳税身份登记。增值税纳税人身份分为一般纳税人和小规模纳税人。年应税销售额或年应税服务销售额未超过增值税小规模纳税人标准(自2018年5月1日起,增值税小规模纳税人标准调整为年应征增值税销售额500万元及以下)以及新开业的增值税纳税人,可以向主管税务机关申请增值税一般纳税人资格登记。

(3)自2016年5月1日起,"营改增"试点在全国范围内全面推开,经营活动都纳入增值税征税范围,相应地,发票都由国家税务局系统管理。因此,"营改增"全面实施后,所有的发票可以统称为增值税发票。纳税人申领的发票包括增值税普通发票和增值税专用发票,税务机关根据纳税人的选择和其他具体情况,核定其可领用的发票种类。

【复习思考题】

(1)请简述税务登记的具体内容。
(2)请简述发票管理的主要内容。
(3)请回顾增值税一般纳税人和小规模纳税人的认定标准。

【应用技能题】

1.2020年7月20日,公司因业务需要,办理发票领用资格。每月需要使用增值税普通发票25份。请根据背景资料填写表2-1。

领票人:林亦舒,身份证号:110105198707180029。法人代表:徐鑫兴,联系电话:0592-8130485。

企业购票信息:每月最高领票数量(份):25;每次最高领票数量(份):25;持票最高数量(份):25;定额发票累计领票金额(元):2 500 000;领票方式:验旧领新。

企业名称:北京绿叶日用品有限公司

企业增值税类型:一般纳税人

适用会计准则:企业会计准则

社会信用代码:911101039303542851

企业地址:北京市朝阳区建国路 244 号

企业电话号码:010-81304858

银行名称及账号:基本户:交通银行北京朝阳支行 14020763220110293457

人员信息:开票员:于子田

表 2-1 纳税人领用发票票种核定表

纳税人识别号							
纳税人名称							
领票人		联系电话		身份证件类型		身份证件号码	
发票种类名称	发票票种核定操作类型	单位(数量)	每月最高领票数量	每次最高领票数量	持票最高数量	定额发票累计领票金额	领票方式
纳税人(签章)							
经办人: 法定代表人(业主、负责人): 填表日期: 年 月 日							
发票专用章印模:							

【表单说明】

1.本表依据《中华人民共和国发票管理办法》第十五条设置。

2.适用范围:本表适用于需要领用发票的单位和个人,向主管税务机关办理发票领用手续时使用。

3.填表说明:

(1)身份证件类型:是指领票人的居民身份证、护照或者其他能证明经办人身份的证件;

(2)发票种类名称:根据《发票种类代码表》的"名称"列填写,详见附件;

(3)申请发票票种核定操作类型:填写增加、变更或删除;

(4)领票方式:填写验旧领新、交旧领新、批量供应或其他。

4.本表一式一份,由纳税人主管税务机关留存。

5.该表单为国家税务总局标准表单,需要报送的资料以办税公开指南为准。

2.北京建航购物中心有限公司于2019年8月5日要申请一般纳税人,请根据背景资料填写并审核表2-2(该企业会计核算健全,一般纳税人资格于次月生效)。相关资料如下:

公司法定代表人:孔明丽,身份证号:110106196508083351。公司财务负责人:沈代玉,身份证号:110105197505155573。公司办税人员:陈艺,身份证号:110105198509105571。联系电话均为010-81200130。

公司营业执照如图2-21所示。

图2-21 北京建航购物中心有限公司营业执照

表 2-2　增值税一般纳税人登记表

纳税人名称			社会信用代码 （纳税人识别号）			
法定代表人 （负责人、业主）		证件名称及号码			联系电话	
财务负责人		证件名称及号码			联系电话	
办税人员		证件名称及号码			联系电话	
税务登记日期						
生产经营地址						
注册地址						
纳税人类别：企业□　非企业性单位□　个体工商户□　其他□						
主营业务类别：工业□　商业□　服务业□　其他□						
会计核算健全：是□						
一般纳税人生效之日：当月 1 日□　次月 1 日□						
纳税人（代理人）承诺： 　　会计核算健全，能够提供准确税务资料，上述各项内容真实、可靠、完整。如有虚假，愿意承担相关法律责任。 　　　　　　　经办人：　　　　法定代表人：　　　　代理人：　　　　（签章） 　　　　　　　　　　　　　　　　　　　　　　　　　　　　年　　月　　日						
以下由税务机关填写						
税务 机关 受理 情况	受理人： 　　　　　　　　　　　　　　　　　　受理税务机关（章） 　　　　　　　　　　　　　　　　　　　　年　　月　　日						

填表说明：

1.本表由纳税人如实填写。

2.表中"证件名称及号码"相关栏次,根据纳税人的法定代表人、财务负责人、办税人员的居民身份证、护照等有效身份证件及号码填写。

3.表中"一般纳税人生效之日"由纳税人自行勾选。

4.本表一式二份,主管税务机关和纳税人各留存一份。

第三章　增值税会计处理与纳税申报实务

【学习目标】

1.掌握增值税进项税额及转出的会计处理

2.掌握增值税销项税额的会计处理

3.掌握增值税应纳税额的会计处理

4.掌握增值税及附加税费纳税申报表的填写

5.熟悉增值税出口退(免)税的会计处理

第一节　一般纳税人增值税的会计处理与纳税申报实务

增值税是目前企业缴纳的最重要的一个税种,也是每个企业每个月必须缴纳的税。因此增值税的会计核算是会计实务中非常重要的内容,基于会计核算的增值税纳税申报也成为税务会计人员每月必须做的重要工作。

一、一般纳税人增值税的会计处理

(一)会计科目的设置

1.一般纳税人增值税会计核算的科目设置

根据现行规定,一般纳税人应在"应交税费"科目下设置"应交增值税""未交增值税""预交增值税""待抵扣进项税额""待认证进项税额""待转销项税额""简易计税""转让金融商品应交增值税""代扣代交增值税"等明细科目。

(1)"应交税费——应交增值税"科目。增值税一般纳税人应在"应交增值税"明细账内设置进项税额、销项税额抵减、已交税金、转出未交增值税、减免税款、出口抵减内销产品应纳税额、销项税额、出口退税、进项税额转出、转出多交增值税等专栏。

①"进项税额"专栏,记录一般纳税人购进货物、加工修理修配劳务、服务、无形资产或不动产而支付或负担的、准予从当期销项税额中抵扣的增值税额。

②"销项税额抵减"专栏,记录一般纳税人按照现行增值税制度规定因扣减销售额而减少的销项税额,如差额计税。

③"已交税金"专栏,记录一般纳税人当月已缴纳的应交增值税额。

④"转出未交增值税"和"转出多交增值税"专栏,分别记录一般纳税人月度终了转出当月应交未交或多交的增值税额。

⑤"减免税款"专栏,记录一般纳税人按现行增值税制度规定准予减免的增值税额。企业按规定直接减免的增值税税额,借记本科目,贷记"营业外收入——政府补贴"科目。

⑥"出口抵减内销产品应纳税额"专栏,记录实行"免、抵、退"办法的一般纳税人按规定计算的出口货物或应税服务的进项税抵减内销产品的应纳税额,借记本科目,贷记"应交税费——应交增值税(出口退税)"科目。

⑦"销项税额"专栏,记录一般纳税人销售货物、加工修理修配劳务、服务、无形资产或不动产应收取的增值税额。

⑧"出口退税"专栏,记录一般纳税人出口货物、加工修理修配劳务、服务、无形资产按规定退回的增值税额。出口企业当期按规定应退税额,借记"其他应收款——增值税退税款"科目,贷记本科目。

⑨"进项税额转出"专栏,记录一般纳税人购进货物、加工修理修配劳务、服务、无形资产或不动产等发生非正常损失以及其他原因而不应从销项税额中抵扣、按规定转出的进项税额。按税法规定,对出口货物不得抵扣税额的部分,应在借记"主营业务成本"科目的同时贷记本科目。

⑩"转出多交增值税"专栏,核算一般纳税企业月终转出多缴的增值税。月末企业"应交税费——应交增值税"明细账出现借方余额时,根据余额借记"应交税费——未交增值税"科目,贷记本科目。由于目前会计制度对"应交税费——应交增值税"科目月末余额是全额转出还是就预缴部分转出不明确,故企业在实际工作中有两种处理,一种是只就当月多缴部分转入"应交税费——未交增值税"科目,另一种是将期末留抵税额和当月多缴部分一并转入"应交税费——未交增值税"科目,从而造成"应交税费——未交增值税"科目期末借方余额含义不一样。但无论采取何种方法,在纳税申报时,上期留抵税额均不包括多缴部分。

上述专栏的设置用 T 字账表示(见图 3-1)。

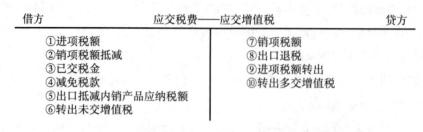

图 3-1　"应交税费——应交增值税"T 字账

(2)"未交增值税"明细科目,核算一般纳税人月度终了从"应交增值税"明细科目转入当月应交未交的增值税额,或从"预交增值税"明细科目转入的多交或预缴的增值税额,以及当月交纳以前期间未交的增值税额。

(3)"预交增值税"明细科目,核算一般纳税人转让不动产、提供不动产经营租赁服务、提供建筑服务、采用预收款方式销售自行开发的房地产项目等,以及其他按现行增值税制度规定应预缴的增值税额。

(4)"待抵扣进项税额"明细科目,核算一般纳税人已取得增值税扣税凭证并经税务机关认证,按照现行增值税制度规定准予以后期间从销项税额中抵扣的进项税额。

(5)"待认证进项税额"明细科目,核算一般纳税人由于未经税务机关认证而不得从当期销项税额中抵扣的进项税额。

(6)"待转销项税额"明细科目,核算一般纳税人销售货物、加工修理修配劳务、服务、无形资产或不动产,已确认相关收入(或利得)但尚未发生增值税纳税义务而需于以后期间确认为销项税额的增值税额,如预售购物卡。

(7)"增值税留抵税额"明细科目,核算兼有销售服务、无形资产或者不动产的原增值税一般纳税人,截至纳入"营改增"试点之日前的增值税期末留抵税额,按照现行增值税制度规定不得从销售服务、无形资产或不动产的销项税额中抵扣的增值税留抵税额。

(8)"简易计税"明细科目,核算一般纳税人采用简易计税方法发生的增值税计提、扣减、预缴、缴纳等业务。

(9)"转让金融商品应交增值税"明细科目,核算增值税纳税人转让金融商品发生的增值税额。

(10)"代扣代交增值税"明细科目,核算纳税人购进在境内未设经营机构的境外单位或个人在境内的应税行为代扣代缴的增值税。

(11)加计抵减政策下的会计核算

中华人民共和国财政部、税务总局和海关总署印发了《关于深化增值税改革有关政策的公告》（财政部 税务总局 海关总署公告 2019 年第 39 号），规定自 2019 年 4 月 1 日至 2021 年 12 月 31 日，允许生产、生活性服务业纳税人按照当期可抵扣进项税额加计 10％，抵减应纳税额；2019 年 10 月 1 日至 2021 年 12 月 31 日，允许生活性服务业纳税人按照当期可抵扣进项税额加计 15％，抵减应纳税额。

中华人民共和国财政部会计司就上述政策规定适用《增值税会计处理规定》（财会〔2016〕22 号）的有关问题解读如下：生产、生活性服务业纳税人取得资产或接受劳务时，应当按照《增值税会计处理规定》的相关规定对增值税相关业务进行会计处理；实际缴纳增值税时，按应纳税额借记"应交税费——未交增值税"等科目，按实际纳税金额贷记"银行存款"科目，按加计抵减的金额贷记"其他收益"科目。

（12）"增值税纳税调整"明细科目

根据《国家税务总局关于印发〈增值税日常稽查办法〉的通知》（国税发〔1998〕44 号）的规定，增值税一般纳税人在税务机关对其增值税纳税情况进行检查后，凡涉及增值税涉税账务调整的，应设立"应交税费——增值税检查调整"专门账户；凡检查后应调减账面进项税额或调增销项税额和进项税额转出的数额，借记有关科目，贷记本科目；凡检查后应调增账面进项税额或调减销项税额和进项税额转出的数额，借记本科目，贷记有关科目；全部调账事项入账后，应结出本账户的余额，并对该余额进行处理；处理之后，本账户无余额。

期末，如果出现多交的增值税，应转入"应交税费——未交增值税"科目的借方，结转后，"应交税费——应交增值税"科目平衡，做分录：

借：应交税费——未交增值税

　贷：应交税费——应交增值税（转出多交增值税）

期末，如果出现应交未交的增值税，应转入"应交税费——未交增值税"科目贷方，结转后，"应交税费应交增值税"科目平衡，做分录：

借：应交税费——应交增值税（转出未交增值税）

　贷：应交税费——未交增值税

期末，如果进项税额大于销项税额，出现留到下月抵扣的增值税，则为"应交税费——应交增值税"账户有借方余额。

下月缴纳上月及以前未缴纳的增值税时，做分录：

借：应交税费——未交增值税

　贷：银行存款

下月缴纳上月简易计税的增值税时，做分录：

借:应交税费——简易计税

　　贷:银行存款

根据主管税务机关要求预缴本月及以后月份增值税时,做分录:

借:应交税费——应交增值税(已交税金)

　　贷:银行存款

异地预缴增值税(异地出售不动产、异地经营租赁不动产和异地提供建筑服务)及预收款销售自行开发的房地产预缴增值税时,做分录:

借:应交税费——预交增值税

　　贷:银行存款

(二)一般纳税人增值税业务的会计处理

一般纳税人增值税业务的会计处理,主要包括进项税额的会计处理、进项税转出的会计处理、销项税额的会计处理、视同销售的会计处理、出口退税的会计处理、增值税优惠的会计处理和应交增值税明细表的编制等方面。

1.进项税额的会计处理

(1)外购材料进项税额的会计处理

①收料与付款同时进行。应按材料实际成本和增值税进项税额借记"原材料""应交税费——应交增值税(进项税额)",按材料的实际成本和增值税进项税额之和贷记"银行存款""库存现金""其他货币资金""应付票据""应付账款"等。

【例 3-1】ABC 公司为增值税一般纳税人,7月向本市某工厂购进乙材料 2 000 千克,单价为 6 元/千克,增值税进项税额为 1 560 元(2 000×6×13%),材料入库,取得增值税专用发票并通过认证,开出转账支票支付。

【解析】编制会计分录如下:

借:原材料——乙材料　　　　　　　　　　　12 000

　　应交税费——应交增值税(进项税额)　　　1 560

　　贷:银行存款　　　　　　　　　　　　　　　　　13 560

②发票结算凭证已到,货款已经支付,但材料尚未收到。发生时应依据有关发票,借记"在途物资""应交税费",贷记"银行存款""其他货币资金""应付票据"等;在途物资入库后,借记"原材料",贷记"在途物资"。

【例 3-2】ABC 公司为增值税一般纳税人,10月收到银行转来的购买红星工厂甲材料的"托收承付结算凭证"及发票,数量为 3 000 千克,价格为 15 元/千克,增值税进项税额为 5 850 元(3 000×15×13%)。企业购进货物并取得增值税专用发票后,在未认证前,应通过"待认证进项税额"账户过渡。

【解析】编制会计分录如下:

借:在途物资——红星工厂   45 000

  应交税费——待认证进项税额   5 850

  贷:银行存款   50 850

材料验收入库时:

借:原材料——甲材料   45 000

  贷:在途物资——红星工厂   45 000

企业在规定时间内进行比对认证并获得通过后,记:

借:应交税费——应交增值税(进项税额) 5 850

  贷:应交税费——待认证进项税额   5 850

如果在规定时间内进行认证但未获通过,或超过规定时间未进行认证,则记:

借:原材料——甲材料   5 850

  贷:应交税费——待认证进项税额   5 850

③购进农产品进项税额的会计处理。购进农产品,增值税扣除率为 9%;纳税人购进用于生产销售、委托加工 13%税率货物的农产品,按 10%的扣除率计算进项税额。对农民专业合作社销售本社成员生产的农业产品,视同农业生产者销售自产农业产品,免征增值税;增值税一般纳税人从农民专业合作社购进的免税农业产品,可计算抵扣增值税进项税额。

【例 3-3】绿洲食品公司为增值税一般纳税人,主要从事肉脯、肉松等的生产销售。10 月份发生如下购进业务:

(1)从一般纳税人甲公司购进猪肉 100 吨,专用发票金额 50 万元,增值税额 4.5 万元,取得增值税专用发票并通过认证;当月生产领用猪肉 40 吨用于肉脯生产。

(2)从小规模纳税人乙公司购进猪肉 1 500 千克,价款 2.1 万元,取得增值税普通发票,当月全部领用生产肉松;从批发市场购入适用免税政策的猪肉 800 千克,价款 2 400 元,取得增值税普通发票。

【解析】编制会计分录如下:

(1)从甲公司购进猪肉时

借:原材料——猪肉   500 000

  应交税费——应交增值税(进项税额) 45 000

  贷:银行存款   545 000

生产领用猪肉时：

企业购进猪肉用于生产销售的肉脯和肉松为适用13%增值税税率的货物,应于领用当期按10%的扣除率与9%的扣除率之间的差额,计算当期可加计扣除的农产品进项税额。可加计扣除农产品进项税额＝当期生产领用农产品已按9%扣除率抵扣税额÷9%×(10%−9%)。

可加计扣除农产品进项税额＝45 000×40÷100÷9%×(10%−9%)＝0.2(万元)

借：生产成本——肉脯　　　　　　　　　　　　　　　　198 000

　　应交税费——应交增值税(进项税额)　　　　　　　　2 000

　　贷：原材料——大米　　　　　　　　　　　　　　　　　　　　200 000

(2)从乙公司和批发市场购进猪肉时

纳税人从小规模纳税人乙公司购进猪肉不属于从农业生产者处购进自产农产品,进项税额不予抵扣;从批发、零售环节购进适用免征增值税的蔬菜、部分鲜活肉蛋而取得的普通发票,不得作为计算抵扣进项税额的凭证。

借：原材料——猪肉　　　　　　　　　　　　　　　　　23 400

　　贷：银行存款　　　　　　　　　　　　　　　　　　　　　　23 400

生产领用猪肉时：

借：生产成本——肉松　　　　　　　　　　　　　　　　23 400

　　贷：原材料——猪肉　　　　　　　　　　　　　　　　　　　23 400

(2)外购材料退货、折让进项税额的会计处理

①全部退货。在未付款且未做账务处理的情况下,只需将"发票联"和"抵扣联"退还给销货方即可;如果在已付款或者货款未付但已做账务处理,而"发票联"和"抵扣联"无法退还的情况下,购货方必须取得当地主管税务机关开具的"进货退出及索取折让证明单"并送交销售方,作为销售方开具红字增值税专用发票的合法依据。销售方在未收到证明单以前,不得开具红字增值税专用发票。销售方收到证明单以后,根据退回货物的数量、价款、税款或折让金额,向购买方开具红字增值税专用发票。

【例3-4】ABC工厂为增值税一般纳税人,9月20日收到红星工厂转来的托收承付结算凭证(验单付款)及增值税发票并通过认证,所列甲材料价款6 000元,税额780元,委托银行付款。

【解析】编制会计分录如下：

借：在途物资——甲材料　　　　　　　　　　　　　　6 000

　　应交税费——应交增值税(进项税额)　　　　　　　　780

　　贷：银行存款　　　　　　　　　　　　　　　　　　　　　　6 780

9月25日材料运到,验收后因质量不符合约定而全部退货,取得当地主管税务机关开具的"进货退出及索取折让证明单"并送交销售方,代垫退货运杂费500元。9月27日收到红星工厂开具的红字发票联抵扣。

【解析】编制会计分录如下:

9月25日将证明单转交销货方时:

借:应收账款——红星工厂　　　　　　　　　　　　6 500

　　贷:在途物资——甲材料　　　　　　　　　　　　　　6 000

　　　　银行存款　　　　　　　　　　　　　　　　　　　500

9月27日收到销货方开具的红字增值税专用发票及款项时:

借:银行存款　　　　　　　　　　　　　　　　　　5 720

　　应交税费—应交增值税(进项税额)　　　　　　780

　　贷:应收账款—红星工厂　　　　　　　　　　　　　6 500

②部分退货。购进的材料如果发生部分退货,在货款已付、发票无法退还的情况下,应向当地税务机关索取证明单,转交销货方,并根据销货方转来的红字发票联和抵扣联,借记"应收账款"或"银行存款",贷记"应交税费——应交增值税(进项税额)"(记账时,用红字记入借方)、"在途物资"。

【例3-5】接上例,以前采用托收承付结算方式(验单付款)购进的材料2 000千克,单价5元/千克,增值税进项税额1 300元,材料验收入库时发现质量不符合约定,经与销货方协商后同意折让10%。

【解析】编制会计分录如下:

材料验收入库,按扣除折让后的金额入账,并将证明单转交销货方时:

借:原材料　　　　　　　　　　　　　　　　　　　9 000

　　应收账款　　　　　　　　　　　　　　　　　　1 000

　　贷:在途物资　　　　　　　　　　　　　　　　　　10 000

收到销货方转来的折让金额红字增值税专用发票及款项时:

借:银行存款　　　　　　　　　　　　　　　　　　870

　　应交税费——应交增值税(进项税额)　　　　　130

　　贷:应收账款　　　　　　　　　　　　　　　　　　1 000

(3)商品采购进项税额的会计处理

①国内商品采购。企业购进商品并取得专用发票后,如果能够及时认证并通过,在货款结算时,便以购买价格借记"商品采购",以增值税专用发票上注明的增值

税额借记"应交税费——应交增值税（进项税额）"，按购买价格与增值税之和贷记"应付账款""应付票据""银行存款"等；商品验收入库时，借记"库存商品"，贷记"商品采购"或"在途商品"。

如果没有及时认证，根据专用发票先行入账时，为了区别于已获认证的购进商品的会计处理，可设"待认证进项税额"账户。当企业在规定时间内通过认证后，再借记"应交税费——应交增值税（进项税额）"，贷记"应交税费——待抵扣进项税额"。

【例 3-6】某商业批发企业为增值税一般纳税人，从国内购进商品一批，价款20 000元，税额2 600元，取得增值税专用发票，两个月后付款。

【解析】编制会计分录如下：

商品购入时：

借：商品采购 20 000

应交税费——待认证进项税额 2 600

贷：应付账款 22 600

验收入库时：

借：库存商品 20 000

贷：商品采购 20 000

实际付款时：

借：应付账款 22 600

贷：银行存款 22 600

借：应交税费——应交增值税（进项税额） 2 600

贷：应交税费——待认证进项税额 2 600

②国外商品采购。纳税人在取得海关缴款书后，先借记"应交税费——待认证进项税额"，贷记相关对应科目；稽核比对相符允许抵扣时，借记"应交税费——应交增值税（进项税额）"，贷记"应交税费——待认证进项税额"。对不得抵扣的进项税额，借记相关对应账户，贷记"应交税费——待认证进项税额"账户。

【例 3-7】某商业企业为增值税一般纳税人，从国外进口甲商品一批，完税价格300 000美元，采取汇付结算方式，关税税率为10%，增值税税率为13%，支付国内运输费用并取得认证过的增值税专用发票，注明价款3 000元，该企业开出人民币转账支票1 800 000元，从银行购入300 000美元，转入美元存款户。假设计税日外汇牌价为 USD1＝CNY6。

【解析】编制会计分录如下：

买入外汇时：

借：银行存款——美元户（USD 300 000×6）   1 800 000

    贷：银行存款——人民币户   1 800 000

支付货款时：

借：商品采购   1 800 000

    贷：银行存款——美元户   1 800 000

进口环节应交关税和增值税：

应交进口关税＝1 800 000×10％＝180 000（元）

进口环节增值税计税价格＝1 800 000＋180 000＝1 980 000（元）

应交增值税＝1 980 000×13％＝257 400（元）

借：商品采购   180 000

    应交税费——待认证进项税额   257 400

    贷：银行存款   437 400

支付国内运杂费时：

借：商品采购   3 000

    应交税费——应交增值税（进项税额）   270

    贷：银行存款   3 270

结转商品采购成本时：

借：库存商品——甲商品   1 983 000

    贷：商品采购   1 983 000

（4）支付水电费、运费进项税额的会计处理

【例 3-8】ABC 工厂为增值税一般纳税人，10 月份收到电力公司开来的电力增值税专用发票，生产用电的价款为 20 000 元，税额 2 600 元，价税合计 22 600 元。

【解析】编制会计分录如下：

借：制造费用   20 000

    应交税费——应交增值税（进项税额）   2 600

    贷：银行存款   22 600

（5）接受应税劳务服务进项税额的会计处理

企业接受应税劳务服务，按照增值税专用发票上注明的增值税额，借记"应交税费——应交增值税（进项税额）"。

【例 3-9】ABC 工厂为增值税一般纳税人，与中介公司签订委托销售合同，通过中介公司居间销售自产产品。10 月份，中介公司销售生产企业自产产品 300 万元，企业按合同规定支付佣金 20 000 元。中介公司向企业开具增值税专用发票，注明价款 20 000 元，税额 1 200 元，价税合计 21 200 元。

【解析】编制会计分录如下：

借：销售费用——手续费及佣金 20 000

应交税费——应交增值税(进项税额) 1 200

贷：银行存款 21 200

(6)购入固定资产(有形动产、不动产)进项税额的会计处理

外购时，根据收到的增值税专用发票记载金额，借记"固定资产""应交税费——应交增值税(进项税额)"等账户，贷记"应付账款""应付票据""银行存款"等账户。

纳税人应建立不动产和不动产在建工程台账，分别记录并归集不动产和不动产在建工程的成本费用、扣税凭证及进项税额抵扣情况，留存备查。用于简易计税方法计税项目、免征增值税项目、集体福利或个人消费的不动产在建工程，也应在纳税人建立的台账中记录。

【例 3-10】ABC 公司为增值税一般纳税人，从某企业采购需安装的生产用机器设备一台(有形动产)，专用发票上注明价款 50 万元，增值税额 4.5 万元；支付运输费用，取得货物运输业增值税专用发票，运费 1 万元，增值税额 9 000 元。

【解析】编制会计分录如下：

借：在建工程 500 000

应交税费——应交增值税(进项税额) 54 000

贷：银行存款 554 000

【例 3-11】ABC 公司系增值税一般纳税人，11 月购进厂房一栋，购入价(含税)1 090 万元，取得增值税专用发票。

【解析】进项税额＝1 090÷(1＋9％)×9％＝90(万元)

编制会计分录如下：

借：固定资产——厂房 10 000 000

应交税费——应交值税(进项税额) 900 000

贷：银行存款 10 900 000

（7）接受非货币性资产投资进项税额的会计处理

【例3-12】ABC公司系有限责任公司，接受甲公司投入需要安装的设备M一套。双方协议约定公允价值600万元（不含税），并开具增值税专用发票。接受投资时，ABC公司注册资本2 000万元，N公司持股比例20%。

【解析】编制会计分录如下：

借：在建工程——M设备　　　　　　　　　　6 000 000
　　应交税费——应交增值税（进项税额）　　　780 000
　　贷：实收资本　　　　　　　　　　　　　　　　4 000 000
　　　　资本公积——资本溢价　　　　　　　　　　2 780 000

2.增值税进项税额转出和转入的会计处理

当企业购进货物用于简易计税办法计税项目、免征增值税项目、集体福利、个人消费的购进项目，或者发生非正常损失，应作进项税额转出或将其视同销项税额处理，从本期的进项税额中抵减，借记有关账户，贷记"应交税费——应交增值税（进项税额转出）"等。按我国现行出口退税政策规定，进项税额与出口退税额的差额，也应做"进项税额转出"的会计处理。

（1）用于简易计税办法、免税项目进项税额转出的会计处理

企业购进的货物，如果既用于应税项目，又用于免税项目，而进项税额又不能单独核算，月末应按免税项目销售额与应税免税项目销售额合计之比计算免税项目不予抵扣的进项税额，然后做"进项税额转出"的会计处理。如果企业生产的产品全部是免税项目，其购进货物的进项税额应计入采购成本，因而就不存在进项税额转出的问题。

【例3-13】ABC农产品公司为增值税一般纳税人，经营当地猪肉和肉脯等产品。在上年12月末《增值税及附加税费纳税申报表》中，"期末留抵税额"中猪肉和肉脯金额共计80 000元。猪肉和肉脯分别属于免税货物和应税货物。该公司1月份销售猪肉300 000元、肉脯200 000元。本月上述销售业务共发生运输费5 000元，应分摊电费9 000元，均取得符合规定的抵扣凭证，但无法在猪肉与肉脯之间进行划分。

【解析】做会计分录如下：

期初留抵税额中进项税额转出数＝80 000×300 000÷（300 000＋200 000）＝48 000（元）

本月运输费和电费可抵扣进项税额＝5 000×9%＋9 000×13%＝1 620（元）

按上述公式计算其进项税额转出数：

本月进项税额转出数＝1 620×300 000÷500 000＝972(元)

进项税额转出合计数＝48 000＋972＝48 972(元)

做会计分录如下：

借：主营业务成本——猪肉　　　　　　　　　　　　　48 972

　　贷：应交税费——应交增值税(进项税额转出)　　　　　　　48 972

企业购入固定资产时,已按规定将增值税进项税额记入"应交税费——应交增值税(进项税额)"账户的,如果相关固定资产用于简易计税办法、免税项目、集体福利、个人消费等,应将原已记入"应交税费——应交增值税(进项税额)"账户的金额予以转出,借记"固定资产",贷记"应交税费——应交增值税(进项税额转出)"。

【例3-14】ABC公司为增值税一般纳税人,5月20日接受捐赠设备一台,含税价为226万元,专用发票上已注明增值税进项税额,企业将此项固定资产用于免税项目。

【解析】做会计分录如下：

借：固定资产　　　　　　　　　　　　　　　　　　2 000 000

　　应交税费——应交增值税(进项税额)　　　　　　　260 000

　　贷：营业外收入——捐赠利得　　　　　　　　　　　　2 26 000

借：固定资产　　　　　　　　　　　　　　　　　　260 000

　　贷：应交税费——应交增值税(进项税额转出)　　　　　　260 000

(2)非正常损失货物进项税额转出的会计处理

购进货物发生非正常损失后,其税负也就不能再往后转嫁。因此,对发生损失的企业(视为应税货物的最终消费者)应征收该货物的增值税。因当初进货时支付的增值税额已作为"进项税额"进行了抵扣,发生损失后应将其转出,由该企业负担该项税负,即转作待处理财产损失的增值税,应与遭受损失的存货成本一并处理。企业应根据税法规定,正确界定正常损失与非正常损失。非正常损失存货有不含运费的原材料、含运费的原材料及产成品、半成品等情况,企业应区分具体情况,正确进行会计处理。

对非正常损失存货进行会计处理,关键是正确计算其涉及的不得从销项税额中抵扣的进项税额。由于非正常损失的购进货物与非正常损失的在产品、产成品所耗用的购进货物或者应税劳务的进项税额一般都在此前做了抵扣,发生损失后,一般很难核实所损失的货物是在何时购进的,其原始进价和进项税额也无法准确核定。因此,可按货物的实际成本计算不得抵扣的进项税额,由于损失的在产品、产成品中耗用了外购货物或应税劳务的实际成本,因此还需要参照企业近期的成本资料加以计算。存货损失还涉及企业所得税,其税前扣除见本教材第六章的相关内容。

【例 3-15】ABC 公司为增值税一般纳税人,仓库一批原材料因火灾被毁,其账面价值为 200 000 元,该批原材料增值税进项税额为 26 000 元。因被火灾而发生的损失属于非正常损失,其进项税额不可抵扣。

【解析】编制会计分录如下:

毁损发生时:

借:待处理财产损溢——待处理流动资产损溢　　　　 226 000

　　贷:原材料　　　　　　　　　　　　　　　　　　　　 200 000

　　　　应交税费——应交增值税(进项税额转出)　　　　 26 000

报经批准后:

借:营业外支出——非正常损失　　　　　　　　　　 226 000

　　贷:待处理财产损溢——待处理流动资产损溢　　　　 226 000

(3)进项税额转入的会计处理

对不得抵扣且未抵扣进项税额的固定资产、无形资产、不动产,当发生用途改变,用于允许抵扣进项税额的应税项目时,可在用途改变的次月计算可以抵扣的进项税额(即进项税额转入),其计算依据是当初购进资产时取得的合法有效的增值税扣税凭证(经认证相符),计算公式如下:

可抵扣进项税额=增值税扣税凭证注明或计算的进项税额×不动产净值率

不动产净值率=不动产净值÷不动产原值×100%

对允许抵扣的进项税额,应借记“应交税费——应交增值税(进项税额)”“应交税费——待抵扣进项税额”;企业也可在“应交增值税”下增设“进项税额转入”明细账户。

【例 3-16】ABC 公司为增值税一般纳税人,今年 5 月购买了一栋房屋作为员工食堂使用,取得增值税专用发票注明税款 45 万元,价款 500 万元,折旧年限 20 年,无残值,6 月份进行勾选认证、申报抵扣并做了进项税额转出处理。今年 8 月因经营需要将该房屋改做生产车间。

【解析】

可抵扣进项税额(进项税额转入额)计算如下:

不动产净值=500-[500÷(20×12)]×3=437.5(万元)

不动产净值率＝437.5÷500×100％＝87.5％

可抵扣项税额＝45×87.5％＝39.375（万元）

改变用途当月转入进项税额时会计分录如下：

借：应交税费——应交增值税（进项税额）　　　　　　393 750

　　贷：固定资产　　　　　　　　　　　　　　　　　　　　393 750

3.销项税额的会计处理

(1)销售等业务的会计处理

①销售业务的账务处理。企业销售货物、无形资产、不动产，提供劳务服务，借记"应收账款""银行存款"等，贷记"主营业务收入""固定资产清理""工程结算"等，贷记"应交税费——应交增值税（销项税额）"。发生销售退回时，应根据按规定开具的红字增值税专用发票做相反的会计分录。

【例3-17】ABC公司为增值税一般纳税人，向红星工厂销售甲产品360件，单价600元/件，增值税额28 080元，开出转账支票，代垫运杂费1 000元，共计245 080元。货款尚未收到。

【解析】编制会计分录如下：

借：应收账款——红星工厂　　　　　　　　　　　　245 080

　　贷：主营业务收入　　　　　　　　　　　　　　　　216 000

　　　　应交税费——应交增值税（销项税额）　　　　　28 080

　　　　银行存款　　　　　　　　　　　　　　　　　　1 000

对不完全符合会计准则中收入确认条件的销售业务，财务会计可先按销售产品成本，借记"发出商品"，贷记"产成品"或"库存商品"，但应根据开出的专用发票，借记"应收账款"，贷记"应交税费——应交增值税（销项税额）"。

如果ABC公司是以自备运输工具送货上门，此笔业务属于混合销售。假定应收取的运费为1 000元（不含税），那么，销项税额为28 210元［(216 000＋1 000)×13％］，编制会计分录如下：

借：应收账款——红星工厂　　　　　　　　　　　　245 210

　　贷：主营业务收入　　　　　　　　　　　　　　　　217 000

　　　　应交税费——应交增值税（销项税额）　　　　　28 210

【例3-18】ABC公司以自己生产的产品分配利润，产品成本为500 000元，不含税销售价格为800 000元，该产品的增值税税率为13％。

【解析】编制会计分录如下：

销项税额＝800 000×13％＝104 000(元)

借:应付利润   904 000

 贷:主营业务收入   800 000

  应交税费——应交增值税(销项税额)   104 000

借:利润分配——应付现金股利或利润   904 000

 贷:应付利润   904 000

借:主营业务成本   500 000

 贷:库存商品   500 000

②企业提供建筑服务确认销项税额的账务处理。企业提供建筑服务,在向业主办理工程价款结算时,借记"应收账款"等科目,贷记"工程结算""应交税费——应交增值税(销项税额)"等科目,企业向业主办理工程价款结算时点早于增值税纳税义务发生的时间点的,应贷记"应交税费——待转销税额"等科目。待增值税纳税义务发生时再转入"应交税费——应交增值税(销项税额)"等科目;增值税纳税义务发生的时点早于企业向业主办理工程价款结算的,应借记"银行存款"等科目,贷记"预收账款"和"应交税费——应交增值税(销项税额)"等科目。

(2)出口货物的账务处理

为核算纳税人出口货物应收取的出口退税款,设置"应收出口退税款"科目,该科目方反映销售出口货物按规定向税务机关申报的应退回的增值税、消费税等。贷方反映实际收到的出口货物应退回的增值税、消费税等。期末借方余额反映尚未收到的应退税额。

①未实行"免、抵、退"办法的一般纳税人出口货物按规定退税的,按规定计算的应收出口退税额,借记"应收出口退税款"科目,贷记"应交税费——应交增值税(出口退税)"科目;收到出口退税时,借记"银行存款"科目,贷记"应收出口退税款"科目;退税额低于购进时取得的增值税专用发票上的增值税额的差额,借记"主营业务成本"科目,贷记"应交税费——应交增值税(进项税额转出)"科目。

②实行"免、抵、退"办法的一般纳税人出口货物,在货物出口销售后结转产品销售成本时,按规定计算的退税额低于购进时取得的增值税专用发票上的增值税额的差额,借记"主营业务成本"科目,贷记"应交税费——应交增值税(进项税额转出)"科目;按规定计算的当期出口货物的进项税抵减内销产品的应纳税额,借记"应交税费——应交增值税(出口抵减内销产品应纳税额)"科目,贷记"应交税费——应交增值税(出口退税)"科目。在规定期限内,内销产品的应纳税额不足以抵减出口货物的进项税额,不足部分按有关税法规定给予退税的,应在实际收到退税款时,借记

"银行存款"科目,贷记"应交税费——应交增值税(出口退税)"科目。

【例 3-19】ABC 公司为增值税一般纳税人,有进出口经营权,第一季度购入价格为每吨 7 000 元。该季度内销硅铁 56 吨,每吨不含税售价为 7 500 元;外销 240 吨,每吨外销价 $(FOB)1 341.29,报关出口当日外汇牌价为 $100＝¥620。增值税税率为 13%,退税率为 9%,按规定企业收到出口退税款 6 932.80 元。

【解析】编制会计分录如下:

借:银行存款   6 932.80
　　贷:应交税费——应交增值税(出口退税)   6 932.80

【例 3-20】ABC 公司为增值税一般纳税人,有进出口经营权,对自产货物经营出口销售及国内销售。该企业 1 月购进所需原材料等货物,允许抵扣的进项税额 65 万元,内销产品取得销售额 300 万元(不含税),出口货物离岸价 $400,报关出口当日外汇牌价为 $100＝¥600。假设上期留抵税款 5 万元,增值税税率 13%,退税率 11%。

【解析】

外购原辅材料、备件、能源等时的会计分录:

借:原材料等科目   5 000 000
　　应交税费——待认证进项税额   650 000
　　贷:银行存款   5 650 000
借:应交税费——应交增值税(进项税额)   650 000
　　贷:应交税费——待认证进项税额   650 000

产品外销时,免征本销售环节的销项税的会计分录:

借:应收账款   24 000 000
　　贷:主营业务收入   24 000 000

产品内销时的会计分录:

借:银行存款   3 390 000
　　贷:主营业务收入   3 000 000
　　　应交税费——应交增值税(销项税额)   390 000

月末,计算当月出口货物不得免征和抵扣的税额:

不得免征和抵扣税额＝当期出口货物离岸价×人民币外汇牌价×(征税率－退税率)
$$＝400×6×(13\%－11\%)＝48(万元)。$$

会计分录如下:

借:主营业务成本

　　贷:应交税费——应交增值税(进项税额转出)

计算本月应纳税额:

本月应纳税额＝销项税额－进项税额

　　　　　　＝当期内销货物的销项税额－(当期进项税额＋上期留抵税款－

　　　　　　　当期不予抵扣或退税的金额)

　　　　　　＝39－(65＋5－48)＝17(万元)

会计分录如下:

借:应交税费——应交增值税(转出未交增值税)　　　　170 000

　　贷:应交税费——未交增值税　　　　　　　　　　　　　　　170 000

实际缴纳时的会计分录:

借:应交税费——未交增值税　　　　　　　　　　　　170 000

　　贷:银行存款　　　　　　　　　　　　　　　　　　　　　　170 000

(3)视同销售的账务处理

企业发生税法上视同销售的行为,应当按照企业会计准则制度相关规定进行相应的会计处理,并按照现行增值税制度规定计算的销项税额(或采用简易计税方法计算的应纳增值税额),借记"应付职工薪酬""利润分配"等科目,贷记"应交税费——应交增值税(销项税额)",具体为:

①企业将自产、委托加工的货物用于集体福利、个人消费、分配给股东投资者等,应视同销售货物计算应缴增值税,借记"应付职工薪酬""利润分配"等科目,贷记"应交税费——应交增值税(销项税额)"科目。

②企业将自产、委托加工或购买的货物、无形资产、不动产或者金融商品无偿赠送他人,应视同销售货物计算应缴增值税,借记"营业外支出"等科目,贷记"应交税费——应交增值税(销项税额)"科目。

(4)带包装销售货物的账务处理

随同产品出售但单独计价的包装物,按规定应缴纳的增值税,借记"应收账款"等科目,贷记"应交税费——应交增值税(销项税额)"科目。企业逾期未退还的包装物押金,按规定应缴纳的增值税,借记"其他应付款"等科目,贷记"应交税费——应交增值税(销项税额)"科目。

【例3-21】ABC公司为增值税一般纳税人,有进出口经营权,3月销售产品一批,不含税售价为50 000元,随同产品出售但单独计价的包装物1 000个,普通发票上注明单价为每个10元,款尚未收到。假设适用的增值税税率为13%。

【解析】编制会计分录如下：

借：应收账款　　　　　　　　　　　　　　　　66 500

　　贷：主营业务收入　　　　　　　　　　　　　　　　50 000.00

　　　　其他业务收入　　　　　　　　　　　　　　　　8 849.56

　　　　应交税费——应交增值税（销项税额）　　　　　7 650.44

【例 3-22】ABC 公司为增值税一般纳税人，4 月清理出租出借包装物，将某单位逾期未退还包装物押金 2 000 元予以没收。按照有关规定，对于出租、出借包装物收取的押金，因逾期未收回包装物而没收的部分，应计入其他业务收入，企业收取押金时，借记"银行存款"科目，贷记"其他应付款"科目；因逾期未收回包装物而没收押金时，借记"其他应付款"科目，贷记"其他业务收入"科目。假设适用的增值税税率为 13%。

【解析】编制会计分录如下：

借：其他应付款　　　　　　　　　　　　　　　　2 000

　　贷：其他业务收入　　　　　　　　　　　　　　　　1 769.91

　　　　应交税带——应交增值税（销项税额）　　　　　230.09

（5）纳税人销售不动产业务的账务处理

①销售非自建不动产。对于纳税人销售非自建的不动产，应以取得的全部价款和价外费用扣除不动产购置原价或者取得不动产时的作价后的余额，按照 5% 的预征率（或者征收率）向不动产所在地主管税务机关预缴（或者缴纳）税款。也就是说，纳税人应按照差价和 5% 的征收率计算预缴（或者缴纳）增值税款。

【例 3-23】ABC 公司为增值税一般纳税人，2020 年 6 月 30 日转让其 2013 年购买的写字楼一层，取得转让收入 1 000 万元（含税，下同）。纳税人 2013 年购买时的价格为 700 万元，留有合法有效凭证。如果该纳税人为增值税一般纳税人，应如何在不动产所在地税务机关计算预缴税额？

【解析】

在本案例中，纳税人转让的不动产为 2013 年外购的，因此属于非自建，应以取得的全部价款和价外费用扣除不动产购置原价或者取得不动产时的作价后的余额，按照 5% 的预征率（或者征收率）向不动产所在地主管税务机关预缴（或者缴纳）增值税款。

余额＝1 000－700＝300（万元）

此 300 万元为含税价，换算为不含税价后，按照 5% 的预征率（或者征收率）向不动产所在地主管税务机关预缴税款。

一般纳税人账务处理如下：

应向不动产所在地主管税务机关预缴税款 $=3\ 000\ 000\div(1+5\%)\times5\%=142\ 857.14$ 元

借：应交税费——预交增值税   142 857.14

　　贷：银行存款   142 857.14

当期，企业向机构所在地主管税务机关纳税申报，计提销项税额时：销项税额 $=10\ 000\ 000\div(1+9\%)\times9\%=82.568\ 8$ 万元，账务处理如下：

借：银行存款   10 000 000

　　贷：固定资产清理   9 174 311.93

　　　　应交税费——应交增值税（销项税额）   825 688.07

假设当期进项税额合计为 70 万元，其他销项税额合计为 30 万元，则应纳增值税 $=825\ 688.07+300\ 000-700\ 000-142\ 857.14=282\ 830.93$（元），企业本月末账务处理为：

借：应交税费——应交增值税（转出未交增值税）   282 830.93

　　贷：应交税费——未交增值税   282 830.93

下月 15 日前缴纳增值税款时，账务处理为：

借：应交税费——未交增值税   142 857.14

　　贷：应交税费——预交增值税   142 857.14

借：应交税费——未交增值税（282 830.93－142 857.14）

                                                139 973.79

　　贷：银行存款   139 973.79

②销售自建不动产。对于纳税人销售自建的不动产，应以取得的全部价款和价外费用，按照 5% 的预征率向不动产所在地主管税务机关预缴（或者缴纳）税款。也就是说，纳税人按照全额和 5% 征收率计算缴纳增值税。

【例 3-24】ABC 公司（所在地为厦门市思明区）为增值税一般纳税人，2020 年 6 月 30 日转让其于 2013 年建造的厂房一间，取得转让收入 1 000 万元，厂房也在厦门市思明区。纳税人 2013 年建造厂房的成本为 700 万元。如果该纳税人为增值税一般纳税人，纳税人对该笔业务选择一般计税方法，应如何在不动产所在地税务机关计算预缴税额，如何在机构所在地申报纳税？（假设纳税人其他业务 6 月的应纳增值税额为 70 万元）

【解析】

在厦门市思明区税务机关预缴税款时：

预缴税款 $=1\,000\div(1+5\%)\times5\%=47.62$（万元）

借：应交税费——预交增值税　　　　　　　　　　476 200

　　贷：银行存款　　　　　　　　　　　　　　　　　　476 200

按照假设，纳税人按照一般计税方法计算应纳税额。由于该厂房是 2013 年自建的房产，"营改增"后不能取得有效的增值税扣税凭证，不能抵扣进项税额，因此纳税人向厦门市思明区税务机关申报纳税时：

应纳税额 $=1\,000\div(1+9\%)\times9\%+70=152.57$（万元）

借：应交税费——应交增值税（转出未交增值税）　　1 525 700

　　贷：应交税费——未交增值税　　　　　　　　　　1 525 700

纳税人在 7 月申报期内，应将转让不动产及其他业务共同申报纳税，应纳税额合计为 152.57 万元，纳税人可凭在厦门市思明区税务机关缴纳税款的完税凭证，抵减纳税人应纳税额的 47.62 万元，纳税人仍需缴纳 104.95 万元。

借：应交税费——未交增值税　　　　　　　　　　476 200

　　贷：应交税费——预交增值税　　　　　　　　　　476 200

借：应交税费——未交增值税　　　　　　　　　1 049 500

　　贷：银行存款　　　　　　　　　　　　　　　　1 049 500

（6）差额征税的账务处理

①企业发生相关成本费用允许扣减销售额的账务处理。按现行增值税制度规定企业发生相关成本费用允许扣减销售额的，发生成本费用时，按应付或实际支付的金额，借记"主营业务成本""存货""工程施工"等科目，贷记"应付账款""应付票据""银行存款"等科目。其中，"存货"类的科目具体包括"材料采购""原材料""库存商品""开发成本"等科目，企业应根据本单位业务的实际情况确定。

待取得合规增值税扣税凭证且纳税义务发生时，按照允许抵扣的税额，借记"应交税费——应交增值税（销项税额抵减）"或"应交税费——简易计税"科目（小规模纳税人借记"应交税费——应交增值税"科目），贷记"主营业务成本""存货""工程施工"等科目。

②金融商品转让按规定以盈亏相抵后的余额作为销售额的账务处理。金融商品实际转让月末，如产生转让收益，则按应纳税额借记"投资收益"等科目，贷记"应交税费——转让金融商品应交增值税"科目；如产生转让损失，则按可结转下月抵扣税额，借记"应交税费——转让金融商品应交增值税"科目，贷记"投资收益"等科目。

缴纳增值税时,应借记"应交税费——转让金融商品应交增值税"科目,贷记"银行存款"科目。年末,本科目如有借方余额,则借记"投资收益"等科目,贷记"应交税费——转让金融商品应交增值税"科目。

(7)一般纳税人企业应缴增值税的账务处理

月末转出多缴增值税和未缴增值税的账务处理。月度终了,企业应当将当月应缴未缴或多缴的增值税自"应交增值税"科目转入"未交增值税"明细科目。对于当月应缴未缴的增值税,借记"应交税费——应交增值税(转出未交增值税)"科目,贷记"应交税费——未交增值税"科目;对于当月多缴的增值税,借记"应交税费——未交增值税"科目,贷记"应交税费——应交增值税(转出多交增值税)"科目。

通过前面有关增值税涉税业务的介绍,根据企业所发生的业务进行正确的计算和账务处理后,便可以很容易计算出企业当期应纳的增值税。具体计算公式为:

当期应纳税额=当期销项税额-(当期进项税额-当期不得免征、抵扣税额)-
上期留抵税额

根据《财政部 税务总局 海关总署关于深化增值税改革有关政策的公告》(财政部 税务总局 海关总署公告 2019 年第 39 号)的规定,自 2019 年 4 月 1 日至 2021 年 12 月 31 日,允许生产、生活性服务业纳税人按照当期可抵扣进项税额加计 10%(或者 15%),抵减应纳税额(以下称加计抵减政策)。

纳税人应按照当期可抵扣进项税额的 10%(或者 15%)计提当期加计抵减额。按照现行规定不得从销项税额中抵扣的进项税额,不得计提加计抵减额;已计提加计抵减额的进项税额,按规定作进项税额转出的,应在进项税额转出当期,相应调减加计抵减额。计算公式如下:

当期计提加计抵减额=当期可抵扣进项税额×10%(或者 15%)
当期可抵减加计抵减额=上期末加计抵减额余额+当期计提加计抵减额-
当期调减加计抵减额

纳税人应按照现行规定计算一般计税方法下的应纳税额(以下称抵减前的应纳税额)后,区分以下情形加计抵减。

①抵减前的应纳税额等于零的,当期可抵减加计抵减额全部结转下期抵减。

②抵减前的应纳税额大于零,且大于当期可抵减加计抵减额的,当期可抵减加计抵减额全额从抵减前的应纳税额中抵减。

③抵减前的应纳税额大于零,且小于或等于当期可抵减加计抵减额的,以当期可抵减加计抵减额抵减应纳税额至零。未抵减完的当期可抵减加计抵减额,结转下期继续抵减。

加计抵减政策执行到期后,纳税人不再计提加计抵减额,结余的加计抵减额停止抵减。

【例 3-25】ABC 公司为增值税一般纳税人。2021 年 2 月外购货物,发生允许抵扣的进项税额合计 100 000 元。本月初"应交税费——应交增值税"明细账借方余额为 20 000 元。本月对外销售货物,取得的销项税额合计为 210 000 元。ABC 公司本月应纳增值税=210 000-(100 000+20 000)=90 000(元)。

【解析】编制会计分录如下:

借:应交税费——应交增值税(转出未交增值税)　　　　90 000
　　贷:应交税费——未交增值税　　　　　　　　　　　　　90 000

次月初,企业依法申报缴纳上月应缴未缴的增值税 90 000 元后,应再做如下会计分录:

借:应交税费——未交增值税　　　　　　　　　　　90 000
　　贷:银行存款　　　　　　　　　　　　　　　　　　　90 000

【例 3-26】某税务师事务所为增值税一般纳税人,其所处行业属于加计抵减行业,2019 年 6 月不含税销售额为 300 万元,当月购买货物取得增值税专票,不含税价为 40 万,除此之外无其他抵扣,上月增值税留底 6 万。则当月应缴纳增值税 6.8(300×6%-40×13%-6)万元,扣除加计抵减额,实际应缴纳增值税 6.28(6.8-40×13%×10%)万元。

【解析】编制会计分录如下:

取得收入时:

借:银行存款　　　　　　　　　　　　　　　　　3 180 000
　　贷:主营业务收入　　　　　　　　　　　　　　　　3 000 000
　　　　应交税费——应交增值税(销项税额)　　　　　　180 000

取得进项时:

借:库存商品　　　　　　　　　　　　　　　　　400 000
　　应交税费——应交增值税(进项税额)　　　　　52 000
　　贷:银行存款　　　　　　　　　　　　　　　　　　452 000

借:应交税费——应交增值税(转出未交)　　　　　68 000
　　贷:应交税费——未交增值税　　　　　　　　　　　　68 000

次月缴纳时:

借:应交税费——未交增值税　　　　　　　　　　　68 000
　　贷:银行存款　　　　　　　　　　　　　　　　　　6 2800
　　　　其他收益　　　　　　　　　　　　　　　　　　　5 200

此外需要说明的是,增值税加计抵减收益既不属于企业所得税不征税收入,也不属于企业所得税免税收入,应当并入当期应纳税所得额依法计算缴纳企业所得税。

二、一般纳税人增值税纳税申报实务

(一)一般纳税人增值税纳税申报规则

一般纳税人不论当期是否发生应税行为或是否应该缴税,均应按规定进行纳税申报,纳税申报是税务风险防控的最后环节。

1.纳税申报、缴纳程序

一般纳税人办理纳税申报需要经过发票认证、抄报、纳税申报、报税和税款缴纳等程序。

纳税人必须先操作防伪税控开票子系统进行抄税,然后使用网上抄报税系统进行远程报税,再操作网上申报软件发送申报数据,最后使用网上抄报税系统清卡。通过网上申报软件发送申报数据后,要查看申报结果提示,如果提示申报成功则关注税款扣缴结果,在申报软件中及时查看银行扣款是否成功。

2.纳税申报资料

一般纳税人进行纳税申报,实行电子信息采集。使用防伪税控系统开具专用发票,在抄报成功后,方可向其主管税务机关进行纳税申报。增值税纳税申报资料包括纳税申报表及其附列资料和纳税申报其他资料。其中,纳税申报表及其附列资料为必报资料。

2021 年 8 月 1 日起,增值税与城市维护建设税、教育费附加、地方教育费附加申报表整合,启用《增值税及其附加税费预缴表(一般纳税人适用)》《增值税及其附加税费预缴表(小规模纳税人适用)》》。

(1)填制《增值税预缴税款表》

"营改增"试点政策规定,增值税纳税人(不含其他个人)跨县(市)提供建筑服务,在收到预收款或纳税义务发生时,应按规定向建筑服务发生地主管税务机关预缴税款;增值税纳税人(不含其他个人)出租与机构所在地不在同一县(市)的不动产,按规定的纳税义务发生时间,应向不动产所在地主管税务机关预缴税款;房地产开发企业预售自行开发的房地产项目,应在收到预收款时向主管税务机关预缴税款。增值税纳税人在预缴税款时,应填报《增值税预缴税款表》,连同其他预缴税款资料,向税务机关提交,履行预缴增值税义务。

资料阅读

请扫一扫:《增值税预缴税款表》

(2)填制《增值税及附加税费纳税申报表(一般纳税人适用)》及其附列资料。

填制《增值税及附加税费纳税申报表(一般纳税人适用)》及其附列资料,应根据纳税人发生增值税相关业务的实际情况,结合其"主营业务收入""应交税费——应交增值税""应交增值税——未交增值税""应交增值税——预交增值税""应交增值税——增值税留抵税额""应交增值税——简易计税"和"应交增值税——转让金融商品应交增值税"等明细账核算内容、增值税抵扣凭证用途确认(或认证、稽核比对情况)、防伪税控开票子系统开具增值税用发票的开票数据电文及其他增值税相关资料,为纳税人填制《增值税及附加税费纳税申报表》及其附列资料。在填制《增值税及附加税费纳税申报表(一般纳税人适用)》及其附列资料时,应注意:

①根据《增值税及附加税费纳税申报表》及其附列资料的填写说明填制《增值税及附加税费纳税申报表》及其附列资料。

《增值税及附加税费纳税申报表》及其附列资料的填写说明,详细解释了各栏目的填写内容,明确了纳税申报表与附列资料相关栏目间、附列资料与附列资料相关栏目间以及纳税申报表及相关栏、列间的逻辑关系,税务师应将纳税人发生的增值税纳税业务,根据《增值税及附加税费纳税申报表》及其附列资料的填写说明,填制《增值税及附加税费纳税申报表》及附列资料,并核实各相关表栏间的逻辑关系,以保证《增值税及附加税费纳税申报表》及其附列资料的填制质量。

资料阅读

请扫一扫:《增值税及附加税费纳税申报表(一般纳税人适用)》及其附列资料

②按照先附列资料后纳税申报表的顺序填制《增值税及附加税费纳税申报表》及其附列资料。

附列资料是对纳税申报表的相关内容进行详细报告，以纳税申报表的有关栏目数据以附列资料的详细数据为基础。而按政策规定，服务、不动产和无形资产本期实际扣除金额又按当期实际发生销售额为限，不足扣除部分结转下期继续扣除；适用加计抵减政策的纳税人，本期实际可以加计抵减的一般计算方法计算的应纳税额为限，不足部分结转下期继续抵减；预缴税款等本期实际抵减税额也不能超过本期应纳增值税额，不足抵减部分结转下期继续抵减。因此，为了提高填报效率、保证填报质量，建议按以下基本顺序填制《增值税及附加税费纳税申报表》及附列资料：

A.填写《增值税及附加税费纳税申报表附列资料（一）》第1~11列；

B.填写《增值税减免税申报明细表》；

C.填写《增值税及附加税费纳税申报表附列资料（三）》；

D.填写《增值税及附加税费纳税申报表附列资料（一）》第12列；

E.填写《增值税及附加税费纳税申报表附列资料（二）》；

F.填写《增值税及附加税费纳税申报表》主表（适用加计抵减政策的纳税人，填写至第18栏；其他纳税人暂不填写第23栏、第28栏）；

G.填写《增值税及附加税费纳税申报表附列资料（四）》（适用加计抵减政策的纳税人，先填写"二、加计抵减情况"后，分析填写主表第19栏，再填写"一、税额抵减情况"；其他纳税人直接填写"一、税额抵减情况"）；

H.填写《增值税及附加税费纳税申报表》主表第19栏（仅适用加计扣除政策的纳税人）；

I.填写《增值税及附加税费纳税申报表》主表第23栏、第28栏及其余栏。

③关注与其他纳税资料间的逻辑关系。

纳税申报表及其附列资料是对纳税人应纳增值税相关要素的综合反映，纳税人增值税业务的具体情况通常由其他纳税资料详细反映，会计核算的原始凭证、会计核算的账面记录、增值税抵扣凭证用途确认（或认证、稽核比对情况）、防伪税控开票子系统开具增值税发票的开票数据电文等其他纳税资料是填制纳税申报表及附列资料的数据来源。税务师在填制纳税申报表及其附列资料时，应做到与相关纳税资料反映的内容、数据相一致或符合逻辑。在填报纳税申报表及附列资料时，应确保符合国家税务总局印发的《增值税纳税申报比对管理操作规程（试行）》（税总发〔2017〕124号）中关于申报比对相符的要求，对于填报结果属于申报比对不符的,应对填报情况进行认真检查,确保填报准确。对于确因特殊业务引起申报比对不符的,应协助纳税人准备引起比对异常情况的说明,以便在税务机关反馈时及时核实,保证税控设备及时解锁。在填制时,应特别注意如下几方面逻辑关系:

第一,增值税专用发票的开票数据电文或税控 IC 卡载有的增值税专用发票销项税额、税额汇总数与《增值税及附加税费纳税申报表附列资料(一)》中"开具增值税专用发票"第 1、2 列中所填列的销售额、税额数据比对,二者的逻辑关系必须相等。另外,若出现当期开具发票(不包含不征税发票)的金额、税额合计数小于当期申报的销售额、税额合计数时,则属于申报比对不符情况,应认真核实《增值税及附加税费纳税申报表附列资料(一)》的填报是否准确,查实产生异常比对的原因。

第二,通过登录本省增值税发票综合服务(或选择确认)平台,用途确认用于申报抵扣或者出口退税的增值税发票信息(或认证确认),用于抵扣的增值税专用发票(包括增值税专用发票和机动车销售统一发票)和通行费电子发票的抵扣联份数、金额、税额汇总数,与《增值税及附加税费纳税申报表附列资料(二)》中第35栏必须相等。若为非辅导期管理的一般纳税人,因用途确认(或认证确认)用于申报抵扣或者退税的增值税专用发票和通行费电子发票,有的按照税法规定不允许抵扣,因此,用途确认(或认证确认)用于申报抵扣或者退税的增值税专用发票和通行费电子发票的进项税额信息必须大于或等于《增值税及附加税费纳税申报表附列资料(二)》中第 2 栏"本期认证相符且本期申报抵扣"中所填列的进项金额、税额。若为辅导期管理的一般纳税人,与《增值税及附加税费纳税申报表附列资料(二)》中第 26 栏"本期认证相符且本期未申报抵扣"中所填列的进项金额、税额汇总数比对,二者的逻辑关系是用途确认(或认证确认)用于申报抵扣或者退税的增值税专用发票和通行费电子发票的进项信息必须大于或等于申报资料中所填列的进项数据。

第三,对符合条件的海关进口增值税专用缴款书,通过登录本省增值税发票综合服务平台确认用于申报抵扣或出口退税的海关缴款书信息,用于抵扣的海关进口增值税专用缴款书份数、金额、税额汇总数,与《增值税及附加税费纳税申报表附列资料(二)》中第 5 栏必须相等。

第四,对本省增值税发票综合服务平台查询到的海关缴款书信息与实际情况不一致或未查询到对应信息的(包括海关进口增值税专用缴款书注明两个缴款单位信息),应当上传海关进口增值税专用缴款书信息,申请稽核比对。申请稽核比对的海关进口增值税专用缴款书的份数、金额汇总数,与《增值税及附加税费纳税申报表附列资料(二)》中第 30 栏"其中:海关进口增值税专用缴款书"所填列的份数、金额汇总数比对,二者的逻辑关系必须相等。

第五,辅导期管理的一般纳税人,当期稽核系统比对相符和协查后允许抵扣的专用发票抵扣联数据和通行费电子发票,与《增值税及附加税费纳税申报表附列资料(二)》中第 3 栏"前期认证相符且本期申报抵扣"中所填列的数据比对,二者的逻辑关系是比对相符和协查后允许抵扣的专用发票抵扣联的数据和通行费电子发票必须大于或等于申报资料中所填列的进项数据。

第六,纳税人增值税准确核算的"应交税费——应交增值税"明细账当期发生额与增值税及附加税费纳税申报表的相关栏填列的金额比对,除"营改增"纳税人应税服务有扣除项目的,纳税申报表填列的"销项税额"等于明细账记载的"销项税额"与"销项税额抵减"的差额外,其他情况下,明细账记载的"销项税额""进项税额""进项税额转出"等记载的数据与纳税申报表相关栏所填列的数据相等。

④注意特殊业务的填制方法。

第一,"营改增"的纳税人的应税服务、不动产和无形资产有扣除项目。《增值税及附加税费纳税申报表(一般纳税人适用)》中销售额中第 1 栏、第 4 栏、第 5 栏、第 6 栏、第 7 栏和第 8 栏所填列的销售额均为应税服务扣除之前的不含税销售额,而《增值税及附加税费纳税申报表(一般纳税人适用)》中第 11 栏"销项税额"和第 21 栏"简易计税办法计算的应纳税额"填列的为应税服务扣除之后的销项税额或应纳税额。两者的差异,通过《增值税及附加税费纳税申报表附列资料(一)》第 12 列相关栏填列数据反映。

第二,销售使用过的固定资产按简易办法依 3% 征收率减按 2% 征收。《增值税及附加税费纳税申报表(一般纳税人适用)》中第 21 栏"简易计税办法计算的应纳税额"填列的为未减征的税额,减征部分的税额填列于《增值税及附加税费纳税申报表》中第 23 栏"应纳税额减征额"。

第三,从事二手车经销的纳税人销售其收购的二手车,自 2020 年 5 月 1 日至 2023 年 12 月 31 日减按 0.5% 征收增值税。一般纳税人经销二手车减按 0.5% 征收率征收增值税的销售额,应当填写在《增值税及附加税费申报表附列资料(一)》"二、简易计税方法计税"中"3% 征收率的货物及加工修理修配劳务"相应栏次;对应减征的增值税应纳税额,按销售额的 2.5% 计算填写在《增值税及附加税费申报表(一般纳税人适用)》第 23 栏"应纳税额减征额"及《增值税减免税申报明细表》减税项目相应栏次。应该注意的是,填写于《增值税及附加税费申报表附列资料(一)》和《增值税及附加税费申报表(一般纳税人适用)》相应栏次的销售额均为"含税销售额÷

（1＋0.5％）"。

第四,税率调整后申报原适用税率应税项目的填报。自 2017 年开始,为推进增值税减税,增值税的税率已经过几次调整,《增值税及附加税费纳税申报表附列资料（一）》随税率调整做相应的调整,调整后不再保留原 17％、16％、11％和 10％等适用税率对应栏次。但是,税率调整前的业务由于未及时开具增值税发票或者发生销售折让、中止或者退回等情形,需要按原适用税率补开发票或开具红字发票,对于这类按原适用税率按规定补开发票或开具红字发票的业务,在增值税纳税申报填报时,应按照申报表调整前后的对应关系,分别填写相关栏次。例如,2018 年 4 月 30 日前适用 17％、2018 年 5 月 1 日至 2019 年 3 月 31 日期间适用 16％的货物销售,补开发票或开具红字发票的应税项目,填报于《增值税及附加税费纳税申报表附列资料（一）》的"13％税率的货物及加工修理修配劳务"相应栏次;又如 2018 年 4 月 30 日前适用 11％、2018 年 5 月 1 日至 2019 年 3 月 31 日期间适用 10％的应税服务,补开发票或开具红字发票的应税项目,填报于《增值税及附加税费纳税申报表附列资料（一）》的"9％税率的服务、不动产和无形资产"相应栏次。需要注意的是,税率调整填报于相应栏次的销项（应纳）税额,会导致填报的销项税额不等于销售额与本栏的适用税率之积。

第五,不得抵扣转为允许抵扣的填报。纳税人按照规定不得抵扣且未抵扣进项税额的固定资产、无形资产、不动产,发生用途改变,用于允许抵扣进项税额的应税项目,可在用途改变的次月将按公式计算出的可以抵扣的进项税额,填入《增值税及附加税费纳税申报表附列资料（二）》第 8 栏"其他"的"税额"栏。

第六,农产品进项税额的填报。农产品进项税额应根据不同的抵扣凭证,分别填报于《增值税及附加税费纳税申报表附列资料（二）》的相应栏。向一般纳税人购进并取得增值税专用发票的,填报于《增值税纳税申报附列资料（二）》的第 1～3 栏,用途确认（或认证确认）后填报于相应的"认证相符的增值税专用发票"栏。若进口农产品取得海关进口增值税专用缴款书,经用途确认后,填报于《增值税及附加税费纳税申报表附列资料（二）》的第 5 栏"其中:进口海关增值税专用缴款书"。若向小规模纳税人购进取得增值税专用发票和向农产品生产者购进或收购取得增值税普通发票（包括销售或收购发票）的,以增值税专用发票注明金额或农产品销售发票或收购发票上注明的农产品买价,按照规定的扣除率计算进项税额,填报于《增值税及附加税费纳税申报表附列资料（二）》的第 6 栏"农产品收购发票或销售发票"。应该注意的是,向小规模纳税人购进农产品,虽然取得的是增值税专用发票,但并不填报于《增值税及附加税费纳税申报表附列资料（二）》的第 1～3 栏。若将购进的农产品用于生产销售或委托受托加工13％税率货物时，加计扣除的农产品进项税额，应填报于《增值税纳税申报附列资料（二）》的第8a栏"加计扣除农产品进项税额"。此外，应该特别注意的是，购进农产品既用于生产销售或委托受托加工13％税率货物，又用于生产销售其他货物服务的，应当分别核算用于生产销售或委托受托加工13％税率货物和其他货物服务的农产品进项税额。未分别核算的，统一以增值税专用发票或海关进口增值税专用缴款书上注明的增值税额为进项税额，或以农产品收购发票或销售发票上注明的农产品买价和规定的扣除率计算进项税额，由此，在未能分别核算情况下，向小规模纳税人购进农产品取得增值税专用发票的进项税额，应填报于《增值税纳税申报附列资料（二）》的第1～3栏。

第七，用于购建不动产的扣税凭证的填报。用于购建不动产的增值税专用发票和其他扣税凭证注明的金额和税额，应同时填报于《增值税及附加税费纳税申报表附列资料（二）》第1栏、第4栏和第9栏，第1、4栏用于计算纳税人当期申报抵扣的进项税额，第9栏便于有关部门统计购建不动产抵扣的进项税额。

第八，用于抵扣的旅客运输服务扣税凭证的填报。购进旅客运输服务，所取得的扣税凭证上注明或按规定计算的金额和税额，应同时填报于《增值税及附加税费纳税申报表附列资料（二）》第1栏、第4栏和第10栏，第1、4栏用于计算纳税人当期申报抵扣的进项税额，第10栏便于有关部门统计旅客运输服务抵扣的进项税额。

第九，异常增值税扣税凭证的进项税额转出或重新确认用于抵扣的填写。纳税人取得异常增值税抵扣凭证按政策规定应转出的进项税额，应填写于《增值税及附加税费申报表附列资料（二）》第23a栏。异常增值税扣税凭证转出后，经核实允许继续抵扣的，纳税人重新确认用于抵扣的，在《增值税及附加税费申报附列资料（二）》第23a栏次填入负数。

第十，加计抵减的填报。适用加计抵减政策的纳税人，应根据上期末加计抵减额余额、当期计提加计抵减额和当期调减加计抵减额，填报《增值税及附加税费纳税申报表附列资料（四）》"二、加计抵减情况"，确认当期可抵减加计抵减额，再依据《增值税及附加税费纳税申报表》主表第11栏"销项税额"与第18栏"实际抵扣税额"的差额，计算确定按一般计税法计算的抵减前的应纳税额，进而确定当期实际加计抵减额及应结转加计抵减额，填报完善《增值税及附加税费纳税申报表附列资料（四）》"二、加计抵减情况"。必须注意的是，适用加计抵减政策且有加计抵减额的纳税人，《增值税及附加税费纳税申报表》主表第19栏"应纳税额"并不是依据表内的"第11栏-第18栏"的公式简单填报，而应按第11栏"销项税额"-第18栏"实际抵扣税额"—《增值税及附加税费纳税申报表附列资料(四)》"二、加计抵减情况"第5列"本期实际抵减额"计算结果填报。

第十一,免税销售额对应的进项税额填写。在办理增值税纳税申报时,《增值税减免税申报明细表》"免税项目"第4列"免税销售额对应的进项税额"和第5列"免税额"不需要填写。

(二)一般纳税人增值税纳税申报模拟实训

1.基本信息

假定 ABC 宾馆系增值税一般纳税人,纳税信用等级为 A 级,设有客房部、餐饮部、营销部和商场部等业务部门,分别从事住宿服务、餐饮服务、会展服务和货物销售等经营业务,各业务部门的收入和成本费用等分别进行明细核算。已向主管税务机关提交了《适用 15%加计抵减政策的声明》。

根据宾馆提供的相关资料,经涉税专业服务人员人员收集整理,2021 年 11 月发生与增值税相关的业务如下:

(1)收入方面

①住宿服务价税合计收入为 2 226 000 元。其中:

开具增值税专用发票的金额合计 100 000 元、税额合计 6 000 元。开具增值税普通发票的金额合计 600 000 元、税额合计 36 000 元。以宾馆发行的单用途商业预付卡结算的住宿服务费价税合计 530 000 元和零星个人住宿价税合计 954 000 元未开具发票。另外因住客损坏住宿设施而收取赔偿款合计 21 200 元,也未开具发票。

②餐饮服务价税合计收入为 1 060 000 元。其中:

开具增值税普通发票的金额合计 700 000 元、税额合计 42 000 元。以宾馆发行的单用途商业预付卡结算的餐饮服务合计 42 400 元和零星个人餐饮服务价税合计275 600 元未开具发票。

③会展服务价税合计为 848 000 元。均开具增值税专用发票,金额合计 800 000元,税额合计 48 000 元。

④商场销售货物价税合计为 783 000 元,均采取现金或转账结算。其中出售农林特产取得价税合计收入为 218 000 元,开具增值税专用发票的金额合计 60 000元、税额合计 5 400 元,开具增值税普通发票的金额合计 90 000 元、税额合计 8 100元,其余(50 000 元)未开具发票;出售服装、工艺品等货物取得价税合计收入为565 000元,开具增值税专用发票的金额合计 400 000 元、税额合计 52 000 元,开具增值税普通发票的金额合计 70 000 元、税额合计 9 100 元,其余(30 000 元)未开具

发票。

另外,因 2019 年 3 月销售的一批工艺品存在质量问题,经协商,商场于当月退货,购买方无法退回原开具的增值税专用发票的发票联和抵扣联,凭购买方填开并上传、税务机关校验的《开具红字增值税专用发票信息表》,开具红字增值税专用发票金额 80 000 元、税额 12 800 元(原 16%税率)。

资料阅读

【国家税务总局公告 2019 年第 14 号】

1.增值税一般纳税人(以下称纳税人)在增值税税率调整前已按原 16%、10%适用税率开具的增值税发票,发生销售折让、中止或者退回等情形需要开具红字发票的,按照原适用税率开具红字发票;开票有误需要重新开具的,先按照原适用税率开具红字发票后,再重新开具正确的蓝字发票。

2.纳税人在增值税税率调整前未开具增值税发票的增值税应税销售行为,需要补开增值税发票的,应按照原适用税率补开。

⑤客房重新装修更换新的设施,将客房中原有 300 台电视机以价税合计金额 160 000 元出售,宾馆选择按 3%征收率并减按 2%,开具增值税普通发票的金额 155 339.81元、税额 3 106.79 元。

⑥省外出租的办公用房按协议预收 2022 年 1—12 月房屋租赁费价税合计 436 000元,未开具发票。已向办公房所在地税务机关填报《增值税预缴税款表》并预缴 12 000 元,取得办公房所在地税务机关出具的完税凭证。

⑦将营改增前以 2 000 000 元购置的本市一间商铺出售,取得价税合计收入 2 525 000元,宾馆选择简易计税方法,并开具增值税专用发票。

⑧销售单用途商业预付卡价税合计金额 2 000 000 元,接受单用途商业预付卡的持卡人充值价税合计金额 300 000 元,均开具不征税的增值税普通发票。

(2)进项税额方面

①各业务部门采购货物及取得的原始凭证汇总如表 3-1 所示。

表 3-1　各业务部门采购货物及原始凭证汇总表

部门	货物	原始凭证	份数	原始凭证记载		备注
				金额合计	税额合计	
客房部	床单等	专票	3	120 000	15 600	
	牙刷、拖鞋	专票	5	80 000	10 400	
	预付装修费	普通发票	1	160 000	0	装修未完工不征税普票
	电视智能设备	海关专用缴款书	1	1 200 000	156 000	
餐饮部	酒、饮料等	专票	8	200 000	26 000	
	蔬菜、海鲜	免税普通发票	6	150 000		农场自产并开具的发票
		税局代开专票	3	160 000	4 800	小规模通过税务局代开
商场部	服装、工艺品	专票	7	400 000	52 000	
	农林特产等	免税普通发票	4	130 000		农场自产并开具的发票
	坚果等农产品	增值税专用发票	5	70 000	2 100	小规模纳税人自行开具。全部发出委托加工中秋月饼

②支付水、电和通信费的情况汇总如表 3-2 所示。

表 3-2　水、电和通信费情况表

费用项目	发票种类	份数	发票记载	
			金额	税额
水费	专票	1	20 000	600
电费	专票	1	90 000	11 700
通信费	专票	1	30 000	1 800
	专票	1	10 000	900
合　计		4	150 000	15 000

③支付客房部和餐饮部服务人员的劳务派遣费,取得劳务派遣公司以"差额征税开票功能"开具的增值税专用发票 1 份,金额 795 200 元,税额 4 800 元,价税合计

800 000 元。

④支付客房部的床上用品洗涤费取得增值税专用发票1份,金额5 000元,税额300元,价税合计5 300元。

⑤支付广告费取得增值税专用发票1份,金额70 000元,税额4 200元。

⑥在收费公路发票服务平台打印通行费电子发票20份,其中:10份为高速公路经营公司开具的征税发票,金额合计5 000元,税额合计150元;6份为一级、二级公路经营公司开具的征税发票,金额合计2 000元,税额合计100元;4份为ETC客户服务机构开具的不征税发票,价税合计金额1 200元。

⑦宾馆管理人员和员工报销出差的旅客运输费用。航空运输电子客票行程单12份,其中:10份为境内航空运输,票价和燃油附加费合计金额15 000元;另2份为国际航空运输,票价和燃油附加费合计金额20 000元。铁路车票18份,合计票面金额6 800元。公路客票4份,合计票面金额721元。以上旅客运输发票均载明有宾馆相关人员的身份信息。

⑧支付增值税税控系统技术维护费,取得增值税专用发票1份,金额1 320.75元,税额79.25元,价税合计金额1 400元。

(3)进项税额转出方面

①商场一批工艺品被盗,经确认该工艺品购进时取得增值税专用发票,金额50 000元,税额6 500元。被盗后,按宾馆内部制度规定,商场责任人赔偿10 000元。经审核确认,该批工艺品的增值税进项税额于2019年12月申报抵扣,并加计15%的抵减税额。

②因质量问题退货的工艺品,经与供货方协商,向供货方退货。按原购进时取得的增值税专用发票的金额60 000元、税额9 600元(原16%税率),填开《开具红字增值税专用发票信息表》并上传。工艺品已退还供货方,尚未取得供货方开具的红字增值税专用发票,也未收到退货款。经审核确认,该批工艺品于2019年1月购进,并于当月申报抵扣进项税额。

③2021年3月购进服装所取得并于当月申报抵扣的1份增值税专用发票,金额80 000元,税额10 400元,价税合计金额90 400元。2021年10月接到主管税务机关通知为异常增值税扣税凭证。经向主管税务机关申请核实,于当月确认为不符合增值税抵扣条件,已抵扣的进项税额应转出。

(4)其他情况

经核实,宾馆2021年10月进行增值税纳税申报后,留抵税额为8 000元,服务、不动产和无形资产扣除项目无期末余额;加计抵减期末余额1 200元;无税额抵减的期末余额。

当期开具的增值税发票都已按规定进行报税，取得的增值税专用发票、海关进口增值税专用缴款书和通行费电子发票都已登录增值税发票综合服务平台查询、选择用于申报抵扣的增值税发票信息。

2.实训要求

请根据以上信息填写增值税一般纳税人申报资料。

（1）以厦门为例，增值税一般纳税人申报如图3-1操作。

图3-1　增值税一般纳税人申报操作

（2）根据上述信息，会计人员计算该月宾馆应缴纳的增值税额。

①当期销项税额分别为：

A.住宿服务的销项税额＝[100 000＋600 000＋(530 000＋954 000)÷(1＋6%)]×

$$6\% + 21\ 200 \div (1+6\%) \times 6\%$$

$$= 127\ 200(元)$$

B.餐饮服务的销项税额＝[700 000＋(42 400＋275 600)÷(1＋6%)]×6%

$$= 60\ 000(元)$$

C.会展服务的销项税额＝800 000×6%＝48 000(元)

D.货物销售的销项税额＝218 000÷(1＋9%)×9%＋565 000÷(1＋13%)×

$$13\% - 12\ 800$$

$$=70\ 200(元)$$

E.不动产出租的销项税额＝436 000÷(1＋9％)×9％

$$=36\ 000(元)$$

销项税额合计＝127 200＋48 000＋60 000＋70 200＋36 000

$$=341\ 400(元)$$

②当期进项税额分别为：

A.客房部购置货物的进项税额＝15 600＋10 400＋156 000

$$=182\ 000(元)$$

B.餐饮部购置货物的进项税额＝26 000＋150 000×9％＋160 000×9％

$$=53\ 900(元)$$

C.商场部购进货物的进项税额＝52 000＋130 000×9％＋70 000×10％

$$=70\ 700(元)$$

D.水、电、通信费的进项税额＝600＋11 700＋1 800＋900＝15 000(元)

E.劳务派遣费的进项税额＝4 800 元

F.洗涤费的进项税额＝300 元

G.广告费的进项税额＝4 200 元

H.道路通行费的进项税额＝150＋100＝250(元)

I.旅客运输费用的进项税额＝15 000÷(1＋9％)×9％＋6 800÷(1＋9％)×

$$9％＋721÷(1＋3％)×3％$$

$$=1\ 821(元)$$

当期允许抵扣销项税额的进项税额合计＝182 000 ＋53 900 ＋70 700＋15 000＋

$$4\ 800＋300＋4\ 200＋250＋1\ 821$$

$$=332\ 971(元)$$

③当期进项税额转出为：

A.艺品被盗应转出的进项税额＝6 500(元)

B.工艺品退货填开《开具红字增值税专用发票信息表》时应转出的进项税额＝9 600(元)

C.主管税务机关核实的异常增值税扣除凭证应转出的进项税额＝10 400(元)

当期进项税额转出合计＝6 500＋9 600＋10 400＝26 500(元)

④按一般计税方法计算的应税业务,其应纳增值税额为：

应纳税额＝341 400－(332 971＋8 000－26 500)＝26 929(元)

⑤当期加计抵减税额为：

A.当期计提加计期初余额＝1 200(元)

B.当期计提加计抵减额＝332 971×15％＝49 945.65(元)

C.当期调减加计抵减额＝(6 500＋10 400)×15％＝2 535(元)

D.当期可抵减加计抵减额＝1 200＋49 945.65－2 535＝48 610.65(元)

当期按一般计税方法计算的应纳税额 26 929 元＜当期可抵减加计抵减额 48 610.65 元,当期实际加计抵减额为 26 929 元,不足加计抵减的 21 681.65 元结转下期继续抵减。

⑥经加计抵减的按一般计税方法计算的应税业务的应纳增值税额为:

应纳税额＝26 929－26 929＝0

⑦适用简易计税方法的应税业务的应纳增值税额为:

A.电视机出售应缴纳的增值税＝160 000÷(1＋3％)×2％＝3 106.79(元)

B."营改增"前购置的商铺出售应缴纳的增值税＝(2 525 000－2 000 000)÷

$$(1＋5％)×5％$$

$$＝25 000(元)$$

按简易计税方法计算的应纳税额合计＝3 106.79＋25 000＝28 106.79(元)

⑧当期应纳增值税额合计:

当期应纳增值税合计＝28 106.79(元)

⑨当期可抵减的税额:

A.外省出租办公房已预缴的增值税＝12 000(元)

B.支付增值税税控系统技术维护费可全额抵减的应纳增值税＝1 400(元)

当期可抵减的税额合计＝12 000＋1 400＝13 400(元)

当期应纳增值税额 28 106.79 元＞可抵减的税额 13 400 元,当期实际抵减的税额为 13 400 元。

⑩当期纳税申报实际应缴纳的增值税额:

应补增值税额＝28 106.79－13 400＝14 706.79(元)

(2)填写增值税及附加税费申报表,见表3-3～表3-9。

根据国家税收法律法规及增值税相关规定制定本表。纳税人不论有无销售额，均应按税务机关核定的纳税期限填写本表，并向当地税务机关申报。

税款所属时间：自2021年11月01日至2021年11月30日　　填表日期：2021年12月×日　　金额单位：元至角分

表3-3　增值税及附加税费申报表
（一般纳税人适用）

纳税人名称	（公章）	登记注册类型	注册地址	生产经营地址
法定代表人姓名				电话号码
开户银行及账号				即征即退项目

	项目	栏次	一般项目 本月数	一般项目 本年累计	即征即退项目 本月数	即征即退项目 本年累计
销售额	（一）按适用税率计税销售额	1	4 940 000.00			
	其中：应税货物销售额	2	620 000.00			
	应税劳务销售额	3	4 320 000.00			
	纳税检查调整的销售额	4				
	（二）按简易办法计税销售额	5	2 560 101.71			
	其中：纳税检查调整的销售额	6				
	（三）免、抵、退办法出口销售额	7			—	—
	（四）免税销售额	8			—	—
	其中：免税货物销售额	9			—	—
	免税劳务销售额	10			—	—
税款计算	销项税额	11	341 400.00			
	进项税额	12	332 971.00			
	上期留抵税额	13	80 000.00			—
	进项税额转出	14	26 500.00			
	免、抵、退应退税额	15			—	—

续表

项　目		栏次	一般项目		即征即退项目	
			本月数	本年累计	本月数	本年累计
税款计算	按适用税率计算的纳税检查应补缴税额	16				—
	应抵扣税额合计	17＝12＋13＋14－15＋16	314 471.00	—		
	实际抵扣税额	18（如17＜11,则为17,否则为11）	314 471.00			
	应纳税额	19＝11－18	0.00			
	期末留抵税额	20＝17－18				—
	按简易计税办法计算的应纳税额	21	29 660.19			
	按简易计税办法计算的应纳税检查应补缴税额	22			—	—
	应纳税额减征额	23	2 953.40			
	应纳税额合计	24＝19＋21－23	26 706.79			
税款缴纳	期初未缴税额（多缴为负数）	25				—
	实收出口开具专用缴款书退税额	26			—	—
	本期已缴税额	27＝28＋29＋30＋31	12 000.00			
	①分次预缴税额	28	12 000.00	—		—
	②出口开具专用缴款书预缴税额	29	0.00	—		—
	③本期缴纳上期应纳税额	30	0.00			

项目		栏次	一般项目		即征即退项目	
			本月数	本年累计	本月数	本年累计
④本期缴纳欠缴税额		31				
期末未缴税额（多缴为负数）		32＝24＋25＋26−27	14 706.79			
其中：欠缴税额（≥0）		33＝25＋26−27		—	—	—
本期应补（退）税额		34＝24−28−29	14 706.79			—
即征即退实际退税额		35	—	—	—	—
期初未缴查补税额		36			—	—
本期入库查补税额		37				—
期末未缴查补税额		38＝16＋22＋36−37				—
附加税费	城市维护建设税本期应补（退）税额					
	教育费附加本期应补（退）税额					
	地方教育附加本期应补（退）税额					

声明：此表是根据国家税收法律法规及相关规定填报的，本人（单位）对填报内容（及附带资料）的真实性、可靠性、完整性负责。

纳税人（签章）：

经办人：

经办人身份证号：

代理机构签章：

代理机构统一社会信用代码：

受理人：

受理税务机关（章）：

受理日期：　年　月　日

表 3-4 增值税及附加税费申报表附列资料（一）
（本期销售情况明细）

税款所属时间：2021 年 11 月 01 日至 2021 年 11 月 30 日
纳税人名称：（公章）

金额单位：元至角分

项目及栏次		开具增值税专用发票 销售额	开具增值税专用发票 销项（应纳）税额	开具其他发票 销售额	开具其他发票 销项（应纳）税额	未开具发票 销售额	未开具发票 销项（应纳）税额	纳税检查调整 销售额	纳税检查调整 销项（应纳）税额	合计 销售额	合计 销项（应纳）税额	价税合计	服务、不动产扣除项目 本期实际扣除金额	扣除后 含税（免税）销售额	扣除后 销项（应纳）税额
		1	2	3	4	5	6	7	8	9＝1＋3＋5＋7	10＝2＋4＋6＋8	11＝9＋10	12	13＝11－12	14＝13÷(100%＋税率或征收率)×税率或征收率
一、一般计税方法计税 全部征税项目 13%税率的货物及加工修理修配劳务	1	320 000.00	39 200.00	70 000.00	9 100.00	30 000.00	3 900.00			420 000.00	52 200.00	—	—	—	—
13%税率的服务、不动产和无形资产	2														
9%税率的货物及加工修理修配劳务	3	60 000.00	5 400.00	90 000.00	8 100.00	50 000.00	4 500.00			200 000.00	18 000.00	—	—	—	—
9%税率的服务、不动产和无形资产	4					400 000.00	36 000.00			400 000.00	36 000.00	436 000.00	—	—	—
6%税率	5	900 000.00	54 000.00	1 300 000.00	78 000.00	1 720 000.00	103 200.00	—	—	3 920 000.00	235 200.00	4 155 200.00	0.00	4 155 200.00	235 200.00
其中：即征即退项目 即征即退货物及加工修理修配劳务	6	—	—	—	—	—	—	—	—	—	—	—	—	—	—
即征即退服务、不动产和无形资产	7	—	—	—	—	—	—	—	—	—	—	—	—	—	—

项目及栏次	栏次	开具增值税专用发票 销售额	销项(应纳)税额	开具其他发票 销售额	销项(应纳)税额	未开具发票 销售额	销项(应纳)税额	纳税检查调整 销售额	销项(应纳)税额	合计 销售额	销项(应纳)税额	价税合计	服务、不动产和无形资产扣除项目本期实际扣除金额	扣除后 含税(免税)销售额	销项(应纳)税额
		1	2	3	4	5	6	7	8	9=1+3+5+7	10=2+4+6+8	11=9+10	12	13=11−12	14=13÷(100%+税率或征收率)×税率或征收率
二、简易计税方法计税 全部征税项目 6%征收率	8														
5%征收率的货物及加工修理修配劳务	9a														
5%征收率的服务、不动产和无形资产	9b	2 404 761.90	120 238.10							2 404 761.90	120 238.10	2 525 000.00	2 000 000.00	525 000.00	25 000.00
4%征收率	10	—	—	—	—	—	—	—	—	—	—	—	—	—	—
3%征收率的货物及加工修理修配劳务	11			155 339.81	4 660.19					155 339.81	4 660.19	—	—	—	—
3%征收率的服务、不动产和无形资产	12	—	—	—	—	—	—	—	—	—	—	—	—	—	—
预征率%	13a														
预征率%	13b														
预征率%	13c														
其中:即征即退项目 即征即退货物及加工修理修配劳务	14	—	—	—	—	—	—	—	—	—	—	—	—	—	—
即征即退服务、不动产和无形资产	15	—	—	—	—	—	—	—	—	—	—	—	—	—	—

续表

项目及栏次		开具增值税专用发票		开具其他发票		未开具发票		纳税检查调整		合计		价税合计	服务、不动产和无形资产扣除项目本期实际扣除金额	扣除后	
		销售额	销项（应纳）税额	销售额	销项（应纳）税额	销售额	销项（应纳）税额	销售额	销项（应纳）税额	销售额	销项（应纳）税额	价税合计		含税（免税）销售额	销项（应纳）税额
		1	2	3	4	5	6	7	8	9=1+3+5+7	10=2+4+6+8	11=9+10	12	13=11-12	14=13÷(100%+税率或征收率)×税率或征收率
三、免抵退税	16 货物及加工修理修配劳务		—		—		—		—		—	—	12	13=11-12	14=13÷(100%+税率或征收率)×税率或征收率
	17 服务、不动产和无形资产	—	—	—	—	—	—	—	—	—	—	—	—	—	—
四、免税	18 货物及加工修理修配劳务	—	—	—	—	—	—	—	—	—	—	—	—	—	—
	19 服务、不动产和无形资产	—	—	—	—	—	—	—	—	—	—	—	—	—	—

表 3-5　增值税及附加税费纳税申报表附列资料（二）

（本期进项税额明细）

税款所属时间:2021 年 11 月 01 日至 2021 年 11 月 30 日

纳税人名称:(公章)

金额单位:元至角分

一、申报抵扣的进项税额				
项　　目	栏次	份数	金额	税额
(一)认证相符的增值税专用发票	1=2+3	46	1 827 200.00	128 550.00
其中:本期认证相符且本期申报抵扣	2	46	1 827 200.00	128 550.00
前期认证相符且本期申报抵扣	3			
(二)其他扣税凭证	4=5+6+7+8a+8b	51	730 700.00	20 441.00
其中:海关进口增值税专用缴款书	5	1	1 200 000.00	156 000.00
农产品收购发票或者销售发票	6	18	510 000.00	45 900.00
代扣代缴税收缴款凭证	7		—	
加计扣除农产品进项税额	8a	—	—	700.00
其他	8b	32	20 700.00	1 821.00
(三)本期用于购建不动产的扣税凭证	9			
(四)本期用于抵扣的旅客运输服务扣税凭证	10	32	20 700.00	1 821.00
(五)外贸企业进项税额抵扣证明	11	—	—	
当期申报抵扣进项税额合计	12=1+4+11	97	3 557 900.00	332 971.00

二、进项税额转出额		
项　　目	栏次	税额
本期进项税额转出额	13=14 至 23 之和	16 100.00
其中:免税项目用	14	
集体福利、个人消费	15	
非正常损失	16	6 500.00
简易计税方法征税项目用	17	

续表

项　　目	栏次	税额
免抵退税办法不得抵扣的进项税额	18	
纳税检查调减进项税额	19	
红字专用发票信息表注明的进项税额	20	9 600.00
上期留抵税额抵减欠税	21	
上期留抵税额退税	22	
异常凭证进项税额转出	23a	10 400.00
其他应作进项税额转出的情形	23b	

三、待抵扣进项税额

项　　目	栏次	份数	金额	税额
(一)认证相符的增值税专用发票	24	—	—	—
期初已认证相符但未申报抵扣	25			
本期认证相符且本期未申报抵扣	26			
期末已认证相符但未申报抵扣	27			
其中:按照税法规定不允许抵扣	28			
(二)其他扣税凭证	29=30至33之和			
其中:海关进口增值税专用缴款书	30			
农产品收购发票或者销售发票	31			
代扣代缴税收缴款凭证	32		—	
其他	33			
	34			

四、其他

项　　目	栏次	份数	金额	税额
本期认证相符的增值税专用发票	35	46	1 827 200.00	128 550.00
代扣代缴税额	36	—	—	—

表3-6 增值税及附加税费申报表附列资料(三)

(服务、不动产和无形资产扣除项目明细)

税款所属时间:2021年11月01日至2021年11月30日

纳税人名称:(公章)

金额单位:元至角分

项目及栏次		本期服务、不动产和无形资产价税合计额(免税销售额)	服务、不动产和无形资产扣除项目				
		1	期初余额 2	本期发生额 3	本期应扣除金额 4=2+3	本期实际扣除金额 5(5≤1且5≤4)	期末余额 6=4-5
13%税率的项目	1						
9%税率的项目	2						
6%税率的项目(不含金融商品转让)	3						
6%税率的金融商品转让项目	4						
5%征收率的项目	5	2 525 000.00	0.00	2 000 000.00	2 000 000.00	2 000 000.00	0.00
3%征收率的项目	6						
免抵退税的项目	7						
免税的项目	8						

表 3-7　增值税及附加税费申报表附列资料(四)

(税额抵减情况表)

税款所属时间:2021 年 11 月 01 日至 2021 年 11 月 30 日

纳税人名称:(公章)

金额单位:元至角分

一、税额抵减情况

序号	抵减项目	期初余额 1	本期发生额 2	本期应抵减税额 3=1+2	本期实际抵减税额 4≤3	期末余额 5=3−4
1	增值税税控系统专用设备费及技术维护费	0.00	1 400.00	1 400.00	1 400.00	0.00
2	分支机构预征缴纳税款					
3	建筑服务预征缴纳税款					
4	销售不动产预征缴纳税款	0.00	0.00	0.00	0.00	0.00
5	出租不动产预征缴纳税款	0.00	12 000.00	12 000.00	12 000.00	0.00

二、加计抵减情况

序号	加计抵减项目	期初余额 1	本期发生额 2	本期调减额 3	本期可抵减额 4=1+2−3	本期实际抵减额 5	期末余额 6=4−5
6	一般项目加计抵减额计算	1 200.00	49 945.65	975.00	48 970.65	24 529.00	2 441.65
7	即征即退项目加计抵减额计算						
8	合计	1 200.00	49 945.65	975.00	48 970.65	24 529.00	2 441.65

表3-8　增值税及附加税费申报表附列资料（五）

（附加税费情况表）

税款所属时间：2021年11月01日至2021年11月30日

纳税人名称：(公章)

金额单位：元至角分

本期是否适用小微企业"六税两费"减免政策　□是　□否　□个体工商户　□小型微利企业

税（费）种	计税（费）依据				本期应纳税（费）额 5=(1+2-3)×4	减免政策适用主体 适用减免政策起止时间　年　月　至　年　月		试点建设培育教育产融合型企业		本期已缴税（费）额	本期应补（退）税（费）额
	增值税税额	增值税免抵税额	留抵退税本期扣除额	税（费）率（%）		本期减免税（费）额					
						减免性质代码	减免税（费）额	减免性质代码	本期抵免金额		
	1	2	3	4	5=(1+2-3)×4	6	7	8	9	10	11=5-7-9-10
1　城市维护建设税	14 706.79			7	1 029.48			—	—		1 029.48
2　教育费附加	14 706.79			3	441.2			—	—		441.2
3　地方教育附加	14 706.79			2	294.14			—	—		294.14
4　合计	—	—	—	—	1 764.82	—		—			1 764.82

续表

本期是否适用小微企业"六税两费"减免政策		□是 □否		减免政策适用主体	□个体工商户 □小型微利企业	
			适用减免政策截止时间		年 月 至 年 月	
本期是否适用试点建设培育产教融合型企业抵免政策	□是 □否	当期新增投资额			5	
		上期留抵可抵免金额			6	
		结转下期可抵免金额			7	
可用于扣除的增值税留抵退税额使用情况		当期新增可用于扣除的留抵退税额			8	
		上期结存可用于扣除的留抵退税额			9	
		结转下期可用于扣除的留抵退税额			10	

表 3-9 增值税减免税申报明细表

税款所属时间:2021 年 11 月 01 日至 2021 年 11 月 30 日

纳税人名称:(公章)金额

单位:元至角分

一、减税项目

减税性质代码及名称	栏次	期初余额	本期发生额	本期应抵减税额	本期实际抵减税额	期末余额
		1	2	3＝1＋2	4≤3	5＝3−4
合 计	1	0.00	2 953.40	2 953.40	2 953.40	0.00
购置增值税税控系统专用设备	2	0.00	1 400.00	1 400.00	1 400.00	0.00
购买固定资产	3	0.00	1 553.40	1 553.40	1 553.40	0.00
	4					
	5					
	6					

二、免税项目

免税性质代码及名称	栏次	免征增值税项目销售额	免税销售额扣除项目本期实际扣除金额	扣除后免税销售额	免税销售额对应的进项税额	免税额
		1	2	3＝1−2	4	5
合 计	7					
出口免税	8		—	—	—	—
其中:跨境服务	9		—	—	—	—
	10					
	11					
	12					
	13					
	14					
	15					
	16					

第二节　增值税简易计税方法的会计处理与纳税申报实务

一、增值税简易计税方法的会计处理

(一)会计科目的设置

增值税简易计税方法的纳税人应在"应交税费"账户下设置"应交增值税"二级账户,并根据需要,设置"转让金融商品应交增值税""代扣代交增值税"明细账户,但一般无须再设其他明细项目。贷方登记应交的增值税额,借方登记实际上交的增值税额;期末贷方余额反映企业尚未上交或欠交的增值税额,借方余额则反映多交的增值税额。此外,根据需要,还应设置"增值税检查调整"二级账户,其核算内容与增值税一般纳税人相同。

(二)增值税简易计税方法业务的会计处理

增值税简易计税方法适用于小规模纳税人和一般纳税人的特定货物、特定服务和特定项目。

1.小规模纳税人增值税的会计处理

小规模纳税人不实行税款抵扣办法,应以不含税销售额乘以征收率,计算应交增值税。因此,只需通过"应交税费——应交增值税"账户反映增值税的应交上交和欠交情况。

【例 3-28】ABC 公司为增值税小规模纳税人,3 月份产品含税销售收入为 10 600 元,货款尚未收到。编制会计分录如下:

(1)销售货款未收到时

应纳增值税额=10 600÷(1+3%)×3%=308.74(元)

借:应收账款　　　　　　　　　　　　　　10 600.00

　　贷:主营业务收入　　　　　　　　　　　　　　10 291.26

　　　　应交税费——应交增值税(销项税额)　　　　308.74

(2)月末缴纳增值税时

借:应交税费——应交增值税(销项税额)　　　308.74

　　贷:银行存款　　　　　　　　　　　　　　　　308.74

【例 3-29】ABC 餐饮企业为增值税小规模纳税人,当月与驻地某施工队签订为

期 3 个月的施工人员就餐协议。协议规定，每月餐费为 5 万元(含税)，在协议签订时一次付清 3 个月的就餐费 15 万元，同时为施工队开具增值税专用发票。根据有关规定，先开具发票的，纳税义务发生时间为开具发票的当天。做会计分录如下：

不含税销售额＝150 000÷(1＋3％)＝145 631(元)

应交增值税＝145 631×3％＝4 369(元)

每月不含税销售额＝145 631÷3＝48 544(元)

(1)收到施工队支付的餐费款时

借：银行存款	150 000	
贷：预收账款		145 631
应交税费——应交增值税		4 369

(2)每月确认营业收入时

借：预收账款	48 544	
贷：主营业务收入		48 544

2.一般纳税人增值税的会计处理

一般纳税人采用简易计税方法的计税项目，其进项税额不得从销项税额中抵扣，应计入相关成本费用，不通过"应交税费——应交增值税(进项税额)"核算；在其销售货物、无形资产、不动产，提供劳务服务时，借记"应收账款""银行存款"等，贷记"主营业务收入""应交税费——简易计税"等。

【例 3-30】ABC 公司为增值税一般纳税人，主营钢材和商品混凝土业务，其中自产商品混凝土选择简易计税方法。当月钢材销售额为 700 万元，钢材采购额为800 万元，商品混凝土销售收入为 159 万元(含税)。做会计分录如下：

(1)销售钢材时

借：应收账款——××客户	7 910 000	
贷：主营业务收入——钢材		7 000 000
应交税费——应交增值税(销项税额)		910 000

(2)采购钢材时

借：库存商品	800 000	
贷：应交税费——应交增值税(进项税额)		1 040 000
应付账款——××供应商		9 040 000

(3)销售混凝土时

借：应收账款——××客户	1 590 000	
贷：主营业务收入——商品混凝土		1 543 689
应交税费——简易计税		46 311

在实务中,对于选择简易计税方法减按2%征收的会计处理,因为纳税申报表中没有2%征收率一栏,为了完整地体现税收优惠,可以将少纳的1%作为补贴收入,在主表第23行"应纳税额减征额"处填写。

【例3-31】ABC公司为增值税一般纳税人,企业8月份销售一台使用过的特定设备,变价收入16.48万元。做会计分录如下:

(1)销售时

借:银行存款	164 800	
贷:固定资产清理		160 000
应交税费——简易计税		4 800

(2)反映减计1%的税款

借:应交税费 ——简易计税

贷:其他收益——减免税款

固定资产清理的销售额16万元填入《增值税及附加税费申报表附列资料(一)》第10行第3列,税金0.48万元填入《增值税及附加税费申报表附列资料(一)》第10行第4栏,减计税额0.16万元填入纳税申报表主表第23行。

(3)下个月减按2%缴纳增值税时

借:应交税费——简易计税	3 200	
贷:银行存款		3 200

二、小规模纳税人增值税的纳税申报

(一)小规模纳税人增值税纳税申报

小规模纳税人纳税申报,应填报《增值税及附加税费申报表(小规模纳税人适用)》及其附列资料、《增值税减免税申报明细表》。试点纳税人应对开具增值税专用发票的销售额计算增值税应纳税额,并在规定的纳税申报期内向主管税务机关申报缴纳。

纳税申报人员在填制《增值税及附加税费申报表(小规模纳税人适用)》及其附列资料时,应注意:

(1)根据《增值税及附加税费申报表》及其附列资料的填写说明填制《增值税及附加税费申报表》及其附列资料。

(2)根据纳税人财务核算及其他纳税相关资料,准确掌握纳税人增值税征(免)税收入可扣除的应税服务,按照征收率计算应纳增值税额,并填列到《增值税及附加税费申报表》及其附列资料相关栏目。在纳税人准确核算的情况下,纳税申报表填列的本期应纳税额应与纳税人"应交税费——应交增值税"科目中记载的数额一致。

(3)小规模纳税人经销二手车减按 0.5％征收率征收增值税的销售额,应当填写在《增值税及附加税费申报表(小规模纳税人适用)》"应征增值税不含税销售额(3％征收率)"相应栏次;对应减征的增值税应纳税额,按销售额的 2.5％计算填写在《增值税及附加税费申报表(小规模纳税人适用)》"本期应纳税额减征额"及《增值税减免税申报明细表》减税项目相应栏次。应该注意的是,填写于《增值税及附加税费申报表(小规模纳税人适用)》相应栏次的销售额为"含税销售额÷(1＋0.5％)"。

(4)为应对新冠肺炎疫情的增值税减免填写。免征增值税的销售额等项目应当填写在《增值税及附加税费申报表(小规模纳税人适用)》及《增值税减免税申报明细表》免税项目相应栏次;减按 1％征收率征收增值税的销售额应当填写在《增值税及附加税费申报表(小规模纳税人适用)》"应征增值税不含税销售额(3％征收率)"相应栏次,对应减征的增值税应纳税额按销售额的 2％计算填写在《增值税及附加税费申报表(小规模纳税人适用)》"本期应纳税额减征额"及《增值税减免税申报明细表》减税项目相应栏次。应该注意的是,填写于《增值税及附加税费申报表(小规模纳税人适用)》相应栏次的销售额为"含税销售额÷(1＋1％)"。另外,《增值税及附加税费申报表(小规模纳税人适用)附列资料(一)》第 8 栏"不含税销售额"的计算公式调整为:第 8 栏＝第 7 栏÷(1＋征收率)。

(5)适用 3％征收率的应税销售收入免征增值税填写。增值税小规模纳税人发生增值税应税销售行为,当合计月销售额未超过 15 万元(以 1 个季度为 1 个纳税期时,季度销售额未超过 45 万元,下同)的,适用 3％征收率免征增值税的销售额等项目应当填写在《增值税及附加税费申报表(小规模纳税人适用)》"小微企业免税销售额"或者"未达起征点销售额"相关栏次。当合计月销售额超过 15 万元时,适用 3％征收率免征增值税的全部销售额等项目应当填写在《增值税及附加税费申报表(小规模纳税人适用)》"其他免税销售额"栏次,同时应填写《增值税减免税申报明细表》对应栏次。

资料阅读

请扫一扫:《增值税及附加税费申报表(小规模纳税人适用)》及其附列资料

(二)小规模纳税人增值税纳税申报模拟实训

1.基本信息

某建筑服务企业系小规模纳税人。2022年10—12月取得建筑服务款50.5万元,开具增值税普通发票,该项目对应发生分包支出20.2万元;取得建筑服务款15.15万元,开具增值税专用发票,该项目发生分包支出5.05万元。所有分包支出取得规定的扣税凭证。2022年11月预收本地项目建筑服务款30.3万元,开具不征税普通发票,该项目无分包支出,已向税务机关填报《增值税预缴税款表》并预缴增值税,并取得税务机关出具的完税凭证。经审核,上年末该企业增值税可扣除项目余额为0。

(1)纳税申报人员根据上述收集整理的资料,结合现行增值税政策规定,计算2022年第四季度该建筑服务企业应纳增值税额、预缴增值税及应补缴的增值税额:

①应纳增值税=(50.5−20.2)÷(1+1%)×1%+(15.15−5.05)÷(1+1%)×1%
=0.4(万元)

②建筑服务预收款应预缴增值税=30.3÷(1+1%)×1%=0.3(万元)

③第四季度增值税纳税申报时应补缴的增值税额=0.4−0.3=0.1(万元)

根据收集的资料和计算结果,纳税申报人员填制《增值税及附加税费申报表》及其附列资料,假定该建筑服务企业按规定享受"六税两费"减免优惠。

(2)以厦门为例,增值税小规模纳税人申报如图3-2操作。

图3-2 增值税小规模纳税人申报操作

(3)会计人员填制该公司2022年第四季度《增值税及附加税费纳税申报表》及附列资料,见表3-10~表3-12。

表 3-10　增值税及附加税费申报表

(小规模纳税人适用)

纳税人识别号：□□□□□□□□□□□□□□□□□□

纳税人名称(公章)：

税款所属期：2022 年 10 月 01 日至 2022 年 12 月 31 日

金额单位:元至角分

填表日期:2023 年 1 月 × 日

项　目	栏次	本期数		本年累计	
		货物及劳务	服务、不动产和无形资产	货物及劳务	服务、不动产和无形资产
一、计税依据					
(一)应征增值税不含税销售额(3%征收率)	1	400 000.00			
增值税专用发票不含税销售额	2	150 000.00			
其他增值税发票不含税销售额	3	500 000.00			
(二)应征增值税不含税销售额(5%征收率)	4	—			
税务机关代开的增值税专用发票不含税销售额	5	—	—		—
税控器具开具的普通发票不含税销售额	6	—	—		—
(三)销售使用过的固定资产不含税销售额	7(7≥8)	—	—		—
其中:税控器具开具的普通发票不含税销售额	8	—	—		—
(四)免税销售额	9＝10＋11＋12				
其中:小微企业免税销售额	10				
未达起征点销售额	11				
其他免税销售额	12				
(五)出口免税销售额	13(13≥14)				
其中:税控器具开具的普通发票销售额	14				

续表

项 目	栏 次	本期数		本年累计	
		货物及劳务	服务、不动产和无形资产	货物及劳务	服务、不动产和无形资产
二、税款计算					
本期应纳税额	15	12 000.00			
本期应纳税额减征额	16	8 000.00			
本期免税额	17				
其中:小微企业免税额	18				
未达起征点免税额	19				
应纳税额合计	20=15-16	4 000.00			
本期预缴税额	21	3 000.00		—	—
本期应补(退)税额	22=20-21	1 000.00		—	—
三、附加税费					
城市维护建设税本期应补(退)税额	23		35.00		
教育费附加本期应补(退)税额	24	15.00			
地方教育附加本期应补(退)税额	25	10.00			

纳税人或代理人声明:

本纳税申报表是根据国家税收法律法规及相关规定填报的,我确定它是真实的、可靠的、完整的。	如纳税人填报,由纳税人填写以下各栏:		
	办税人员:	财务负责人:	法定代表人: 联系电话:
	如委托代理人填报,由代理人填写以下各栏:		
	代理人名称(公章):	经办人:	联系电话:

主管税务机关:　　　　　　　接收人:　　　　　　　接收日期:

表 3-11 增值税及附加税费申报表（小规模纳税人适用）附列资料（一）

税款所属期：2022年10月01日至2022年12月31日

纳税人名称（公章）：

填表日期 2023 年 1 月 × 日

金额单位：元至角分

应税行为（3%征收率）扣除额计算			
期初余额	本期发生额	本期扣除额	期末余额
1	2	3（3≤1+2之和，且 3≤5）	4＝1+2-3
0	252 500.00	252 500.00	0

应税行为（3%征收率）计税销售额计算			
全部含税收入（适用 3%征收率）	本期扣除额	含税销售额	不含税销售额
5	6＝3	7＝5-6	8＝7÷1.03
656 500	252 500.00	404 000.00	404 000.00

应税行为（5%征收率）扣除额计算			
期初余额	本期发生额	本期扣除额	期末余额
9	10	11（11≤9+10之和，且 11≤13）	12＝9+10-11

应税行为（5%征收率）计税销售额计算			
全部含税收入（适用 5%征收率）	本期扣除额	含税销售额	不含税销售额
13	14＝11	15＝13-14	16＝15÷1.05

税款所属时间:2022 年 10 月 01 日至 2022 年 12 月 31 日

纳税人名称:(公章)

表 3-12　增值税及附加税费申报表(小规模纳税人适用)附列资料(二)

(附加税费情况表)

金额单位:元至角分

税(费)种		计税(费)依据 增值税税额 1	税(费)率(%) 2	本期应纳税(费)额 3=1×2	本期减免税(费)额		增值税小规模纳税人"六税两费"减征政策		本期已缴税(费)额 8	本期应补(退)税(费)额 9=3-5-7-8
					减免性质代码 4	减免税(费)额 5	减征比例(%) 6	减征额 7=(3-5)×6		
城市维护建设税	1	1 000	7	70.00			50	35.00		35.00
教育费附加	2	1 000	3	30.00			50	15.00		15.00
地方教育附加	3	1 000	2	20.00			50	10.00		10.00
合计	4	—	—	120.00	—		—			60.00

本章小结

（1）一般纳税人增值税业务的会计处理，主要包括：进项税额的会计处理、进项税转出的会计处理、销项税额的会计处理、视同销售的会计处理、出口退税的会计处理、增值税优惠的会计处理和应交增值税明细表的编制等几个方面。

（2）一般纳税人办理纳税申报需要经过发票认证、抄报、纳税申报、报税和税款缴纳等程序。纳税人必须先操作防伪税控开票子系统进行抄税然后使用网上抄报税系统进行远程报税，再操作网上申报软件发送申报数据，最后使用网上抄报税系统清卡。通过网上申报软件发送申报数据后，要查看申报结果提示，如果提示申报成功则关注税款扣缴结果，在申报软件中及时查看银行扣款是否成功。

（3）小规模纳税人不实行税款抵扣办法，应以不含税销售额乘以征收率，计算应交增值税。因此，只需通过"应交税费——应交增值税"账户反映增值税的应交上交和欠交情况。

（4）小规模纳税人纳税申报，应填报《增值税及附加税费申报表（小规模纳税人适用）》及其附列资料、《增值税减免税申报明细表》。试点纳税人应对开具增值税专用发票的销售额计算增值税应纳税额，并在规定的纳税申报期内向主管税务机关申报缴纳。

【复习思考题】

1.一般纳税人的"应交税费——应交增值税"账户下如何设置明细账户？

2.一般纳税人增值税计算应注意哪些问题？

3."免、抵、退"方式下如何进行出口退税的计算与核算？

【应用技能题】

W 电视机厂为增值税一般纳税人，2022 年 6 月份发生以下业务。

（1）在本地销售 A 型彩电 950 台，每台不含税价款 2 000 元，另提供给本企业职工活动中心 50 台。

（2）月末向外省分支机构发出 300 台彩电，支付给运输企业运费 5 000 元，其中装卸搬运费 800 元，运输企业将运费发票开给外地分支机构。

(3)本月外购原材料,取得的防伪税控系统开具的增值税专用发票上注明税金34 000元,货已入库,但发票尚未到税务机关认证;另有上月底接受投资的一批显像管,取得的投资方开来的防伪税控系统增值税专用发票上注明税金85 000元,本月发票经税务机关认证。

(4)本月公益性捐赠自产A型彩电10台。

(5)本月外购生产经营用设备,取得的增值税专用发票上注明价款150 000元;用电取得的电厂开具的专用发票上注明价款350 000元。发票均经过税务机关认证。

要求:计算该企业当月销项税额、销项税额和应纳增值税,填写表3-13～表3-17。

表3-13 增值税及附加税费申报表（一般纳税人适用）

根据国家税收法律法规及增值税相关规定制定本表。纳税人不论有无销售额，均应按税务机关核定的纳税期限填写本表，并向当地税务机关申报。

税款所属时间：自 年 月 日 至 年 月 日　　填表日期： 年 月 日

金额单位：元至角分

纳税人识别号					
纳税人名称	（公章）	登记注册类型		所属行业	
法定代表人姓名		注册地址		生产经营地址	
开户银行及账号				电话号码	

	项目	栏次	一般项目		即征即退项目	
			本月数	本年累计	本月数	本年累计
销售额	（一）按适用税率计税销售额	1				
	其中：应税货物销售额	2				
	应税劳务销售额	3				
	纳税检查调整的销售额	4				
	（二）按简易办法计税销售额	5				
	其中：纳税检查调整的销售额	6				
	（三）免、抵、退办法出口销售额	7	—	—	—	—
	（四）免税销售额	8	—	—	—	—
	其中：免税货物销售额	9	—	—	—	—
	免税劳务销售额	10	—	—	—	—

续表

项　目		栏次	一般项目		即征即退项目	
			本月数	本年累计	本月数	本年累计
税款计算	销项税额	11				
	进项税额	12				
	上期留抵税额	13				
	进项税额转出	14				
	免、抵、退应退税额	15			—	—
	按适用税率计算的纳税检查应补缴税额	16			—	—
	应抵扣税额合计	17=12+13-14-15+16		—		—
	实际抵扣税额	18（如17<11，则为17，否则为11）				
	应纳税额	19=11-18				
	期末留抵税额	20=17-18				
	按简易计税办法计算的应纳税额	21				
	按简易计税办法计算的纳税检查应补缴税额	22			—	—
	应纳税额减征额	23				
	应纳税额合计	24=19+21-23				

— 112 —

项　目	栏次	一般项目		即征即退项目	
		本月数	本年累计	本月数	本年累计
期初未缴税额（多缴为负数）	25			—	—
实收出口开具缴款书退税额	26			—	—
本期已缴税额	27=28+29+30+31		—	—	—
①分次预缴税额	28		—	—	—
②出口开具专用缴款书预缴税额	29		—	—	—
③本期缴纳上期应纳税额	30			—	—
④本期缴纳欠缴税额	31			—	—
期末未缴税额（多缴为负数）	32=24+25+26－27			—	—
其中：欠缴税额（≥0）	33=25+26－27		—	—	—
本期应补（退）税额	34=24－28－29	—			
即征即退实际退税额	35			—	—
期初未缴查补税额	36			—	—
本期入库查补税额	37			—	—
期末未缴查补税额	38=16+22+36－37			—	—

税款缴纳

如果你已委托代理人申报，请填写下列资料：

授权声明

为代理一切税务事宜，现授权
（地址）　　　　　　　　　　　　　为本纳税人的代
理申报人，任何与本申报表有关的在本文件中，都可予此人。

授权人签字：

申报人声明

本纳税申报表是根据国家税收法律法规及相关规定填报的，我确定它是真实的、可靠的、完整的。

声明人签字：

表3-14 增值税及附加税费申报表附列资料（一）
（本期销售情况明细）

税款所属时间：年 月 日至 年 月 日

纳税人名称：（公章）

金额单位：元至角分

项目及栏次		开具增值税专用发票		开具其他发票		未开具发票		纳税检查调整		合计			服务、不动产和无形资产扣除项目	扣除后	
		销售额	销项（应纳）税额	销售额	销项（应纳）税额	销售额	销项（应纳）税额	销售额	销项（应纳）税额	销售额	销项（应纳）税额	价税合计	本期实际扣除金额	含税（免税）销售额	销项（应纳）税额
		1	2	3	4	5	6	7	8	$9=1+3+5+7$	$10=2+4+6+8$	$11=9+10$	12	$13=11-12$	$14=13\div(100\%+税率或征收率)\times税率或征收率$
一般计税方法计税	全部征税项目	13%税率的货物及加工修理修配劳务　1														
		13%税率的服务、不动产和无形资产　2														
		9%税率的货物及加工修理修配劳务　3														
		9%税率的服务、不动产和无形资产　4														
		6%税率　5													—	—
	其中：即征即退项目	即征即退货物及加工修理修配劳务　6							—	—				—	—	—
		即征即退服务、不动产和无形资产　7							—	—				—	—	—

项目及栏次			开具增值税专用发票		开具其他发票		未开具发票		纳税检查调整		合计			服务、不动产和无形资产扣除项目本期实际扣除金额	扣除后	
			销售额	销项(应纳)税额	销售额	销项(应纳)税额	销售额	销项(应纳)税额	销售额	销项(应纳)税额	销售额	销项(应纳)税额	价税合计		含税(免税)销售额	销项(应纳)税额
			1	2	3	4	5	6	7	8	9=1+3+5+7	10=2+4+6+8	11=9+10	12	13=11-12	14=13÷(100%+税率或征收率)×税率或征收率
二、简易计税方法计税	全部征税项目	6%征收率　8											—	—	—	—
		5%征收率的货物及加工修理修配劳务　9a											—	—	—	—
		5%征收率的服务、不动产和无形资产　9b											—	—	—	—
		4%征收率　10											—	—	—	—
		3%征收率的货物及加工修理修配劳务　11											—	—	—	—
		3%征收率的服务、不动产和无形资产　12											—	—	—	—
		预征率%　13a	—	—	—	—	—	—	—	—			—	—	—	—
		预征率%　13b	—	—	—	—	—	—	—	—			—	—	—	—
		预征率%　13c	—	—	—	—	—	—	—	—			—	—	—	—
	其中：即征即退项目	即征即退货物及加工修理修配劳务　14											—	—	—	—
		即征即退服务、不动产和无形资产　15											—	—	—	—

续表

项目及栏次		开具增值税专用发票		开具其他发票		未开具发票		纳税检查调整		合计			服务、不动产和无形资产扣除项目本期实际扣除金额	扣除后	
		销售额	销项(应纳)税额	销售额	销项(应纳)税额	销售额	销项(应纳)税额	销售额	销项(应纳)税额	销售额	销项(应纳)税额	价税合计		含税(免税)销售额	销项(应纳)税额
		1	2	3	4	5	6	7	8	9=1+3+5+7	10=2+4+6+8	11=9+10	12	13=11−12	14=13÷(100%+税率或征收率)×税率或征收率
三、免抵退税	货物及加工修理修配劳务	16	—	—	—	—	—	—	—	—	—	—	—	—	—	—
	服务、不动产和无形资产	17	—	—	—	—	—	—	—	—	—	—	—	—	—	—
四、免税	货物及加工修理修配劳务	18	—	—	—	—	—	—	—	—	—	—	—	—	—	—
	服务、不动产和无形资产	19	—	—	—	—	—	—	—	—	—	—	—	—	—	—

表 3-15 增值税及附加税费纳税申报表附列资料（二）

（本期进项税额明细）

税款所属时间：年 月 日至 年 月 日

纳税人名称：（公章）

金额单位：元至角分

项目	栏次	份数	金额	税额
一、申报抵扣的进项税额				
（一）认证相符的增值税专用发票	1＝2＋3			
其中：本期认证相符且本期申报抵扣	2			
前期认证相符且本期申报抵扣	3			
（二）其他扣税凭证	4＝5＋6＋7＋8a＋8b			
其中：海关进口增值税专用缴款书	5			
农产品收购发票或者销售发票	6			
代扣代缴税收缴款凭证	7			
加计扣除农产品进项税额	8a			
其他	8b			
（三）本期用于购建不动产的扣税凭证	9			
（四）本期用于抵扣的旅客运输服务扣税凭证	10			
（五）外贸企业进项税额抵扣证明	11			
当期申报抵扣进项税额合计	12＝1＋4＋11			
二、进项税额转出额			税额	
项目	栏次			
本期进项税额转出额	13＝14 至 23 之和			
其中：免税项目用	14			
集体福利、个人消费	15			
非正常损失	16			
简易计税方法征税项目用	17			

续表

项目	栏次	税额
按照免抵退税办法不得抵扣的进项税额	18	—
纳税检查调减进项税额	19	
红字专用发票信息表注明的进项税额	20	
上期留抵税额抵减欠税	21	
上期留抵税额退税	22	
其他应作进项税额转出的情形	23	

三、待抵扣进项税额

项目	栏次	份数	金额	税额
(一)认证相符的增值税专用发票	24			
期初已认证相符但未申报抵扣	25			
本期认证相符且本期申报抵扣	26			
期末已认证相符但未申报抵扣	27			
其中:按照税法规定不允许抵扣	28	—	—	
(二)其他扣税凭证	29=30至33之和			
其中:海关进口增值税专用缴款书	30			
农产品收购发票或者销售发票	31		—	
代扣代缴税收缴款凭证	32			
其他	33			
	34			

四、其他

项目	栏次	份数	金额	税额
本期认证相符的增值税专用发票	35	—	—	
代扣代缴税额	36			

税款所属时间：年 月 日至 年 月 日

纳税人名称：(公章)

金额单位：元至角分

表 3-16 增值税及附加税费纳税申报表附列资料（三）

（服务、不动产和无形资产扣除项目明细）

项目及栏次		本期服务、不动产和无形资产价税合计额（免税销售额）	服务、不动产和无形资产扣除项目				
			期初余额	本期发生额	本期应扣除金额	本期实际扣除金额	期末余额
		1	2	3	4＝2＋3	5（5≤1且5≤4）	6＝4－5
13%税率的项目	1						
9%税率的项目	2						
6%税率的项目（不含金融商品转让）	3						
6%税率的金融商品转让项目	4						
5%征收率的项目	5						
3%征收率的项目	6						
免税退税的项目	7						
免税的项目	8						

税款所属时间：年　月　日至　年　月　日
纳税人名称：(公章)

表 3-17　增值税及附加税费纳税申报表附列资料（四）
（税额抵减情况表）

金额单位：元至角分

一、税额抵减情况

序号	抵减项目	期初余额 1	本期发生额 2	本期应抵减税额 3＝1＋2	本期实际抵减税额 4≤3	期末余额 5＝3－4
1	增值税税控系统专用设备费及技术维护费					0.00
2	分支机构预征缴纳税款					
3	建筑服务预征缴纳税款					
4	销售不动产预征缴纳税款					
5	出租不动产预征缴纳税款					0.00

二、加计抵减情况

序号	加计抵减项目	期初余额 1	本期发生额 2	本期调减额 3	本期可抵减额 4＝1＋2－3	本期实际抵减额 5	期末余额 6＝4－5
6	一般项目加计抵减额计算						
7	即征即退项目加计抵减额计算						
8	合计						

第四章　消费税会计处理与纳税申报实务

【学习目标】

1. 掌握一般销售应税消费品的会计处理
2. 掌握应税消费品包装物的会计处理
3. 掌握应税消费品视同销售的会计处理
4. 掌握委托加工应税消费品的会计处理
5. 掌握外购应税消费品已纳税款的扣除
6. 掌握进口应税消费品的会计处理
7. 熟悉消费税出口退税的会计处理
8. 掌握消费税纳税申报

第一节　消费税的会计处理

消费税是我国的第二商品和劳务税。消费税的征税范围有限,主要是对部分应税消费品在生产环节和进口环节征收。

一、会计科目的设置

消费税的会计核算包括会计科目的设置、对外销售应税消费品、视同销售应税消费品、委托加工应税消费品和进口应税消费品以及出口应税消费品的会计核算等内容。

纳税人应在"应交税费"账户下设置"应交消费税"明细账户进行消费税的会计核算。该账户采用三栏式格式记账,其贷方核算企业按规定应缴纳的消费税,其借

— 121 —

方核算企业实际缴纳的消费税和待抵扣的消费税。期末,贷方余额反映企业尚未缴纳的消费税,借方余额反映企业多缴或待抵扣的消费税,见图 4-1。

借方	应交税费——应交消费税	贷方
①实际缴纳的消费税 ②待抵扣的消费税	③应缴纳的消费税	
余额:①多缴的消费税 ②待抵扣的消费税	余额:尚未缴纳的消费税	

图 4-1　"应交税费——应交消费税"T 字账

二、对外销售应税消费品的账务处理

(一)直接对外销售应税消费品的账务处理

由于消费税是价内税,对外销售应税消费品的售价中应包含消费税在内(但不含增值税),所以,在计算销售利润时,应从应税消费品的售价中扣除消费税。因此,企业应交消费税的核算,应记入"税金及附加"账户,由销售收入补偿。企业按规定计算出应缴纳的消费税后,做如下会计分录:

借:税金及附加

　贷:应交税费——应交消费税

【例 4-1】ABC 汽车制造厂为增值税一般纳税人,6 月 18 日销售小轿车 300 辆,每辆车的不含税销售价为 9 万元,货款尚未收到,每辆车的成本价为 6 万元。小轿车的增值税税率为 13%,消费税税率为 8%。

【解析】编制会计分录如下:

借:应收账款　　　　　　　　　　　　　　　　30 510 000

　贷:主营业务收入　　　　　　　　　　　　　　　　27 000 000

　　　应交税费——应交增值税(销项税额)　　　　　3 510 000

应向购买方收取的增值税税额 $= 90\,000 \times 300 \times 13\% = 3510\,000$(元)

应交消费税 $= 90\,000 \times 300 \times 8\% = 2\,160\,000$(元)

结转应交消费税时的会计分录:

借:税金及附加　　　　　　　　　　　　　　　　2 160 000

　贷:应交税费——应交消费税　　　　　　　　　　　2 160 000

【例 4-2】ABC 卷烟厂为增值税一般纳税人,生产销售卷烟,6 月的有关业务如下:期初结存烟丝 20 万元,31 日,期末结存烟丝 5 万元;3 日,购进已税烟丝入库,取得增值税发票,金额 10 万元,税率 13%,税额 1.3 万元;27 日,销售卷烟 100 箱,适用税率 56%,定额税 150 元/箱,取得含税收入 1 469 000 元。

【解析】

(1)扣除外购已税烟丝的已交消费税=(200 000+100 000-50 000)×30%=75 000(元)

相应会计分录如下:

借:应交税费——应交消费税	75 000	
贷:主营业务成本		75 000

(2)销售货物应交消费税=100×150+1 469 000÷1.13×56%=15 000+728 000=743 000(元)

增值税销项税额=1 469 000÷1.13×13%=169 000(元)

相应会计分录如下:

借:银行存款	1 469 000	
贷:主营业务收入		1 300 000
应交税费——应交增值税(销项税额)		169 000

期末结转应交消费税时的会计分录:

借:税金及附加	743 000	
贷:应交税费——应交消费税		743 000

增值税经抵扣后为:169 000-13 000=156 000(元),消费税经抵扣后为:743 000-75 000=668 000(元)。次月上缴税金时,编制如下会计分录:

借:应交税费——未交增值税	156 000	
应交消费税	668 000	
贷:银行存款		824 000

(二)包装物缴纳消费税的账务处理

应税消费品连同包装物一并出售的,无论包装物是否单独计价,都应并入应税消费品的销售额中缴纳增值税和消费税。应税消费品若采用从量计税,包装物则只计算增值税,不计算消费税;应税消费品若采用从价计税,包装物的增值税和消费税都要计算;应税消费品若采用复合计税,对从价部分,包装物要计算消费税;对从量部分,包装物不计算消费税。对出租包装物收取的租金,应缴纳增值税。

出租、出借包装物收取的押金,因逾期未收回包装物而没收的押金,都应计算增值税。没收押金是否计算消费税,依原包装应税消费品的情况而定:原包装的应税消费品是从量计算消费税的,没收押金时不计算消费税;原包装的应税消费品是从价计算消费税的,没收押金时还得计算消费税;原包装的应税消费品是复合计算消费税的,没收押金时从量部分不计算消费税,从价部分应计算消费税。

1.随同产品出售的包装物的核算

(1)随同产品出售不单独计价的包装物,其收入随同所销售的产品一起计入产品销售收入。因此包装物销售应缴的消费税与因产品销售应缴的消费税一同计入"税金及附加"科目。

(2)随同产品出售单独计价的包装物,其销售收入记入"其他业务收入"科目。因此,应缴纳的消费税应记入"其他业务成本"科目。

【例 4-3】ABC 酒厂为增值税一般纳税人,异地销售粮食白酒,包装物单独计价,6 月份共销售白酒 20 吨,不含税售价为 5 000 元/吨,开出增值税专用发票,列明金额 100 000 元,税率 13%,税额 13 000 元。另收取包装费开出普通发票,金额 700 元,税率 13%,税额 91 元。(白酒消费税定额税率为 0.5 元/500 克,比例税率为 20%。)

【解析】

白酒应纳消费税=20×2 000×0.5+100 000×20%=40 000(元)

包装物应纳消费税=700×20%=140(元)

编制会计分录如下:

借:应收账款	113 791	
贷:主营业务收入		100 000
其他业务收入		700
应交税费——应交增值税(销项税额)		13 091

结转应交消费税时的会计分录:

借:其他业务成本	40 140	
贷:应交税费——应交消费税		40 140

2.出租出借包装物而收取押金的账务处理

(1)出租、出借包装物而收取押金,借记"银行存款",贷记"其他应付款"科目;待包装物逾期收不回来而将押金没收时,借记"其他应付款"科目,贷记"其他业务收入"科目;这部分押金收入应缴纳的消费税相应计入"其他业务成本"科目。

(2)包装物已经作价随同产品销售,但为了促使购货人将包装物退回而另外收取的押金,借记"银行存款"科目,贷记"其他应付款"科目;待包装物逾期收不回来而将押金没收时,没收的押金应先自"其他应付款"科目中冲抵,即借记"其他应付款"科目,贷记"应交税费——应交消费税"科目,冲抵后,"其他应付款"的余额转入"营业外收入"科目。

【例4-4】ABC公司为增值税一般纳税人,2022年5月将逾期未退还的包装物押金2 260元进行转账处理,增值税税率为13%,消费税税率为10%。

【解析】

没收押金的不含税收入＝2 260÷1.13＝2 000(元)

应交增值税＝2 000×13%＝260(元)

应交消费税＝2 000×10%＝200(元)

编制如下会计分录:

借:其他应付款　　　　　　　　　　　　　　　　2 260

　　贷:其他业务收入　　　　　　　　　　　　　　　　2 000

　　　　应交税费——应交增值税(销项税额)　　　　　　260

期末结转应交消费税时的会计分录:

借:其他业务成本　　　　　　　　　　　　　　　260

　　贷:应交税费——应交消费税　　　　　　　　　　　260

三、自产自用应税消费品的账务处理

按税法规定,自产自用的应税消费品,用于连续生产应税消费品的,不纳税;用于其他方面的,于移送使用时缴纳消费税。缴纳消费税时,按同类消费品的销售价格计算;没有同类消费品销售价格的,按组成计税价格计算。

(一)企业以生产的应税消费品作为投资的会计处理

企业以生产的应税消费品作为投资,应视同销售缴纳消费税,但在会计处理上,投资不宜做销售处理。因为投资与销售两者性质不同,投资作价与用于投资的应税消费品账面成本之间的差额应由整个投资期间的损益来承担,而不应仅由投资当期损益承担。现行税法要求做销售处理,主要是基于不影响所得税的计算来考虑的。

企业在投资时,借记"长期股权投资""存货跌价准备"等;按该应税消费品的账面成本,贷记"产成品"或"自制半成品"等;按投资的应税消费品售价或组成计税价格计算的应缴增值税、消费税,贷记"应交税费"。投资时支付的相关税费(增值税、消费税除外),贷记"银行存款"。

【例 4-5】XYZ 汽车制造厂为增值税一般纳税人,2022 年 5 月以其生产的 20 辆乘用车(气缸容量 2.0 升)向出租汽车公司投资。双方协议,税务机关认可的每辆汽车售价 150 000 元,每辆车的实际成本为 100 000 元。

【解析】

应交税额计算如下:

应交增值税＝150 000×13%×20＝390 000(元)

应交消费税＝150 000×5%×20＝150 000(元)

编制会计分录如下:

借:长期股权投资   3 390 000

 贷:主营业务收入   3 000 000

  应交税费——应交增值税(销项税额) 390 000

借:税金及附加   150 000

 贷:应交税费——应交消费税   150 000

借:主营业务成本   2 000 000

 贷:库存商品   2 000 000

(二)企业以生产的应税消费品换取生产资料、消费资料或抵偿债务的会计处理

企业以生产的应税消费品换取生产资料、消费资料或抵偿债务、支付代购劳务费等,应视同销售在会计上作销售处理。

以应税消费品换取生产资料和消费资料的,应按售价(若有不同售价,计算增值税时按平均售价,计算消费税时按最高售价)借记"材料采购"等,贷记"主营业务收入";以应税消费品支付代购劳务费,按售价借记"应付账款"等,贷记"主营业务收入"。同时,按售价计算应交消费税,借记"税金及附加",贷记"应交税费——应交消费税",并结转销售成本。

【例 4-6】ABC 白酒厂为增值税一般纳税人,2022 年 1 月用粮食白酒 10 吨抵偿领秀农场大米款 55 000 元。该粮食白酒每吨本月售价在 4 800～5 200 元的区间内浮动,平均销售价格 5 000 元/吨,10 吨白酒的市价为 51 000 元。

【解析】

增值税销项税额＝5 000×10×13%＝6 500(元)

该粮食白酒的最高销售价格为 5 200 元/吨,应交消费税计算如下:

应交消费税＝5 200×10×20%＋10×2 000×0.5＝20 400(元)

编制会计分录如下:

借:应付账款——领秀农场   55 000

  营业外支出   2 500

   贷:主营业务收入   51 000

     应交税费——应交增值税(销项税额)   6 500

借:税金及附加   20 400

   贷:应交税费——应交消费税   20 400

(三)企业将自产应税消费品用于在建工程、职工福利的会计处理

企业将自产的产品自用是一种内部结转关系,不存在销售行为,企业并没有现金流入,因此,应按产品成本转账,并据其用途记入相应账户。当企业将应税消费品移送自用时,按其成本转账,借记"在建工程""营业外支出""销售费用"等,贷记"产成品"或"自制半成品"。

按自用产品的销售价格或组成计税价格计算应缴消费税时,借记"在建工程""营业外支出""销售费用"等(不通过"税金及附加"账户),贷记"应交税费——应交消费税"。

【例4-7】ABC啤酒厂为增值税一般纳税人,2022年7月将自己生产的某新品牌啤酒20吨发给职工作为福利,10吨用于广告宣传,让客户和顾客免费品尝。该啤酒每吨成本为2 000元,每吨出厂价格为2 500元。

【解析】

1.发给职工的啤酒

应付职工薪酬=20×2 500×1.13=56 500(元)

应交消费税=20×220=4 400(元)

应交增值税=2 500×20×13%=6 500(元)

编制会计分录如下:

借:应付职工薪酬——职工福利   56 500

   贷:主营业务收入   50 000

     应交税费——应交增值税(销项税额)   6 500

借:税金及附加   4 400

   贷:应交税费——应交消费税   4 400

借:主营业务成本   40 000

   贷:库存商品   40 000

2.用于广告宣传的啤酒（注：期末用于广告宣传的啤酒应视同销售，调增应纳税所得额）

应交消费税＝10×220＝2 200(元)

应交增值税＝2 500×10×13％＝3 250(元)

编制会计分录如下：

借：销售费用　　　　　　　　　　　　　　　　25 450

　　贷：应交税费——应交增值税(销项税额)　　　　　　3 250

　　　　　　　——应交消费税　　　　　　　　　　　　2 200

　　　　库存商品　　　　　　　　　　　　　　　　22 000

四、委托加工应税消费品的账务处理

(一)委托方的会计处理

由于税法对收回的应税消费品用于直接销售和用于连续生产采用不同的税收政策，因此，会计上有不同的处理方法。

(1)委托方将委托加工产品收回后，以不高于受托方的计税价格直接用于销售的，应将受托方代收代缴的消费税随同应支付的加工费一并计入委托加工的应税消费品成本，借记"委托加工物资"等科目，贷记"应付账款""银行存款"等科目。

(2)委托方将委托加工产品收回后用于连续生产应税消费品或以高于受托方的计税价格出售的，应将受托方代收代缴的消费税记入"应交税费——应交消费税"科目的借方，待最终的应税消费品缴纳消费税时予以抵扣，而不是计入委托加工应税消费品的成本中。委托方在提货时，按应支付的加工费等借记"委托加工物资"等科目，按受托方代收代缴的消费税借记"应交税费——应交消费税"科目，按支付加工费相应的增值税税额借记"应交税费——应交增值税(进项税额)"科目，按加工费与增值税、消费税之和贷记"银行存款"等科目。待加工成最终应税消费品销售时，按最终应税消费品应缴纳的消费税，借记"税金及附加"科目，贷记"应交税费——应交消费税"科目。"应交税费——应交消费税"科目中这两笔借贷方发生额的差额，即为实际应缴的消费税，缴纳时，借记"应交税费——应交消费税"科目，贷记"银行存款"科目。

【例 4-8】ABC 卷烟厂委托 A 厂加工烟丝，卷烟厂和 A 厂均为一般纳税人。卷烟厂提供烟叶 55 000 元，A 厂收取加工费 20 000 元，增值税 2 600 元。烟丝收回后，按入库价对外销售。

【解析】

发出材料时：

借：委托加工物资 55 000

　贷：原材料 55 000

支付加工费时：

借：委托加工物资 20 000

　应交税费——应交增值税（进项税额） 2 600

　贷：银行存款 22 600

支付代收代缴消费税时：

代收代缴消费税＝(55 000＋20 000)÷(1－30％)×30％

　　　　　　　＝32 143(元)

借：委托加工物资 32 143

　贷：银行存款 32 143

加工的烟丝入库时：

借：产成品 107 143

　贷：委托加工物资 107 143

仍沿用例4-8的资料，假定委托加工后的烟丝需再加工成卷烟或加价出售，会计处理如下：

(1)发出材料、支付加工费时，会计分录同前。

(2)支付代收消费税时

借：应交税费——应交消费税 32 143

　贷：银行存款 32 143

(3)加工的烟丝入库时

借：产成品 75 000

　贷：委托加工物资 75 000

【例4-9】接例4-8，委托加工的烟丝收回后，卷烟厂经过进一步加工后作为卷烟对外销售。假设当月销售3个标准箱，每标准条调拨价60元，期初库存委托加工应税烟丝已纳消费税2 580元，期末库存委托加工应税烟丝已纳税额29 880元。

【解析】

(1)取得收入时

主营业务收入＝3×250×60＝45 000(元)

借:银行存款   50 850

 贷:主营业务收入   45 000

  应交税费——应交增值税(销项税额)   5 850

(2)计提消费税时

应交消费税=150×3+45 000×36%=16 650(元)

借:税金及附加   16 650

 贷:应交税费——应交消费税   16 650

(3)当月实际上缴消费税时

当月准予抵扣的消费税额=2 580+32 143-29 880=4 843(元)

借:应交税费——应交消费税   11 807

 贷:银行存款   11 807

(二)受托方的会计处理

受托方可按本企业同类消费品的销售价格计算代收代缴消费税款;若没有同类消费品销售价格,则按照组成计税价格计算。

【例4-10】A厂作为受托方为某卷烟厂将烟叶加工成烟丝,其他资料见例4-8。按组成计税价格计算,税率为30%。

【解析】

组成计税价格=(55 000+20 000)÷(1-30%)=107 143(元)

应交消费税=107 143×30%=32 143(元)

编制会计分录如下:

(1)收取加工费时

借:银行存款   22 600

 贷:主营业务收入   20 000

  应交税费——应交增值税(销项税额)   2 600

(2)收取代收税金时

借:银行存款   32 143

 贷:应交税费——应交消费税   32 143

(3)上缴代收消费税时

借:应交税费——应交消费税   32 143

 贷:银行存款   32 143

五、金银首饰消费税的账务处理

1.自购自销金银首饰应缴消费税的核算

由于消费税是价内税,含在商品的销售收入中,故金银首饰应缴纳的消费税应计算税金,并从当期收入中扣除。商业企业销售金银首饰的收入记入"主营业务收入"科目,其应缴纳的消费税相应记入"税金及附加"科目。

企业采用以旧换新方式销售金银首饰的,在销售实现时按旧首饰的作价借记"物资采购"科目;按加收的差价和收取的增值税部分,借记"现金"等科目;按旧首饰的作价与加收的差价贷记"主营业务收入"等科目;按收取的增值税贷记"应交税费——应交增值税(销项税额)"科目。同时按税法规定计算应缴纳的消费税税额,借记"税金及附加"科目,贷记"应交税费——应交消费税"科目。

2.金银首饰的包装物缴纳消费税的核算

根据我国税法规定,金银首饰连同包装物销售的,无论包装物是否单独计价,均应并入金银首饰的销售额,计征消费税。为此,现行会计制度规定,金银首饰连同包装物销售的,应分情况进行会计处理:

(1)随同金银首饰销售不单独计价的包装物,其收入随同所销售的商品一并记入"主营业务收入"科目。因此,包装物收入应缴的消费税与金银首饰本身销售应缴的消费税应一并记入"税金及附加"科目。

(2)随同金银首饰销售单独计价的包装物,其收入记入"其他业务收入"科目;包装物收入应缴纳的消费税应记入"税金及附加"科目。

3.自购自用金银首饰应缴消费税的核算

按税法规定,从事批发、零售商品业务的企业将金银首饰用于馈赠、赞助、集资、广告、样品、职工福利、奖励等方面的,应按纳税人销售同类金银首饰的销售价格确定计税依据征收消费税;没有同类金银首饰销售价格的,按组成计税价格计算纳税。在会计核算上,对自购自用的金银首饰,应按成本结转,按税法规定计算的应缴纳的消费税也应随同成本一起转入同一科目;用于馈赠、赞助的金银首饰应缴纳的消费税,应记入"营业外支出"科目;用于广告的金银首饰应缴纳的消费税,应记入"销售费用"科目;用于职工福利、奖励的金银首饰应缴纳的消费税,应记入"应付职工薪酬"科目;等等。采用售价核算库存商品的企业,还应及时分摊相应的商品进销差价。

【例4-11】某珠宝店为增值税一般纳税人,2022年5月将自产的金项链150克用于奖励优秀职工,成本为15 000元,当月金项链的零售价格为130元/克。假设适用增值税税率为 13%,适用消费税税率为 5%。

【解析】

应纳消费税＝130÷(1＋13%)×150×5%＝862.83(元)

应纳增值税＝130÷(1＋13%)×150×13%＝2 243.36(元)

编制会计分录如下:

借:应付职工薪酬　　　　　　　　　　　　　　　　　19 500

　　贷:主营业务收入　　　　　　　　　　　　　　　　　17 256.64

　　　　应交税费——应交增值税(销项税额)　2 243.36

借:主营业务成本　　　　　　　　　　　　　　　　　15 000

　　贷:库存商品　　　　　　　　　　　　　　　　　　15 000

借:税金及附加　　　　　　　　　　　　　　　　　862.83

　　贷:应交税费——应交消费税　　　　　　　　　　862.83

六、进口应税消费品的账务处理

进口的应税消费品,应在货物报关进口时计算应缴纳的消费税。进口货物应缴纳的消费税,同关税一样,记入进口应税消费品的成本。进口后作为原材料、作为经销商品或作为固定资产(包括进口小汽车后自用)的,进口环节缴纳的增值税均允许抵扣,记入"应交税费——应交增值税(进项税额)"账户。由于进口货物"缴税后方能提货",为简化核算,进口环节税金不通过"应交税费"账户反映,直接贷记"银行存款"。若特殊情况下采用"先提货,后缴税"的,也可以通过"应交税费"账户核算。

【例 4-12】ABC 外贸公司为增值税一般纳税人,2022 年 5 月从国外进口卷烟 100 箱,经海关审定的完税价格为 150 万元人民币,关税税率为 25%,消费税税率为 56%,消费税定额税率 150 元/箱,增值税税率为 13%。款项已支付,卷烟已验收入库。请计算进口环节的应交消费税和增值税。

【解析】

应交关税＝150×25%＝37.5(万元)

消费税定额税＝100×150＝15 000 元＝1.5(万元)

计税价格＝(150＋37.5＋1.5)÷(1－56%)＝429.55(万元)

消费税＝429.55×56%＋1.5＝242.05(万元)

应交增值税＝429.55×13%＝55.84(万元)

进口卷烟成本＝完税价格＋关税＋消费税

　　　　　　＝150＋37.5＋242.05＝429.55(万元)

编制会计分录如下：

借：库存商品   4 295 500

 应交税费——应交增值税(进项税额) 558 400

 贷：银行存款   4 853 900

七、出口应税消费品的账务处理

由于生产企业自营出口自产的应税消费品免税不退税，所以不存在出口应税消费品会计核算问题。只有外贸企业在购进应税消费品出口后，才存在消费税退税的会计核算。外贸企业消费税出口退税的会计分录为：

(一)报关出口后申请退税

借：应收出口退税款

 贷：主营业务成本

(二)收到出口应税消费品退回的税金

借：银行存款

 贷：应收出口退税款

【例 4-13】ABC 外贸公司上月从 XYZ 汽车制造厂购入小轿车 20 辆，不含税价款为 240 万元，该批小轿车的增值税为 31.2 万元，消费税为 19.2 万元，款项以银行本票支付。

【解析】编制会计分录如下：

(1)外贸公司购入汽车时

借：物资采购   2 400 000

 应交税费——应交增值税(进项税额) 312 000

 贷：其他货币资金——银行本票   2 712 000

(2)本月中旬，外贸公司将该批汽车出口到国外，小轿车增值税出口退税率为 13%，按规定申请出口退税。

应退消费税＝240×8%＝19.2(万元)

应退增值税＝240×13%＝31.2(万元)

借：应收出口退税款   504 000

 贷：主营业务成本   504 000

  应交税费——应交增值税(出口退税)

（3）月末，外贸公司收到出口退税款时

借：银行存款   504 000

    贷：应收出口退税款   504 000

第二节　消费税纳税申报实务

一、消费税纳税申报操作规则

为了在全国范围内统一、规范消费税纳税申报资料，加强消费税征收管理，国家税务总局根据消费税政策调整变化，对消费税的纳税申报表经过多次调整。自 2021 年 8 月 1 日起，消费税与城市维护建设税、教育费附加、地方教育附加申报表整合，启用《消费税及附加税费申报表》。整合后的消费税纳税申报表为 1 张主表和 7 张附表。主表为消费税及附加税费申报表，基本框架结构包含销售情况、税款计算和税款缴纳三部分。附表中有 4 张为通用附表，分别为《本期准予扣除税额计算表》、《本期减（免）税额明细表》、《本期委托加工收回情况报告表》和《消费税附加税费计算表》①；1 张成品油消费税纳税人填报的专用附表，即《本期准予扣除税额计算表（成品油消费税纳税人适用）》；2 张卷烟消费税纳税人填报的专用附表，分别为《卷烟批发企业月份销售明细清单（卷烟批发环节消费税纳税人适用）》和《卷烟生产企业合作生产卷烟消费税情况报告表（卷烟生产环节消费税纳税人适用）》。

资料阅读

请扫一扫：《消费税及附加税费申报表》

---

① 《国家税务总局关于进一步实施小微企业"六税两费"减免政策有关征管问题的公告》（国家税务总局公告 2022 年第 3 号）中，对《消费税附加税费计算表》进行了修订，自 2022 年 1 月 1 日至 2024 年 12 月 31 日启用修订后的表单。

二、消费税纳税申报模拟实训

(一)基本信息

某卷烟厂2022年6月将500箱A类卷烟转移给下设的非独立核算门市部,门市部当月销售其中的200箱,取得不含税销售额1 000万元。A类卷烟为甲类卷烟,消费税税率为56%加每箱150元。

(二)实训要求:请根据以上信息填写烟类应税消费品消费税纳税申报表。

(1)应纳消费税额=1 000×56%+200×0.015=563(万元)

(2)以厦门为例,消费税及附加税费申报如图4-2操作。

图4-2 消费税及附加税费申报操作

(3)填写烟类应税消费品《消费税及附加税费申报表》,见表4-1。

表 4-1 烟类应税消费品消费税及附加税费申报表

税款所属期:自 2022 年 06 月 01 日至 2022 年 06 月 30 日

纳税人识别号(统一社会信用代码):□□□□□□□□□□□□□□□□□□

纳税人名称: 金额单位:人民币元(列至角分)

项目应税消费品名称	适用税率		计量单位	本期销售数量	本期销售额	本期应纳税额
	定额税率	比例税率				
	1	2	3	4	5	6=1×4+2×5
卷烟	30元/万支	56%	万支	1 000	10 000 000	5 630 000
合计	—	—				

	栏次	本期税费额
本期减(免)税额	7	
期初留抵税额	8	
本期准予扣除税额	9	
本期应扣除税额	10=8+9	
本期实际扣除税额	11[10<(6−7),则为10,否则为6−7]	
期末留抵税额	12=10−11	
本期预缴税额	13	
本期应补(退)税额	14=6−7−11−13	5 630 000
城市维护建设税本期应补(退)税额	15	394 100
教育费附加本期应补(退)费额	16	168 900
地方教育附加本期应补(退)费额	17	112 600

声明:此表是根据国家税收法律法规及相关规定填写的,本人(单位)对填报内容(及附带资料)的真实性、可靠性、完整性负责。

纳税人(签章): 年 月 日

经办人: 经办人身份证号: 代理机构签章: 代理机构统一社会信用代码:	受理人: 受理税务机关(章): 受理日期: 年 月 日

本章小结

(1)消费税是我国的第二大商品和劳务税。消费税的征税范围有限,主要是对部分应税消费品在生产环节和进口环节征收。

(2)消费税的会计核算包括会计科目的设置,对外销售应税消费品、视同销售应税消费品、委托加工应税消费品和进口应税消费品以及出口应税消费品的会计核算,等等。

(3)国家税务总局根据消费税政策调整变化,对消费税的纳税申报表经过多次调整,形成了特定的应税消费品填报专门的消费税纳税申报表及相关申报资料,其他应税消费品填报《其他应税消费品消费税纳税申报表》及相关申报资料的消费税纳税申报表体系。

【复习思考题】

1.与增值税相比,消费税有何特点?

2.简述消费税的三种计税方法。

3.为什么消费税的会计处理方法与增值税不同?请试着分析其原因。

【应用技能题】

甲实木地板厂为增值税一般纳税人,2022年1月业务如下:(1)从油漆厂购进每吨不含税单价1万元的油漆,取得油漆厂开具的增值税专用发票,注明货款200万元、税款34万元。(2)向农业生产者收购木材30吨,收购凭证上注明支付货款42万元、另支付运费3万元,取得运输公司开具的普通发票;木材验收入库后,又将其运往乙地板厂加工成未上漆的实木地板,取得乙厂开具的增值税专用发票,注明支付加工费8万元、增值税1.36万元,甲厂收回实木地板时乙厂代收代缴了甲厂的消费税。(3)甲厂委托加工收回的实木地板的一半领用继续加工上漆,当月生产实木地板2 000箱,销售实木地板1 500箱,取得不含税销售额450万元。(4)当月将实木地板100箱用于本企业会议室装修。(注:实木地板消费税率5%,成本利润率5%。)

要求:

(1)计算甲厂应缴纳的增值税。

(2)计算甲厂被代收代缴的消费税。

(3)计算甲厂向主管税务机关缴纳的消费税。

(4)填写表 4-2。

表 4-2　消费税及附加税费申报表

税款所属期:自　年　月　日至　年　月　日

纳税人识别号(统一社会信用代码):□□□□□□□□□□□□□□□□□□□□□

纳税人名称:　　　　　　　　　　　　　　　　　　　　金额单位:人民币元(列至角分)

项目 应税消费品名称	适用税率		计量单位	本期销售数量	本期销售额	本期应纳税额
	定额税率	比例税率				
	1	2	3	4	5	6=1×4+2×5
合计	—	—	—			—

	栏次	本期税费额
本期减(免)税额	7	
期初留抵税额	8	
本期准予扣除税额	9	
本期应扣除税额	10=8+9	
本期实际扣除税额	11[10<(6−7),则为 10,否则为 6−7]	
期末留抵税额	12=10−11	
本期预缴税额	13	
本期应补(退)税额	14=6−7−11−13	
城市维护建设税本期应补(退)税额	15	
教育费附加本期应补(退)税额	16	
地方教育附加本期应补(退)税额	17	

　　声明:此表是根据国家税收法律法规及相关规定填写的,本人(单位)对填报内容(及附带资料)的真实性、可靠性、完整性负责。

纳税人(签章):　　年　月　日

经办人: 经办人身份证号: 代理机构签章: 代理机构统一社会信用代码:	受理人: 受理税务机关(章): 受理日期:　　年　月　日

第五章　关税会计处理与纳税申报实务

【学习目标】

1.掌握自营进口业务关税的会计处理

2.掌握自营出口业务关税的会计处理

3.掌握代理进出口业务关税的会计处理

4.掌握关税纳税申报

第一节　关税的会计处理

企业进出口业务的会计处理需设置记录外汇业务的复币式账户,如"应收(应付)外汇账款"和"预收(预付)外汇账款"等,还要进行汇兑损益的计算和处理。企业要正确进行关税的会计处理,就必须确认销售收入、采购成本。在进口商品时,国外进口成本一般以 CIF(cost,insurance and freight,到岸价)为基础,以企业收到银行转来的全套进口单证,经与合同、信用证等审核相符,并通过银行向国外出口商承付或承兑远期汇票时间为入账标准。出口商品销售收入的入账金额一般应以 FOB(free on board,离岸价)为标准,即不论成交价格采用哪种,都以 FOB 作为收入确认的基础。商品进出口业务中发生的相关国内费用,计入采购成本或销售费用;进口时发生的国外费用,应计入商品采购成本;出口时发生的国外费用,应冲减商品销售收入。企业可以在"应交税费"账户下设置"应交关税"二级账户,也可以分别设置"应交进口关税"和"应交出口关税"两个二级账户。

一、自营进口业务关税的会计处理

根据现行会计制度规定,企业自营进口商品应以 CIF 作为完税价格计算关税,在会计核算上是通过设置"应交税金——应交进口关税"和"商品采购"等账户加以反映的。应缴纳的进口关税,借记"商品采购",贷记"应交税金——应交进口关税";实际缴纳时,借记"应交税金——应交进口关税",贷记"银行存款"。也可不通过"应交税金——应交进口关税"账户,直接借记"商品采购"账户,贷记"银行存款""应付账款"等账户,但这种会计处理方法不便于进行税负分析。企业若以 FOB 或 CFR (cost and freight,成本加运费)成交,应将这些成交价格下的运费、保险费计入进口商品成本,即将成本调整到以 CIF 为标准。

【例 5-1】德治外贸企业 2020 年 2 月 1 日从国外自营进口商品一批,CIF 折合人民币为 400 000 元,进口关税税率为 40%,代征增值税税率 13%,根据海关开出的专用缴款书,以银行转账支票付讫税款,其余未付。

【解析】

应交关税＝400 000×40%＝160 000(元)

材料采购成本＝400 000＋160 000＝560 000(元)

代征增值税＝560 000×13%＝72 800(元)

编制会计分录如下:

计提关税和增值税时:

借:商品采购	560 000	
贷:应交税金——应交进口关税		160 000
应付账款		400 000

支付关税和增值税时:

借:应交税金——应交进口关税	160 000	
——应交增值税(进项税额)	72 800	
贷:银行存款		232 800

商品验收入库时:

借:库存商品	560 000	
贷:商品采购		560 000

二、自营出口业务关税的会计处理

自营出口商品以 FOB 作为完税价格计算关税,在会计核算上是通过设置"应交税金——出口关税"和"税金及附加"账户加以反映的。企业自营出口时按商品应缴纳的出口关税额,借记"税金及附加"科目,贷记"应交税费——应交出口关税"科目;实际缴纳出口关税时,借记"应交税费——应交出口关税"科目,贷记"银行存款"科目。企业也可以不通过"应交税费——应交出口关税"科目核算,而是直接借记"税金及附加"科目,贷记"银行存款"科目。如果成交价格是 CIF 或者 CFR,则应先按 CIF 或 CFR 入账,在实际支付海外运费、保险费时,再以红字冲减销售收入,将收入调整到以 FOB 为准。

【例 5-2】伍德进出口公司 2020 年 2 月 14 日自营出口商品一批,我国口岸 FOB 折合人民币为 720 000 元,出口关税税率为 20%,根据海关开出的专用缴款书,以银行转账支票付讫税款。

【解析】

出口关税 = 720 000 ÷ (1 + 20%) × 20% = 120 000(元)

编制会计分录如下:

借:应收账款	720 000	
贷:主营业务收入		720 000
借:税金及附加	120 000	
贷:应交税金——应交出口关税		120 000

【例 5-3】德芙进出口公司 2020 年 7 月 14 日自营出口商品一批,成交价格为 CIF 新加坡 USD4 000,其中运费 400 美元,保险费 40 美元,关税税率 20%;假定计税日外汇牌价(中间价)为 USD100 = CNY600。计算应交关税。

【解析】

关税价格 = (4 000 − 400 − 40) × 6 ÷ (1 + 20%) = 17 800(元)

应交关税 = 17 800 × 20% = 3 560(元)

做会计分录如下:

确认销售收入时:

借:应收账款	24 000	
贷:主营业务收入		24 000

支付运费、保险费时:

贷:主营业务收入(红字冲销)	2 640	
贷:银行存款		2 640

应交关税时:

```
借:税金及附加                              3 560
    贷:应交税金——应交出口关税                       3 560
```

三、代理进出口业务关税的会计处理

（1）代理进口业务关税的会计核算。代理进出口业务，对受托方来说，一般不垫付货款，多以收取手续费的形式为委托方提供代理服务，因此，由于进出口商品而计缴的关税应由委托方缴纳，受托代理进出口业务的一方只是代垫或代付关税，日后要与委托方结算。在会计核算上也是通过设置"应交税费——应交进口关税"科目来反映，其对应科目是"应付账款""应收账款""银行存款"等。

【例5-4】霍华公司2022年1月28日委托某进出口公司进口商品一批，支付进口货款255万元，货款已汇入该进出口公司存款户。该进口商品我国口岸CIF为24万美元，进口关税税率为20%，当日的外汇牌价为USD1＝RMB8.64，代理手续费按货价2%收取，现该批商品已运达，向委托单位办理结算。

【解析】

该批商品的人民币货价＝240 000×8.64＝2 073 600（元）

进口关税＝2 073 600×20%＝414 720（元）

代理手续费＝2 073 600×2%＝41 472（元）

根据上述计算资料，该进出口公司接受委托单位货款及向委托单位收取关税和手续费等。编制会计分录如下：

收到委托单位划来进口货款时：

```
借:银行存款                                2 550 000
    贷:应付账款——霍华公司                          2 550 000
```

对外付汇进口商品时：

```
借:应收账款——××外商                        2 073 600
    贷:银行存款                                  2 073 600
```

支付进口关税时：

```
借:应付账款——霍华公司                        414 720
    贷:应交税金——进口关税                          414 720
借:应交税金——进口关税                        414 720
    贷:银行存款                                  414 720
```

将进口商品交付委托单位并收取手续费时：

借:应付账款——霍华公司　　　　　　　　　　2 115 072

　　贷:代购代销收入——手续费　　　　　　　　　　　　　　41 472

　　　应收账款——××外商　　　　　　　　　2 073 600

将委托单位剩余的进口货款退回时:

借:应付账款——霍华公司　　　　　　　　　　20 208

　　贷:银行存款　　　　　　　　　　　　　　　　　　　　　20 208

(2)代理出口业务关税的会计核算。代理出口业务是指进出口企业代委托方办理对外销售、发运、制单及结汇的全过程。代理出口企业按计算代缴的出口关税额,借记"应收账款"科目,贷记"应交税费——应交出口关税"科目;实际缴纳出口关税时,借记"应交税费——应交出口关税"科目,贷记"银行存款"科目,日后再与委托方结算。

【例 5-5】德尔进出口公司代理日鑫工厂出口一批商品。我国口岸 FOB 折合人民币为 36 万元,出口关税税率为 20%,手续费为 10 800 元。

【解析】

出口关税=360 000÷(1+20%)×20%=60 000(元)

编制会计分录如下:

计缴出口关税时:

借:应收账款——日鑫工厂　　　　　　　　　　60 000

　　贷:应交税金——出口关税　　　　　　　　　　　　　　60 000

缴纳出口关税时:

借:应交税金——出口关税　　　　　　　　　　60 000

　　贷:银行存款　　　　　　　　　　　　　　　　　　　　60 000

应收手续费时:

借:应收账款——日鑫工厂　　　　　　　　　　10 800

　　贷:代购代销收入——手续费　　　　　　　　　　　　　10 800

收到委托单位支付的税款及手续费时:

借:银行存款　　　　　　　　　　　　　　　　70 800

　　贷:应收账款——日鑫工厂　　　　　　　　　　　　　　70 800

第二节　关税纳税申报实务

一、关税纳税申报

(一)关税纳税期限

1.申报期限

进口货物的纳税人应当自运输工具申报进境之日起 14 天以内进行申报；出口货物的纳税人除了海关特准的以外，应当在货物运抵海关监管区以后装货的 24 小时以前，向货物的进出境地海关申报。海关根据税则归类和完税价格计算应缴纳的关税和进口环节代征税，并填发税款缴款书。

2.缴库期限

纳税人应当自海关填发税款缴款书之日起 15 日内，向指定银行缴纳税款，并由当地银行解缴中央金库。如关税缴纳期限的最后一日是周末或法定节假日，则关税缴纳期限顺延至周末或法定节假日过后的第一个工作日。

(二)关税缴纳方式

1.基本缴纳方式

由接受进(出)口货物通关手续申报的海关逐票计算应征关税并填发关税缴款书，纳税人凭以向海关或指定的银行办理税款交付或转账入库手续后，海关凭借银行回执联办理结关放行手续。征税手续在前，结关手续在后，有利于税款及时入库，防止拖欠税款。因此，各国海关都以这种方式作为基本纳税方式。

2.关税的后纳方式

海关允许某些纳税人在办理有关关税手续后，先行办理放行货物的手续，然后再办理征纳关税手续。后纳方式是针对某些易腐、急需产品或有关手续无法立即办结等特殊情况采取的一种变通措施，海关在提取货样、收取保证金或接受纳税人其他担保后即可放行有关货物。

为降低纳税成本，促进进出口贸易发展，海关改革传统的税收征管模式，在有效监管的前提下变"逐票审核，先税后放"为"先放后税，汇总缴税"，即对符合条件的纳税人实行"先进口后征税"政策,对在一个月内多次进口货物应纳税款实施汇总计征。

(三)纳税申报地点

进口货物自运输工具申报进境之日起 14 日内,出口货物在货物运抵海关监管区后装货的 24 小时以前,应由进出口货物的纳税义务人向货物进(出)境地海关申报。

为方便纳税义务人,经申请且海关同意,进(出)口货物的纳税义务人可以在设有海关的指运地(启运地)办理海关申报、纳税手续。

(四)关税纳税申报应提供的资料

(1)《海关(进出口)专用缴款书》。

(2)《中华人民共和国海关进口货物报关单》。

(3)《中华人民共和国海关出口货物报关单》。

(4)进口许可证及其有关单证。

(五)关税的退税

有下列情况之一的,进出口货物的收发货人或其代理人可以自缴纳税款之日起 1 年内,书面声明理由,连同纳税收据向海关申请退税,逾期不予受理。

(1)因海关误征,多纳税款的;

(2)海关核准免验进口的货物,在完税后发现有短缺情况并经海关审查认可的;

(3)已征出口关税的货物,因故未装运出口,申报退关,经海关查验属实的。

按规定,上述退税事项,海关应当自受理退税申请之日起 3 日内做出书面答复并通知退税申请人。

(六)关税的补缴

进出口货物完税后,如发现少征或者漏征税款,海关应当自缴纳税款或者货物放行 1 年内,向收发货人或其代理人补征。因收发货人或者其代理人违反规定而造成少征或者漏征的,海关在 3 年内可以追征,因特殊情况,追征期可延至 10 年。骗取退税款的,无限期追征。

二、关税纳税申报模拟实训

(一)基本信息

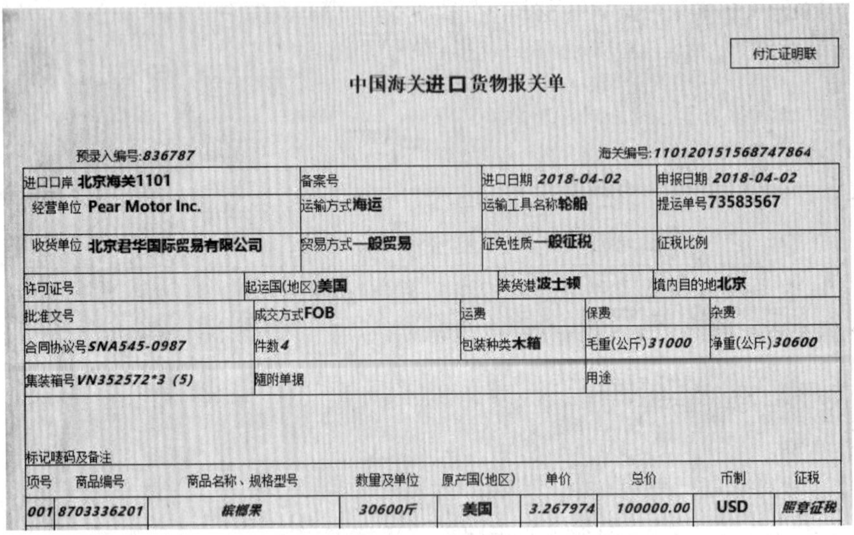

2018 年 4 月 2 日，北京君华国际贸易有限公司从美国进口槟榔果，请根据背景单据(见图 5-1、图 5-2、图 5-3)计算进口关税税额。(海关税单的美元汇率为 6.1200；槟榔果 40 元/kg，共进口 15 300kg。背景单据见图 5-1、图 5-2、图 5-3。)

付汇证明联

中国海关进口货物报关单

预录入编号:836787　　海关编号:110120151568747864

进口口岸 北京海关1101	备案号	进口日期 2018-04-02	申报日期 2018-04-02
经营单位 Pear Motor Inc.	运输方式海运	运输工具名称轮船	提运单号73583567
收货单位 北京君华国际贸易有限公司	贸易方式一般贸易	征免性质一般征税	征税比例
许可证号	起运国(地区)美国	装货港波士顿	境内目的地北京
批准文号	成交方式FOB	运费	保费　杂费
合同协议号SNA545-0987	件数4	包装种类木箱	毛重(公斤)31000　净重(公斤)30600
集装箱号VN352572*3 (5)	随附单据		用途

标记唛码及备注

项号	商品编号	商品名称、规格型号	数量及单位	原产国(地区)	单价	总价	币制	征税
001	8703336201	槟榔果	30600斤	美国	3.267974	100000.00	USD	照章征税

图 5-1　背景单据一

发票联

110118023009　北京增值税普通发票　№ 00021244

110118023009
00021244

校验码 58392 18848 22236 32224　　开票日期:2018年04月02日

购买方　名称:北京君华国际贸易有限公司
纳税人识别号:911101018427353978
地址、电话:北京市东城区乍浦街新公路25号 010-84116782
开户行及账号:交通银行北京东城支行 412217310447904452900

密码区　03*3187<4/+8490<+95-59+7<243
4987<0—>>-6>525<693719->7*7
87*3187<4/+8490<+95708681380
9<712/<1+9016>6906++>84>93/-

货物或应税劳务、服务名称	规格型号	单位	数量	单价	金额	税率	税额
*物流辅助服务*国际货物运输代理费		笔	1	15000.00	15000.00	0%	0.00
合计					¥15000.00		¥0.00

价税合计(大写) ⊗壹万伍仟元整　(小写)¥15000.00

销售方　名称:北京明峰国际货运有限公司
纳税人识别号:91110108000294941O
地址、电话:北京朝阳区和平里青年沟路3号 010-89032939
开户行及账号:交通银行北京朝阳支行 140207632311939934802

备注　发运地:美国波士顿港；到达地:中国天津新港；运输工具:货轮；运输工具号:XIN NING B01；货物:槟榔果30600斤

收款人:　复核:　开票人:王伟　销售方:(章)

第二联:发票联　购买方记账凭证

图 5-2　背景单据二

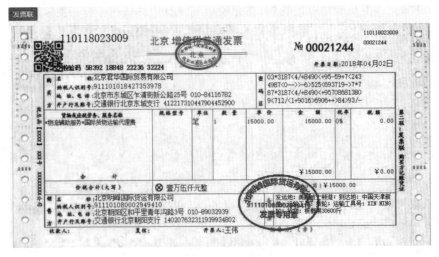

图 5-3　背景单据三

（二）实训要求

请根据以上信息填写进口关税税额计算表。

（1）关税完税价格＝100 000×6.12＋15 000＋21 000＝648 000（元）

　　应纳关税税额＝648 000×45％＝291 600（元）

（2）填写进口关税税额计算表（见图 5-4）。

进口关税税额计算表

编制单位：北京君华国际贸易有限公司　　　　2018年04月02日　　　　金额单位：元

项目	金额
进口槟榔果的FOB价格	612000.00
运费	15000.00
保险费	21000.00
关税完税价格	648000.00
关税税率（包括加征关税）	45.00%
进口关税税额	291600.00

审核：马陈共　　　　　　　　制表：李勋

图 5-4　进口关税税额计算表

本章小结

1.关税完税价格的确认是本章的重点。在进口商品时,国外进口成本一般以CIF为基础,以企业收到银行转来的全套进口单证,经与合同、信用证等审核相符,并通过银行向国外出口商承付或承兑远期汇票时间为入账标准。出口商品销售收入的入账金额一般应以FOB为标准,即不论成交价格采用哪种,都以FOB作为收入确认的基础。

2.企业进出口业务的会计处理需设置记录外汇业务的复币式账户,如"应收(应付)外汇账款"和"预收(预付)外汇账款"等,还要进行汇兑损益的计算和处理。

【复习思考题】

1.简述关税完税价格和如何确认关税完税价格。

2.简述企业如何进行关税的会计处理。

【应用技能题】

2019年9月24日,北京嘉盛化工有限公司从美国进口甲醇,CIF为4 050 000美元,进口关税税率为5.5%,海关税单的美元汇率为6.12。请编制如图5-5所示的进口关税税额计算表(计算金额保留两位小数)。

进口关税税额计算表

编制单位:北京嘉盛化工有限公司　　　　2019年09月24日　　　　　　单位:元

项目	数据
进口甲醇的CIF价格	
关税完税价格	
进口关税税率(%)	
进口关税税额	

审核:张勇　　　　　　　　　　制表:张咪

图5-5　进口关税税额计算表

第六章 企业所得税会计处理与纳税申报实务

【学习目标】

1.掌握企业所得税的会计处理

2.掌握企业所得税纳税申报

第一节 企业所得税会计的基础与方法

1994 年以前,我国会计制度与税法在收入、费用、利润、资产、负债等的确认方面基本一致,因此,按会计制度规定计算的税前会计利润与按税法规定计算的应纳税所得额基本一致,计算企业所得税时无须进行调整。1994 年的税制改革和 2001 年的企业会计制度改革,使会计制度与税法在收入、收益、费用、损失等的确认上差异较大,因此需要进行纳税调整。2007 年 1 月 1 日开始实施的《企业会计准则》与 2008 年 1 月 1 日开始执行的《中华人民共和国企业所得税法》,虽然会计制度与税法在很大程度上进行了协调一致,但仍存在一定的差异。《企业会计准则第 18 号——所得税》明确要求企业一律采用资产负债表债务法核算递延所得税。

一、企业所得税的性质

企业所得税的性质,即所得税的归属,是指所得税项目在财务会计报表中如何列示:是作为一项收益分配,还是作为一项费用? 若是作为收益分配,则不能递延,应采用当期计列法(以本期纳税申报表上列示的应交所得税作为本期所得税费用)进行所得税会计处理;若是作为费用,才能递延,可采用跨期所得税分摊法(将暂时性差异对未来所得税的影响确认为负债或资产,递延至以后期间,分期确认为所得税费用或收益)进行所得税会计处理。

(一)收益分配观

收益分配观认为,企业向政府缴纳的所得税同企业分配给股东的收益一样,是对企业收益的分配,但两者的分配对象不同。企业所得税是对国家支持的一种回报,故所得税应归入收益分配项目。企业通常以资产或权益的增加、减少为依据,判定现金流入与流出是属于收入还是费用。企业所得税的支付使企业的资产减少、权益减少,属于收益分配的性质。

收益分配观的理论依据是"企业主体理论"。该理论从企业是经营实体的角度出发,认为企业应独立于企业所有者而存在;企业的收益是所有者权益的体现,代表企业的经营业绩。基于收益分配观进行企业所得税的会计处理时,不需要单独设置会计账户,直接在"利润分配"账户中进行核算。

(二)费用观

费用观认为,企业所得税是企业为取得收益而发生的一种耗费,与企业生产经营中的其他耗费一样,应归入费用项目。费用观的理论依据是"业主理论"。该理论认为企业的所有者是企业的主体,资产是所有者的资产,负债是所有者的负债,权益是所有者的净资产。在企业经营过程中,收益意味着所有者权益的增加,费用意味着所有者权益的减少;收入减费用形成的企业收益,实际上体现了所有者财富的净增加。企业应以所有者权益的增减为依据,判定现金流入与流出是属于收入还是费用。企业所得税是企业为获得收益而付出的代价,因此属于费用性质。

基于费用观进行企业所得税的会计处理时,需要单独设置费用类账户"所得税费用"。由于差异的存在,"所得税费用"账户中记录的是从本期损益中减去的所得税费用。对差异形成的税款,还应设置"递延所得税资产"和"递延所得税负债"账户,核算由于暂时性差异存在而产生的影响所得税的金额以及以后各期转回的金额。

在我国,对企业所得税性质的认知目前以费用观为主。原因如下:第一,所得税的属性符合会计对费用的定义。费用是指企业为销售商品、提供劳务等日常活动所发生的经济利益的流出。从费用观来看,所得税是为了取得收益而必然发生的利益流出。第二,费用观符合收入与费用的配比原则。配比原则是指将收入与取得收入相关的成本、费用配比,以结出损益。就企业而言,有收益,就会发生所得税支出,为了收益而付出的所得税应当计入当期费用,与收益相配比,才能正确计算净收益。

二、资产负债表债务法

资产负债表债务法是按"资产负债表观"进行递延所得税核算的方法。"资产负债表观"是以资产负债表为中心,从资产负债表的角度出发确认资产、负债和收益,即首先定义并规范企业过去的交易或事项形成的资产和负债的确认和计量,然后根据资产和负债的变化确认收益,收益来源于企业资产价值的增加或负债价值的减少,可进一步认为是企业净资产的增加额。在"资产负债表观"下,利润代表净资产的增加,亏损代表净资产的减少,利润表成为资产负债表的附属报表。与此相适应的收益观是全面收益观,即收益包括已实现的收益和未实现的收益。在此观点下,要求企业提高资产负债信息质量,及时计提资产减值准备,恰当反映资产未来经济利益,不高估资产价值;合理确认预计负债,全面反映现时义务,不低估负债和损失。

资产负债表债务法是从暂时性差异产生的本质出发,分析暂时性差异产生的原因及其对期末资产负债表的影响,并以此进行企业所得税核算的一种会计处理方法。资产负债表债务法较为完整地体现了资产负债观。从资产负债表的角度考虑,资产的账面价值代表的是企业持续持有至最终处置某项资产的一定期间内,该资产为企业带来的未来经济利益,而其计税基础代表的是在这一期间内就该项资产按照税法规定可以税前扣除的金额。一项资产的账面价值小于其计税基础,表明该项资产在未来期间产生的经济利益流入低于按照税法规定允许税前扣除的金额,产生可抵扣未来期间应纳税所得额,减少未来期间以应交所得税方式流出企业的经济利益;从其产生时点来看,应确认为资产。反之,该资产的账面价值大于其计税基础,两者之间的差额将会在未来期间产生应税金额,增加未来期间的应纳税所得额及应交所得税,企业形成经济利益流出,应确认为负债。

(一)资产的计税基础

资产的计税基础是指企业收回资产账面价值的过程中,在计算应纳税所得额时,按照税法规定可以自应税经济利益中扣除的金额,即某一项资产在未来期间计税时按照税法规定可以税前扣除的金额。

资产在初始确认时,其计税基础一般为取得成本,即企业为取得某项资产支付的成本在未来期间准予税前扣除的金额。在持续持有的过程中,其计税基础是指资产的取得成本减去以前期间按照税法规定已经税前扣除的金额后的余额。如固定资产、无形资产等长期资产在某一资产负债表日的计税基础,是指其成本扣除按照税法规定已在以前期间税前扣除累计折旧或累计摊销额后的金额。但有些特殊业务,如通过非货币性交易、债务重组等方式取得资产,其计税基础有特殊性。

1.固定资产

以各种方式取得的固定资产,在初始确认时按照《企业会计准则》确定的入账价值基本上被税法认可,即取得时其账面价值一般等于计税基础。固定资产在持有期间进行后续计量时,由于会计与税法规定的差异,即会计与税法在折旧方法、折旧年限以及固定资产减值准备的提取等处理的不同,可能造成固定资产的账面价值与计税基础的差异。相应的公式为:

$$\text{按照《企业会计准则》确认的资产的账面价值} = \text{成本} - \text{累计折旧} - \text{固定资产减值准备}$$

$$\text{企业所得税法认可的资产的计税基础} = \text{成本} - \text{税法允许的以前期间税前扣除折旧额}$$

(1)折旧方法、折旧年限的差异。《企业会计准则》规定,企业应当根据与固定资产有关的经济利益的预期实现方式合理选择折旧方法,可以选择直线法,也可以选择双倍余额递减法和年数总和法计提折旧。我国税法规定,按照直线法计算的折旧,只有因技术进步或产品更新换代较快的固定资产,以及常年处于强震动、高腐蚀状态的固定资产,才可以缩短折旧年限,或采用限倍余额递减法或者年数总和法计提折旧;缩短折旧年限计提折旧的,最低折旧年限不得低于规定年限的60%。我国税法还对每一类固定资产的最低折旧年限做出了规定。如果会计上计提折旧的年限短于税法规定的最低折旧年限,就会产生固定资产持有期间账面价值与计税基础的差异。

(2)因计提固定资产减值准备产生的差异。《企业会计准则》规定,在持有固定资产的期间内,允许提取固定资产减值准备,而税法规定提取的减值准备在资产发生实质性损失前不允许税前扣除,这也会造成固定资产的账面价值与计税基础的差异。

【例 6-1】云栖公司于 2014 年年末以 800 万元购入一套设备,使用寿命 10 年,会计上采用了双倍余额递减法提取折旧,但这不符合我国税法的规定,税法上不允许加速折旧,只能按照直线法提取折旧。其他情况会计上与税法上一致,假定无残值。预计到 2015 年 12 月 31 日,该项资产可收回金额为 600 万元。

【解析】

会计上按照双倍余额递减法提取的 2015 年折旧额=(800-0)×2÷10=160(万元)

该项固定资产在 2015 年 12 月 31 日的账面净值=800-160=640(万元)

2015 年年末提取减值准备=640-600=40(万元)

该项固定资产在 2015 年 12 月 31 日的账面价值=640-40=600(万元)

税法上按照直线法提取的 2015 年折旧额＝800÷10＝80（万元）

该项固定资产在 2015 年 12 月 31 日的计税基础＝800－80＝720（万元）

该项固定资产的账面价值 600 万元与计税基础 720 万元之间的差额 120 万元，在本期会增加应纳税所得额和应交所得税，而在未来期间会减少应纳税所得额和应交所得税。

2.无形资产

除内部开发形成的无形资产以外，以其他方式取得的无形资产，初始确认时按照《企业会计准则》规定确认的入账价值与按照税法规定确定的成本之间一般不存在差异。无形资产的账面价值与计税基础之间的差异主要产生于内部研究开发形成的无形资产以及使用寿命不确定的无形资产。

（1）内部研究开发形成的无形资产。《企业会计准则》规定，内部研究开发活动分为两个阶段：研究阶段和开发阶段。研究阶段的支出应当费用化，计入当期损益。开发阶段符合资本化条件以后至达到预定用途前发生的支出，应当资本化，作为无形资产的成本。我国税法规定：企业为开发新技术、新产品、新工艺发生的研究开发费用，未形成无形资产计入当损益的，在据实扣除的基础上，加扣 50%；形成无形资产的，按照无形资产成本的 150%摊销。

内部研究开发形成的无形资产，初始确认时，按照《企业会计准则》规定，符合资本化条件以后至达到预定用途前发生的支出总额，形成无形资产的账面价值，而其计税基础是账面价值的 150%，两者之间有差异。

（2）无形资产后续计量时，会计与税收的差异主要产生于无形资产摊销和无形资产减值准备提取两方面。

《企业会计准则》规定，企业取得无形资产后，应根据其使用寿命情况，将其区分为使用寿命有限的无形资产和使用寿命不确定的无形资产。对于使用寿命不确定的无形资产，不要求摊销，但在持有期间内每年应进行减值测试。

我国税法规定，无形资产按照直线法计算的摊销费用，准予扣除，且无形资产的销年限不得低于 10 年。企业取得的无形资产（除外购商誉外），应在一定期限内推销。对于使用寿命不确定的无形资产，在会计处理时不予摊销，但在计税时按照税法规定确定的摊销额允许税前扣除，这造成该类无形资产的账面价值与计税基础的差异。

在对无形资产计提减值准备的情况下，因税法规定计提的减值准备在资产发生实质性损失前不允许税前扣除，即无形资产的计税基础不会随着减值准备的提取发生变化，从而造成无形资产的账面价值与计税基础的差异。

【例 6-2】云栖公司本年度发生研究开发支出 2 000 万元,其中,研究阶段支出 400 万元,开发阶段符合资本化条件前的支出为 600 万元,符合资本化条件后达到预定用途前发生的支出为 1 000 万元。我国税法规定:企业为开发新技术、新产品、新工艺发生的研究开发费用,未形成无形资产计入当期损益的,在据实扣除的基础上,加扣 50%;形成无形资产的,按照无形资产成本的 150%摊销。

【解析】

茂华公司本期发生的研究开发支出中,应该费用化的金额为 1 000 万元,形成无形资产成本的支出为 1 000 万元,即期末无形资产的账面价值为 1 000 万元,而按照我国税法规定,该项无形资产的计税基础为无形资产成本的 150%,即 1 500 万元。该项无形资产的账面价值 1 000 万元与其计税基础 1 500 万元之间的差额 500 万元,形成未来期间抵减应交所得税假定按 10 年摊销,每年可抵减应纳税所得额 50 万元。

【例 6-3】云栖公司 2015 年 1 月 1 日取得的某项无形资产,取得成本为 2 000 万元,取得后因无法合理预计其使用期限,所以作为使用寿命不确定的无形资产管理。2015 年 12 月 31 日,对该项无形资产进行减值测试,结果表明其未发生减值。在计税时,按照税法规定,允许按照 10 年期限摊销在税前扣除。

【解析】

会计上将该项无形资产作为使用寿命不确定的无形资产,因未发生减值,其在 2015 年 12 月 31 日的账面价值为取得时的实际成本 2 000 万元。

按照税法规定,当年允许的税前摊销额为 200 万元,因此,2015 年 12 月 31 日该项无形资产的计税基础为 1 800 万元。

该项无形资产的账面价值 2 000 万元与其计税基础 1 800 万元之间的差额 200 万元,在未来期间无形资产发生减值或处置时则不能再抵扣,形成应纳税暂时性差异。

3.以公允价值计量且其变动计入当期损益的金融资产

按照《企业会计准则第 1 号——金融工具确认和计量》的规定,以公允价值计量且其变动计入当期损益的金融资产,其在某一会计期末的账面价值为该时点的公允价值。而我国税法规定,企业以公允价值计量的金融资产、金融负债、投资性房地产等,持有期间公允价值的变动不计入应纳税所得额,在实际处置或结算时,处置取得的价款扣除其历史成本后的差额,应计入处置或结算期间的应纳税所得额。按照该规定,以公允价值计量的金融资产在持有期间市价的波动在计税时不予考虑,金融资产在某一会计期末的计税基础为其取得时的成本,从而造成在公允价值变动的情况下,以公允价值计量的金融资产账面价值与计税基础之间有差异。当会计期末公允价值降低时,以公允价值计量且其变动计入当期损益的金融资产的账面价值小于计税基础,形成可抵扣暂时性差异;而会计期末公允价值升高时,以公允价值计量且其变动计入当期损益的金融资产的账面价值大于计税基础,形成应纳税暂时性差异。

企业持有的可供出售金融资产计税基础的确定,与以公允价值计量且其变动计入当期损益的金融资产类似,可以比照处理。

【例6-4】2021年3月20日,云栖公司自股票市场取得一项权益性投资,支付价款1500万元,作为交易性金融资产核算。2021年6月30日,该项权益性投资的市价为1350万元。

【解析】

我国税法规定,以公允价值计量的金融资产在持有期间市价的波动计税时不予考虑,金融资产在每一会计期末的计税基础为其取得时的成本。因此,编制半年报表时,该公司6月30日资产负债表上的计税基础为其取得成本1500万元。而按照《企业会计准则》规定,确认的账面价值为1350万元。

账面价值与计税基础的差异150万元,属于暂时性差异,该差异在未来期间转回时会减少未来期间的应纳税所得额,导致应交所得税减少。

假设到2021年12月31日,茂华公司仍持有该项权益性投资,此时其市价为1800万元,账面价值1800万元与计税基础1500万元之间的差额300万元,属于暂时性差异,该差异增加未来期间的应纳税所得额,导致应交所得税增加。

4.其他资产

因《企业会计准则》的规定与我国税法规定不同,企业持有的其他资产,可能造成其账面价值与计税基础之间存在差异,如采用公允价值模式计量的投资性房地产以及其他计提了减值准备的各项资产,其账面价值与计税基础就存在差异。

(1)投资性房地产。企业持有的投资性房地产在进行后续计量时,《企业会计准则》规定可以采用成本模式,符合规定条件的,也可以采用公允价值模式。对于采用公允价值计量的投资性房地产,其账面价值与计税基础会有差异。

(2)其他计提了减值准备的各项资产。有关资产计提了减值准备后,其账面价值会随之下降,而我国税法规定在资产发生实质性损失前不允许税前扣除,即其计税基础不会随着减值准备的提取发生变化,从而造成资产的账面价值与计税基础之间的差异。

【例6-5】云栖公司2021年购入某项存货,成本4000元,该种原材料没有使用过。考虑到该种原材料的市场情况及市价,2021年资产负债表日该项原材料的可变现净值3400万元。假定该种原材料的年初余额为0。

【解析】

该项原材料期末的可变现净值低于成本,提取减值准备 600 元,计提减值准备后该项存货的账面价值为 3 400 万元。

我国税法规定,提取的减值准备不允许税前扣除,因此,其计税基础仍为存货取得时的成本 4 000 元。

该项存货账面价值与计税基础的差额 600 万元属于暂时性差异。该差异会减少企业在未来期间的应纳税所得额和应交所得税。

(二)负债的计税基础

负债的计税基础是指负债的账面价值减去未来期间计算应纳税所得额时按照税法规定可予抵扣的金额。相应公式为:

负债的计税基础=账面价值—未来期间按照税法规定可予税前扣除的金额

负债的确认与偿还一般不会影响企业的损益,也不会影响其应纳税所得额,未来期间计算应纳税所得额时按照税法规定可予抵扣的金额为零,计税基础即为账面价值,如短期借款、应付账款等。但在某些情况下,负债的确认,如按照会计规定确认的某些预计负债可能会影响企业的损益,进而影响企业不同会计期间的应纳税所得额,使得其计税基础与账面价值之间产生差异。

1.企业因销售商品提供售后服务等确认的预计负债

按照或有事项准则规定,企业对于预计提供售后服务将发生的支出在满足有关确认条件时,销售当期即确认为费用,同时确认预计负债。我国税法则规定,与销售产品相关的支出应于发生时税前扣除。因该类事项产生的预计负债在期末的计税基础为其账面价值与未来期间可税前扣除的金额之间的差额,有关的支出实际发生时可全部税前扣除,其计税基础为零。

其他交易或事项确认的预计负债,应按税法规定的计税原则确定其计税基础。某些情况下,因有些事项确认的预计负债,例如与生产经营无关的债务担保,税法规定其支出无论是否实际发生均不允许税前扣除,未来期间按照税法规定可予抵扣的金额为零,账面价值等于计税基础。

【例 6-6】云栖公司 2021 年销售一批产品,承诺提供 2 年保修服务,在 2021 年负债的账面价值为 200 万元,并在利润表中确认为销售费用。当年发生保修支出 50 万元。我国税法规定与产品售后服务相关的费用在实际发生时允许税前扣除。

【解析】

2021 年 12 月 31 日,资产负债表中的预计负债的账面价值为 150 万元(200—

50)。我国税法规定,50万元的预计负债在当期税前扣除,其余的150万元在未来期间实际发生时税前扣除。该项负债的计税基础＝账面价值－未来期间计算应纳税所得额时按照税法规定可予抵扣的金额。而在未来期间计算应纳税所得额时可予抵扣的金额为150万元,该项负债的计税基础＝150－150＝0。

2.预收账款

企业在收到客户预付的款项时,因不符合收入的确认条件,会计上将其确认为负债。我国税法中对收入的确认原则一般与会计规定相同,即会计上未确认收入时,计税时一般不计入应纳税所得额,该部分经济利益在未来期间计税时可予税前抵扣的金额为零,计税基础等于账面价值。

但在某些特殊情况下,因不符合《企业会计准则》规定的收入确认条件而未确认为收入的预收账款,则按照我国税法规定计入应纳税所得额,此时有关预收账款的计税基础为零,即因产生时已经计算缴纳所得税,未来期间可全额税前抵扣。

【例6-7】2021年2月份,云栖公司收到预售商品房款2 000万元,因不符合收入确认条件,将其作为预收账款核算。而按照我国税法规定,该预收账款应计入取得当期的应纳税所得额,计算缴纳所得税。

【解析】

该预收账款在当年12月31日的资产负债表上的账面价值为2 000万元。

因我国税法规定,该项预收账款应计入取得当期的应纳税所得额,与该项负债相关的经济利益已在取得当期缴纳所得税,未来期间按照《企业会计准则》规定确认收入时,不再计入应纳税所得额,即其在未来期间计算应纳税所得额时可予税前扣除的金额为2 000万元,计税基础＝账面价值－未来期间计算应纳税所得额时按照我国税法规定可予扣除的金额＝2 000－2 000＝0。

该项负债的账面价值2 000万元与计税基础0之间产生了2 000万元的暂时性差异,减少了企业未来期间的应纳税所得额,使企业未来期间以应交所得税的方式流出的经济利益减少。

3.其他负债

企业的其他负债项目,如应交的罚款和滞纳金等,在尚未支付前按照《企业会计准则》规定确认为费用,同时作为负债反映。我国税法规定,罚款和滞纳金不得税前扣除,即该部分费用无论是发生在当期,还是在以后期间均不得税前扣除。计税基础＝账面价值－未来期间计税时可予税前扣除的金额(此项为零),即计税基础＝账面价值。

【例6-8】2021年12月，云栖公司因违反当地有关环保规定而受到环保部门处罚，罚款为200万元。我国税法规定，企业因违反国家有关法律法规支付的罚款和滞纳金，计算应纳税所得额时不允许扣除。至2021年12月31日，该项罚款尚未支付，但已经计入利润表和资产负债表。

【解析】

我国税法规定，企业违反国家有关法律法规支付的罚款和滞纳金，不允许税前扣除，与该项负债相关的支出在未来期间计税时允许税前扣除的金额为0。因此，其计税基础＝账面价值－未来期间按照税法规定允许税前抵扣的金额＝200－0＝200（万元）。该项负债的账面价值200万元与其计税基础200万元相同，不形成暂时性差异。

(三)特殊交易或事项中产生资产、负债计税基础的确定

某些特殊交易中产生的资产、负债，如企业合并中取得的资产、负债，其计税基础的确定应遵守我国税法的规定。

《企业会计准则第20号——企业合并》中，根据参与合并各方在合并前后是否为同一方或相同的多方最终控制，将企业合并分为同一控制下的企业合并和非同一控制下的企业合并。同一控制下的企业合并，合并中取得的有关资产、负债，基本上维持其原账面价值不变，合并中不产生新的资产和负债；对于非同一控制下的企业合并，合并中取得的有关资产、负债，应按其在购买日的公允价值计量，企业合并成本大于合并中取得可辨认净资产公允价值的份额部分，计入合并当期损益。企业合并的税务处理原则是，在通常情况下，当事各方应按下列规定处理：①合并企业应按公允价值确定接受被合并企业各项资产和负债的计税基础；②被合并企业及其股东都应按清算进行所得税处理；③被合并企业的亏损不得在合并企业结转弥补。企业股东在该企业合并发生时得的股权支付金额不低于其交易支付总额的85%，以及同一控制下不需要支付对价的企业合并，可以选择按以下规定处理：①合并企业接受被合并企业资产和负债的计税基础以合并企业的原有计税基础确定；②被合并企业合并前的相关所得税事项由合并企业继承。由合并企业弥补的被合并企业亏损的限额＝被合并企业净资产公允价值截至合并业务发生当年年末国家发行的最长期限的国债利率；③被合并企业股东取得合并企业股权的基础，以其原持有的被合并企业股权的计税基础确定。

企业重组必须同时符合下列条件，才能适用特殊税务处理：①具有合理的商业目的，且不以减少、免除或者推迟缴纳税款为主要目的；②被收购、合并或分立部分的资产或股权比例符合规定的比例；③企业重组后的连续12个月内不改变重组资

产原来的实质性经营活动；④重组交易对价中涉及的股权支付金额符合规定比例；⑤企业重组中取得股权支付的原主要股东，在重组后连续 12 个月内，不得转让所取得的股权。

由于《企业会计准则》与税法规定对企业合并的处理原则不同，某些情况下会造成企业合并中取得的有关资产、负债的入账价值与其计税基础的差异。

三、所得税会计差异

所得税会计差异是指会计利润与应纳税所得额之间的差异额，分为永久性差异和暂时性差异。

(一)永久性差异

永久性差异是指某一会计期间，由于《企业会计准则》和税法在计算收益、费用或损失时的口径不同、标准不同所产生的税前会计利润与应纳税所得额之间的差异。这种差异不影响其他会计期间，也不会在其他期间得到弥补。永久性差异包括以下 4 种类型。

(1)《企业会计准则》规定应确认为收入、收益，但税法规定不作为应纳税所得额的项目，如企业购买国债的利息收入，居民企业之间的股息、红利等权益性投资收益，在中国境内设立机构、场所的非居民企业从居民企业取得与该机构、场所有实际联系的权益性投资收益，等等。这些项目使会计利润大于应纳税所得额，计算应纳税所得额时，从会计利润中减去这些项目，才能得出应纳税所得额。

(2)《企业会计准则》规定可以列入费用或损失，但税法上不允许扣除的项目。这些项目使会计利润低于应纳税所得额，计算应纳税所得额时，应将这些项目金额加计到会计利润中纳税。这些项目的产生原因如下：一是《企业会计准则》与税法关于费用的扣除范围不同，如企业之间支付的管理费，企业内营业机构之间支付的租金和特许权使用费，以及非银行企业内营业机构之间支付的利息，税收滞纳金，罚金、罚款和被没收财物的损失，公益捐赠以外的支出，赞助支出，未经核定的准备金支出，与取得收入无关的其他支出，等等。二是《企业会计准则》与税法关于费用的扣除标准不同，如非金融企业向非金融企业借款的利息支出，业务广告费和业务宣传费，公益性的捐赠支出，等等。

(3)《企业会计准则》规定不确认为收入，但税法规定要作为应税收入的项目，如关联企业之间采用不合理定价减少应纳税所得额，税法规定税务机关有权进行特别调整，调增应纳税所得额；视同销售收入，如果会计上没有作为销售收入，而税法上则要求作为应税收入等。这些项目使会计利润低于应纳税所得额,计算应纳税所得额时,应将这些项目金额加计到会计利润中纳税。

(4)《企业会计准则》规定不确认为费用或损失,但税法规定应作为费用或损失扣除的项目,如税法规定企业安置残疾人员所支付的工资,在据实扣除的基础上,再按照支付给残疾职工工资的100%加计扣除;企业为开发新技术、新产品、新工艺发生的研究开发费用,未形成无形资产计入当期损益的,在据实扣除的基础上,加扣50%;形成无形资产的,按照无形资产成本的150%摊销;等等。这些项目使会计利润大于应纳税所得额,计算应纳税所得额时,应将这些项目金额从会计利润减去,才能得出应纳税所得额。

在资产负债表债务法下,从资产负债表角度考虑,永久性差异都是收入、费用的确认问题,不会产生资产、负债的账面价值与其计税基础之间的差异,即不形成暂时性差异,对企业未来期间计税没有影响,不产生递延所得税。

(二)暂时性差异

暂时性差异是指因资产、负债的账面价值与其计税基础不同而产生的差额。由于资产、负债的账面价值与其计税基础不同,使得在未来收回资产或清偿负债的期间内应纳税所得额增加或减少,并导致未来期间应交所得税增加或减少,形成企业的递延所得税资产和递延所得税负债。

根据暂时性差异对未来期间应纳税所得额的影响,暂时性差异分为应纳税暂时性差异和可抵扣暂时性差异。

除因资产、负债的账面价值与其计税基础不同产生的暂时性差异以外,按照我国税法规定可以结转以后年度的未弥补亏损和税款抵减,也视同可抵扣暂时性差异处理。

1.应纳税暂时性差异

应纳税暂时性差异是指在确定未来收回资产或清偿负债期间的应纳税所得额时将导致产生应税金额的暂时性差异。该差异在未来期间转回时,会增加转回期间的应纳税所得额,即在未来期间由于该暂时性差异的转回会进一步增加转回期间的应纳税所得额和应交所得税金额。在应纳税暂时性差异产生的当期,应当确认相关的递延所得税负债。

应纳税暂时性差异通常产生于以下情况:

(1)资产的账面价值大于其计税基础,即资产未来期间产生的经济利益不能全部税前扣除,两者之间的差额需要缴纳所得税,产生应纳税暂时性差异。

(2)负债的账面价值小于其计税基础,即该项负债在未来期间可以税前扣除的金额为负数,即应在未来期间应纳税所得额的基础上调增,增加应纳税所得额和应交所得税,产生应税暂时性差异。

2.可抵扣暂时性差异

可抵扣暂时性差异是指在确定未来收回资产或清偿负债期间的应纳税所得额时,将导致产生可抵扣金额的暂时性差异。该差异在未来期间转回时会减少转回期的应纳税所得额,减少未来期间的应交所得税。在可抵扣暂时性差异产生当期,应当确认相关的递延所得税资产。

可抵扣暂时性差异一般产生于以下情况:

(1)资产的账面价值小于其计税基础,即资产在未来期间产生的经济利益少,按照我国税法规定允许税前扣除的金额多,企业在未来期间可以减少应纳税所得额并减少应交所得税。符合有关确认条件时,应当确认相关的递延所得税资产。

(2)负债的账面价值大于其计税基础,即未来期间按照我国税法规定与该项负债相关的全部或部分支出,可从未来应税利益中扣除,减少未来期间的应纳税所得额和应交所得税。符合有关确认条件时,应确认相关的递延所得税资产。

3.特殊项目产生的暂时性差异

特殊项目产生的暂时性差异包括以下两个方面:

(1)未作为资产、负债确认的项目产生的暂时性差异。某些交易或事项发生后,因不符合资产、负债的确认条件而未体现为资产负债表中的资产或负债项目,但按照我国税法规定能确定其计税基础,其账面价值与计税基础之间的差异也构成暂时性差异。例如,企业在开始正常的生产经营活动以前发生的筹建费用,会计准则规定应于发生时计入当期损益,不体现为资产负债表中的资产。而我国税法规定,企业发生的该类长期待摊费用,应分期摊销,摊销年限不得低于 3 年。此时两者之间的差异也形成暂时性差异。

(2)可抵扣亏损及税款抵减产生的暂时性差异。对于我国税法规定的可以结转以后年度的未弥补亏损及税款抵减,虽不是因资产、负债的账面价值与计税基础不同产生的,但本质上可抵扣亏损和税款抵减与可抵扣暂时性差异具有同样的作用,均能减少未来期间的应纳税所得额和应交所得税,视同可抵扣暂时性差异,在符合确认条件的情况下,应确认与其相关的递延所得税资产。

第二节　资产负债表债务法下企业所得税的会计处理

企业所得税的会计核算指的是在资产负债表债务法下企业所得税的核算方法。资产负债表债务法是纳税影响会计法中债务法的一种。纳税影响会计法是将本期暂时性差异影响所得税的金额,递延和分配到以后各期,而永久性差异影响所得税的金额体现在产生差异当期的所得税费用中。资产负债表债务法下暂时性差异影响所得税的金额,通过比较资产和负项目的账面价值和计税基础来确定。

一、会计科目的设置

(一)"所得税费用"账户

"所得税费用"核算企业根据所得税准则确认的当期应从利润总额中扣除的所得税费用。在资产负债表债务法下,本账户需要设置"当期所得税费用"和"递延所得税费用"明细账户。

资产负债表日,企业按照我国税法规定计算确定的当期应交所得税金额,借记本账户当期所得税费用,贷记"应交税费——应交所得税"账户。

确认相关资产、负债时,对应予确认的递延所得税资产,借记"递延所得税资产"账户,贷记本账户(递延所得税费用)、"资本公积——其他资本公积"等账户;对应予确认的递延所得税负债,借记本账户(递延所得税费用)、"资本公积——其他资本公积"等账户,贷记"递延所得税负债"账户。

资产负债表日,根据《企业会计准则第 18 号——所得税》应予确认的递延所得税资产大于"递延所得税资产"账户余额的差额,借记"递延所得税资产"账户,贷记本账户(递延所得税费用)、"资本公积——其他资本公积"等账户;应予确认的递延所得税资产小于"递延所得税资产"账户余额的差额,做相反的会计分录。

企业应予确认的递延所得税负债的变动,应当比照上述原则调整"递延所得税负债"账户及有关账户。

期末,应将本账户的余额转入"本年利润"账户,结转后本账户应无余额。

(二)"递延所得税资产"账户

本账户核算企业根据《企业会计准则第 18 号——所得税》确认的可抵扣暂时性

差异产生的所得税资产。根据我国税法规定,可用以后年度税前利润弥补的亏损产生的所得税资产,也在本账户核算。企业应当按照可抵扣暂时性差异等项目进行明细核算。

企业在确认相关资产、负债时,对应予确认的递延所得税资产,借记本账户,贷记"所得税费用递延所得税费用""资本公积——其他资本公积"等账户。资产负债表日,应予确认的递延所得税资产大于本账户余额的,借记本账户,贷记"所得税费用——递延所得税费用""资本公积——其他资本公积"等账户;应予确认的递延所得税资产小于本账户余额的,做相反的会计分录。

资产负债表日,预计未来期间很可能无法获得足够的应纳税所得额用以抵扣可抵扣暂时性差异的,按应减记的金额,借记"所得税费用——当期所得税费用""资本公积——其他资本公积"账户,贷记本账户。

本账户期末借方余额反映企业已确认的递延所得税资产的余额。

(三)"递延所得税负债"账户

本账户核算企业根据《企业会计准则第 18 号——所得税》确认的应纳税暂时性差异产生的所得税负债。企业应当按照应纳税暂时性差异项目进行明细核算。

企业在确认相关资产、负债时,对应予确认的递延所得税负债,借记"所得税费用——递延所得税费用""资本公积——其他资本公积"等账户,贷记本账户。

资产负债表日,应予确认的递延所得税负债大于本账户余额的,借记"所得税费用——递延所得税费用""资本公积——其他资本公积"等账户,贷记本账户;应予确认的递延所得税负债小于本账户余额的,做相反的会计分录。

本账户期末贷方余额反映企业已确认的递延所得税负债的余额。

(四)"应交税费——应交企业所得税"账户

本账户用来反映企业所得税的应交、实际上缴和退补等情况。账户贷方反映应交和应补交的企业所得税;借方余额反映多交的企业所得税。对应交的企业所得税,借记"所得税费用——当期所得税费用",贷记本账户;实际缴纳时,借记本账户,贷记"银行存款"账户。

在资产负债表债务法下,所得税会计处理的核心是确认、计量递延所得税资产、递延所得税负债,而递延所得税费用不过是借贷(或贷借)递延所得税资产、递延所得税负债的差额。

二、企业所得税会计处理的一般程序

采用资产负债表债务法核算所得税的情况下,企业一般应于每一资产负债表日进行所得税的核算。发生特殊交易或事项时,如企业合并,在确认因交易或事项取得的资产、负债时,即应确认相关的所得税影响。企业进行所得税核算一般应循以下程序。

1.计算当期应交所得税

按照适用税法规定,计算确定当期应纳税所得额,将应纳税所得额与适用的所得税税率计算的结果确认为当期应交所得税。会计分录如下:

借:所得税费用

　贷:应交税费——应交所得税

这里的所得税费用,既包括永久性差异影响所得税的金额,也包括暂时性差异影响所得税的金额,更包括我国会计规定与税法规定一致的内容。对于我国会计规定与税法规定一致的内容和永久性差异影响所得税的金额,就体现在所得税费用中,属于当期所得税,不需要进一步调整。

2.调整暂时性差异对所得税的影响

资产负债表下调整暂时性差异对所得税影响的这一调整属于递延所得税,通过比较资产、负债项目的账面价值与计税基础来进行调整。调整步骤如下:

(1)确定资产和负债的账面价值。

资产负债表日,企业应按照相关会计准则规定,确定资产负债表中除递延所得税资产和递延所得税负债以外的其他资产和负债项目的账面价值。其中,资产、负债的账面价值是指企业按照相关会计准则的规定进行核算后在资产负债表中列示的金额。例如,企业持有的应收账款账面余额为 1 000 万元,企业对该应收账款计提了 100 万元的坏账准备,其账面价值为 900 万元,此为该应收账款在资产负债表中的列示金额。

(2)确定资产和负债的计税基础。

资产负债表日,企业主要以《企业所得税法》和《企业所得税法实施条例》等法规中的适用条款为基础,确定资产负债表中有关资产、负债项目的计税基础。

(3)比较资产、负债的账面价值与其计税基础,确定暂时性差异和递延所得税。

比较资产、负债的账面价值与其计税基础,对于两者存在差异的,分析其差异的性质,除《企业会计准则第 18 号——所得税》中规定的特殊情况外,分别以应纳税暂时性差异和可抵扣暂时性差异乘以所得税税率,确定资产负债表日递延所得税负债和递延所得税资产的应有金额,并与期初递延所得税负债与递延所得税资产的余额相比,确定当期应予进一步确认的递延所得税资产和递延所得税负债金额或予以转销的金额,作为利润表中所得税费用的一个组成部分——递延所得税。

借:递延所得税资产(递延所得税负债)

　　贷:所得税费用

借:所得税费用

　　贷:递延所得税负债(递延所得税资产)

3.确定利润表中的所得税费用

利润表中的所得税费用包括当期所得税和递延所得税两部分。企业在计算确定了当期所得税和递延所得税后,两者之和(或之差)则为利润表中的所得税费用。

三、递延所得税的确认和计量

(一)递延所得税负债的确认和计量

在资产负债表债务法下,企业一般应在资产负债表日分析比较资产、负债的账面价值与其计税基础,将应纳税暂时性差异与适用税率的乘积确认为递延所得税负债。对在企业合并等特殊交易事项中取得的资产、负债,应于购买日确认相应的递延所得税负债。企业在确认计量递延所得税负债时,应遵循以下规则。

(1)一般情况下,企业对所有应纳税暂时性差异均应确认相应的递延所得税负债。

(2)特殊情况下,可以不确认递延所得税负债。

①商誉的初始确认。在非同一控制下的企业合并中,根据《企业会计准则》的规定,合并成本大于合并中取得购买方可辨认净资产公允价值份额的部分,应确认为商誉;按我国税法的规定,计税时如果属于免税合并,商誉的计税基础为零,其账面价值与计税基础不同从而产生应纳税暂时性差异,但不确认相应的递延所得税负债。

②企业合并之外的交易事项发生时,既不影响财务会计利润,也不影响应纳税所得额,对资产负债的初始确认金额与其计税基础不同,从而产生的应纳税暂时性差异。

③对与长期股权投资相关的应纳税暂时性差异,一般应确认相应的递延所得税,不确认相应的递延所得税负债。但在同时满足规定条件(投资企业能够控制暂时性差异的转回时间,该差异在可预见的未来很可能不会转回)时无须确认。

(3)对递延所得税负债,应采用预期清偿该负债期间的适用税率,即应纳税暂时性差异转回期间的适用所得税税率计量。若预计在应纳税暂时性差异转回期间,企业所得税税率不会发生变化,可直接采用现行所得税税率;若预计转回期间会发生变动,则采用预计变动所得税税率。

(4)对递延所得税负债,不要求折现。

(二)递延所得税负债的会计处理

对应予确认的递延所得税负债,应借记"所得税费用——递延所得税费用"、"其他综合收益"和"商誉"等账户,贷记"递延所得税负债"账户。

资产负债表日,对应予确认的递延所得税负债小于"递延所得税负债"账户余额的差额,借记"递延所得税负债"账户,贷记"所得税费用——递延所得税费用"和"其他综合收益"等账户;对应予确认的递延所得税负债大于"递延所得税负债"账户余额的差额,做相反方向的会计分录。

【例 6-9】2021 年 12 月 26 日,天瑞公司购入一台价值 80 000 元、不需要安装的设备。该设备预计使用期限为 4 年,财务会计采用直线法计提折旧(不考虑残值),税务会计采用年数总和法计提折旧(不考虑残值)。假定天瑞公司每年的利润总额均为 100 000 元,无其他纳税调整项目,每年所得税税率为 25%。

【解析】

会计处理如下:

(1)2022 年,财务会计计提折旧 20 000(80 000÷4)元,设备的账面价值为 60 000 元;税务会计计提折旧 32 000 元[80 000×4÷(1+2+3+4)],设备的计税基础为 48 000 元。设备的账面价值与计税基础之间的差额为 12 000 元(60 000－48 000)。确认的账面价值比资产的计税基础高,应确认为递延所得税负债 3 000 元(12 000×25%)。第 1 年,应缴企业所得税 22 000 元{[100 000－(32 000－20 000)]×25%}。

借:所得税费用	25 000	
贷:应交税费——应交企业所得税		22 000
递延所得税负债		3 000

(2)2023 年,财务会计计提折旧 20 000 元,设备的账面价值为 40 000 元;税务会计提折旧 24 000 元[80 000×3÷(1+2+3+4)],设备的计税基础为 24 000 元(48 000－24 000)。设备的账面价值与计税基础之间的差额 16 000 元(40 000－24 000)为累计应确认的应纳税暂时性差异。确认的账面价值比资产的计税基础高,应确认为递延所得税负债。年底应保留的递延所得税负债余额为 4 000 元

（16 000×25％），年初余额为 3 000 元，应再确认递延所得税负债 1 000 元（4 000－3 000）。第 2 年，应缴企业所得税 24 000 元｛[100 000－（24 000－20 000)]×25％｝。

借：所得税费用	25 000	
贷：应交税费——应交企业所得税		24 000
递延所得税负债		1 000

（3）2024 年，财务会计计提折旧 20 000 元，设备的账面价值为 20 000 元；税务会计计提折旧 16 000 元[80 000×2÷（1+2+3+4）]，设备的计税基础为 8 000 元（24 000－16 000）。设备的账面价值与计税基础之间的差额 12 000 元（20 000－8 000）为累计应确认的应纳税暂时性差异。年底应保留的递延所得税负债余额为 3 000 元（12 000×25％），年初余额为 4 000 元，应转回递延所得税负债 1 000 元（4 000－3 000）。第 3 年，应缴企业所得税 26 000 元[100 000+（20 000－16 000）×25％]。

借：所得税费用	25 000	
递延所得税负债	1 000	
贷：应交税费——应交企业所得税		26 000

（4）2025 年，财务会计计提折旧 20 000 元，设备的账面价值为 0；税务会计计提折旧 8 000 元[80 000×1÷（1+2+3+4）]，设备的计税基础为 0（8 000－8 000）。设备的账面价值与计税基础之间的差额为 0。年底应保留的递延所得税负债余额也为 0，年初余额为 3 000 元，应转回递延所得税负债 3 000 元。第 4 年，应缴企业所得税 28 000 元｛[100 000+（20 000－8 000）]×25％｝。

借：所得税费用	25 000	
递延所得税负债	3 000	
贷：应交税费——应交企业所得税		28 000

（三）递延所得税资产的确认和计量

1.递延所得税资产的确认

资产负债表日，分析比较资产、负债（包括筹建费用、税款抵减、未弥补亏损等）的账面价值与其计税基础，将可抵扣暂时性差异与适用税率的乘积确认为递延所得税资产，且其确认应以未来期间可能取得的应纳税所得额为限。就是说，在可抵扣暂时性差异的转回期间，如果企业有明确的证据表明能够产生足够的应纳税所得额，可以利用可抵扣暂时性差异的影响，使与可抵扣暂时性差异相关的经济利益能够实现，则应确认为递延所得税资产。如果未来期间很可能无法取得足够的应纳税所得额,则不予确认(借记"所得税费用",贷记"递延所得税资产")。在判断企业可抵扣暂时性差异转回期间是否会有足够的应纳税所得额时,一是要考虑在未来期间的正常经营活动能够实现的应纳税所得额;二是要考虑此前产生的应纳税暂时性差异在未来期间转回时将增加的应纳税所得额。

对与长期股权投资相关的可抵扣暂时性差异,同时满足下列条件时,企业应确认相应的递延所得税资产:一是暂时性差异在可预见的未来很可能转回;二是未来很可能获得用来抵扣可抵扣暂时性差异的应纳税所得额。

对于按我国税法规定可以结转以后年度的未弥补亏损和税款抵减,视同可抵扣暂时性差异处理。

2.不确认递延所得税资产的情况

在某些情况下,若企业发生的某交易事项不属于企业合并,并且在交易事项发生时,既不影响财务会计利润,也不影响应纳税所得额,则该交易事项中产生的资产、负债的初始确认金额与其计税基础不同而产生的可抵扣暂时性差异,不确认相应的递延所得税资产。

3.递延所得税资产的计量

与递延所得税负债的计量原则相同,在确认递延所得税资产时,也应以预期转回该资产期间的适用税率为基础计量,且不论可抵扣暂时性差异转回期间长短,递延所得税资产不要求折现;期末,应复核递延所得税资产的账面价值。

4.递延所得税资产的会计记录

资产负债表日,根据《企业会计准则第18号——所得税》应予确认的递延所得税资产大于"递延所得税资产"账户余额的差额,借记"递延所得税资产"账户,贷记"所得税费用——递延所得税费用""其他综合收益"等账户;对应予确认的递延所得税资产小于"递延所得税资产"账户余额的差额,做相反的会计分录。

(四)递延所得税资产的会计处理

【例6-10】云栖公司第1年的12月20日购置了一台设备,价值52万元,公司预计该设备使用寿命为5年,预计净残值为2万元,采用年限平均法计提折旧。该公司第2年至第6年每年扣除折旧和所得税之前的利润为110万元,该项政策与税法要求相符。第4年12月31日,公司在进行检查时发现该设备发生减值,可收回金额为10万元。假设整个过程不考虑其他相关税费,该设备在第4年的12月31日以前没有计提固定资产减值准备,重新确定的预计净残值仍为2万元,预计使用寿命没有发生变化。假定按年度计提固定资产折旧,企业所得税税率为25%。

【解析】

第一步,确定一项资产或负债的税基及其暂时性差异(见表6-1)。

表6-1　暂时性差异计算表

单位:万元

年份	原值	净残值	本期计提折旧	累计折旧	本期计提减值	累计计提减值	账面价值	计税基础	暂时性差异
第2年	52	2	10	10	0	0	42	42	0
第3年	52	2	10	20	0	0	32	32	0
第4年	52	2	10	30	12	12	10	22	12
第5年	52	2	4	34	0	12	6	12	6
第6年	52	2	4	38	0	12	2	2	0

第2年1月1日至第3年12月31日,M公司每年计提折旧10万元[(52—2)÷5],两年累计折旧为20万元。每年会计分录为:

借:制造费用等　　　　　　　　　　　　　　100 000

　　贷:累计折旧　　　　　　　　　　　　　　　　　　100 000

假设无其他纳税调整事项,在这两年内,无论是财务会计或是税务会计,均以10万元折旧计提数作为利润扣除,会计的账面价值与计税基础并不存在任何差异,均为32万元(52—20)。

计提所得税的会计分录为:

借:所得税费用　　　　　　　　　　　　　　250 000

　　贷:应交税费——应交企业所得税　　　　　　　　250 000

第二步,确认递延所得税资产或递延所得税负债。

第4年的12月31日,在不考虑计提减值准备情况下计算确定的固定资产账面净值为22万元(52—30),可收回金额为10万元。因此,该公司应计提固定资产减值准备12万元,其会计分录为:

借:资产减值损失　　　　　　　　　　　　　120 000

　　贷:固定资产减值准备　　　　　　　　　　　　　120 000

第4年的12月31日,固定资产发生减值时,应先对固定资产计提折旧,然后才能进行计提固定资产减值准备的会计记录。这时,资产的账面价值与其税基产生了差异。会计的账面价值为10万元(52—30—12),计税基础为22万元,资产账面价值比资产的计税税基低,产生可抵扣暂时性差异12万元。应确认递延所得税资产3万元(12×25%),即递延所得税资产应记入借方。

第三步,以所得税费用为轧平账,编制如下会计分录:

```
借:所得税费用                           220 000
    递延所得税资产                       30 000
  贷:应交税费——应交企业所得税            250 000
```

在资产负债表债务法中,当资产的账面价值低于资产的计税基础时,应确认递延所得税资产,递延所得税资产记借方,所得税费用为应交所得税与递延所得税资产之差。反之,如果确认的资产账面价值比资产的计税基础高,则应确认为递延所得税负债,递延所得税负债记贷方,所得税费用为递延所得税负债与应交所得税之和。第5年至第6年每年计提折旧时,应按该设备第4年12月31日计提减值准备后的固定资产账面价值10万元和尚可使用寿命2年,预计净残值2万元,重新计算折旧率和折旧额,即每年计提折旧金额为4万元$[(10-2)÷2]$。每年的会计分录为:

```
借:制造费用等                           40 000
  贷:累计折旧                                      40 000
```

第5年账面价值为6万元,税基为12万元,暂时性差异为6万元,且账面价值低于税基,应确认为递延所得税资产1.5万元$(6×25\%)$。会计分录为:

```
借:所得税费用                           265 000
  贷:递延所得税资产                                15 000
    应交税费——应交企业所得税                       250 000
```

第6年设备报废前计提折旧4万元,账面价值为2万元,计税基础2万元,暂时性差异为零,转回递延所得税资产余额。报废时,残值2万元,应交所得税为25.5万元$[(110-10+2)×25\%]$。会计分录为:

```
借:制造费用等                           40 000
  贷:累计折旧                                      40 000
借:所得税费用                           270 000
  贷:递延所得税资产                                15 000
    应交税费——应交企业所得税                       255 000
```

(五)适用税率变化对已确认递延所得税资产和递延所得税负债的影响

因适用税收法规的变化,导致企业在某一会计期间适用的所得税税率发生变化的,企业应对已确认的递延所得税资产和递延所得税负债按照新的税率重新计量。

三、所得税费用的会计处理

企业所得税的核算主要是为了确定当期应交所得税以及利润表中应确认的所得税费用。在按照资产负债表债务法核算企业所得税的情况下,利润表中的所得税费用由两个部分组成,即当期所得税和递延所得税。公式如下:

利润表中的所得税费用＝当期所得税＋递延所得税

当期应交所得税＝应纳税所得额×适用的所得税税率

递延所得税＝递延所得税负债的增加额－递延所得税资产的增加额

$$=\left(\begin{matrix}期\ 末\ 递\ 延\\所得税负债\end{matrix}-\begin{matrix}期\ 初\ 递\ 延\\所得税负债\end{matrix}\right)-\left(\begin{matrix}期\ 末\ 递\ 延\\所得税资产\end{matrix}-\begin{matrix}期\ 初\ 递\ 延\\所得税资产\end{matrix}\right)$$

1.递延所得税的确认

【例6-11】年末,天科公司可抵扣暂时性差异2 240万元,应纳税暂时性差异3 000万元,假定所有暂时性差异与直接计入所有者权益的交易事项无关,也没有可抵扣亏损和税款抵减,预计未来期间有足够的应纳税所得额用以抵扣可抵扣暂时性差异。

【解析】

在以下不同假定情况下,天科公司企业所得税的会计处理如下。

(1)假定递延所得税资产和递延所得税负债均无期初余额。

递延所得税资产＝2 240×25％＝560(万元)

递延所得税负债＝3 000×25％＝750(万元)

递延所得税费用＝750－560＝190(万元)

借:所得税费用——递延所得税费用   1 900 000

   递延所得税资产   5 600 000

  贷:递延所得税负债   7 500 000

(2)假定递延所得税资产期初账面余额为460万元,递延所得税负债期初账面余额为670万元。

递延所得税资产＝560－460＝100(万元)

递延所得税负债＝750－670＝80(万元)

递延所得税费用＝80－100＝－20(万元)

借:递延所得税资产   1 000 000

  贷:递延所得税负债   800 000

   所得税费用——递延所得税费用   200 000

(3)假定递延所得税资产期初账面余额为690万元,递延所得税负债期初账面余额为800万元。

递延所得税资产＝560－690＝－130(万元)

递延所得税负债＝750－800＝－50(万元)

递延所得税费用＝－50－(－130)＝80(万元)

借:所得税费用——递延所得税费用　　　　　　　　800 000

　递延所得税负债　　　　　　　　　　　　　　　500 000

　贷:递延所得税资产　　　　　　　　　　　　　　　　　1 300 000

(4)假定递延所得税资产期初账面余额为500万元,递延所得税负债期初账面余额为800万元。

递延所得税资产＝560－500＝60(万元)

递延所得税负债＝750－800＝－50(万元)

递延所得税费用＝－50－60＝－110(万元)

借:递延所得税资产　　　　　　　　　　　　　　　600 000

　递延所得税负债　　　　　　　　　　　　　　　500 000

　贷:所得税费用——递延所得税费用　　　　　　　　　　1 100 000

(5)假定递延所得税资产期初账面余额为670万元,递延所得税负债期初账面余额为690万元。

递延所得税资产＝560－670＝－110(万元)

递延所得税负债＝750－690＝60(万元)

递延所得税费用＝60－(－110)＝170(万元)

借:所得税费用——递延所得税费用　　　　　　　1 700 000

　贷:递延所得税负债　　　　　　　　　　　　　　　600 000

　　递延所得税资产　　　　　　　　　　　　　　　1 100 000

2.利润表中所得税费用的确认

【例6-12】假定某企业适用的所得税税率为25％,2021年度利润表中利润总额为2 125万元。递延所得税资产及递延所得税负债不存在期初余额。

【解析】与所得税核算有关的情况如下。

(1)2021年发生的有关交易和事项中,会计处理与税收处理存在差别的有:

①1月开始计提折旧的一项固定资产,成本为1 000万元,使用年限为10年,净残值为0。会计处理按双倍余额递减法计提折旧,税法按直线法计提折旧。假定税收法规规定的使用年限及净残值与会计规定相同。

②向关联企业捐赠现金 200 万元。

③当年度发生研究开发支出 500 万元,支出不符合资本化条件。

④违反环保规定应支付罚款 200 万元。

⑤期末对持有的存货计提了 50 万元的跌价准备。

⑥期末持有的交易性金融资产成本为 500 万元,公允价值为 800 万元。

(2)2021 年度当期所得税的计算

①对于固定资产,会计上按双倍余额递减法计提折旧 200 万元,而税法规定按直线法计提折旧 100 万元,产生暂时性差异,当期应调增应纳税所得额 100 万元。

②向关联企业捐赠现金 200 万元,税法规定不能税前扣除,当期应调增应纳税所得额 200 万元。

③当年度发生研究开发支出 500 万元,支出不符合资本化条件,这一支出按税法规定可加计 75% 扣除,当期应调减应纳税所得额 375 万元。

④违反环保规定应支付罚款 200 万元,按税法规定不能税前扣除,当期应调增应纳税所得额 200 万元。

⑤期末对持有的存货计提了 50 万元的跌价准备,税法规定不能税前扣除,当期应调增应纳税所得额 50 万元,同时形成暂时性差异。

⑥期末持有的交易性金融资产成本为 500 万元,公允价值为 800 万元,会计上确定的公允价值变动收益税法上不认可,当期应调减应纳税所得额 300 万元,同时形成暂时性差异。

因此,2021 年度应纳所得税的计算如下:

2021 年度应纳税所得额 = 2 125 + 100 + 200 - 500 × 75% + 200 + 50 - 300
= 2 000(万元)

2021 年度应纳所得税 = 2 000 × 25% = 500(万元)

(3)2021 年度递延所得税的计算

该企业 2021 年资产负债表中部分项目的账面价值与计税基础情况如表 6-2 所示。

表 6-2　2021 年资产负债表中部分项目的账面价值与计税基础情况

单位：万元

项目	账面价值	计税基础	差异	
			应纳税暂时性差异	可抵扣暂时性差异
存货	1 500	1 550		50
固定资产原价	1 000	1 000		
减:累计折旧	200	100		
固定资产净值	800	900		100
交易性金融资产	800	500	300	
合计			300	150

递延所得税资产＝150×25％＝37.5(万元)

递延所得税负债＝300×25％＝75(万元)

$$递延所得税＝\left(\begin{array}{c}期末递延\\所得税负债\end{array}-\begin{array}{c}期初递延\\所得税负债\end{array}\right)-\left(\begin{array}{c}期末递延\\所得税资产\end{array}-\begin{array}{c}期初递延\\所得税资产\end{array}\right)$$

$$＝(75-0)-(37.5-0)＝37.5(万元)$$

(4)利润表中所得税费用的计算

所得税费用＝当期应交所得税＋递延所得税＝500＋37.5＝537.5(万元)

借:所得税费用　　　　　　　　　　　　　5 375 000

　　递延所得税资产　　　　　　　　　　　　375 000

　贷:应交税费——应交所得税　　　　　　　　　　　5 000 000

　　递延所得税负债　　　　　　　　　　　　　　　　750 000

　　利润表中所得税费用的确定要考虑当期所得税,还要考虑递延所得税。《企业会计准则第 18 号——所得税》重视的是暂时性差异的处理,即递延所得税的确定问题,而当期应交所得税的确定要考虑永久性差异和暂时性差异。当期应交所得税的确定在实际工作中仍是一项非常复杂的工作,同时也是企业核算的重点和税务部门管理的重点。

第三节　企业所得税纳税申报实务

　　根据我国税法规定,纳税人在月份或者季度终了后 15 日内报送申报表及月份或者季度财务报表,履行月份或者季度纳税申报手续。企业所得税的征收有查账征收(据实征收)与核定征收两种方式。对于会计核算和管理符合税法要求的企业,采用查账征收。自2019年起,国家税务总局修订的《中华人民共和国企业所得税月(季)度预缴纳税申报表(A类,2018年版)》《中华人民共和国企业所得税月(季)度和年度纳税申报表(B类,2018年版)》开始施行,具体规定为:《中华人民共和国企业所得税月(季)度预缴纳税申报表(A类,2018年版)》适用于实行查账征收企业所得税的居民企业;《中华人民共和国企业所得税月(季)度和年度纳税申报表(B类,2018年版)》适用于实行核定征收企业所得税的居民企业。

一、企业所得税缴纳和申报的相关规定

(一)企业所得税的查账征收的相关规定

1.居民企业(查账征收)企业所得税月(季)度预缴纳税申报

根据我国税法规定,实行查账征收方式申报企业所得税的居民企业(包括境外注册中资控股居民企业)在月份或者季度终了之日起的15日内,依照税收法律、法规、规章及其他有关规定,向税务机关填报《中华人民共和国企业所得税月(季)度预缴纳税申报表(A类,2021年版)》及相关附表,进行月(季)度预缴纳税申报。

资料阅读

请扫一扫:《中华人民共和国企业所得税月(季)度预缴纳申报表(A类,2021年版)》

企业预缴企业所得税时,应当按照月度或者季度的实际利润额预缴,实际利润额是按《企业会计准则》规定核算的利润总额减去以前年度待弥补亏损以及不征税收入、免税收入和减免的应纳税所得额后的余额。按照月度或者季度的实际利润额预缴有困难的,可以按照上一纳税年度应纳税所得额的月度或者季度平均额预缴,或者按照税务机关认可的其他方法预缴。预缴方法一经确定,在该纳税年度内不得随意变更。小型微利企业预缴所得税按20%的优惠税率计算,符合减半征收条件的按20%的50%计算。

【例 6-12】某公司按季预缴企业所得税,某年第二季度会计利润为 180 万元(包括国债利息收入 18 万元),上年度未弥补亏损 20 万元,企业所得税税率为 25%。生产经营借款:年初向银行借款 100 万元,年利率为 5%;同期,向甲公司借款 40 万元,年利率为 9%。计提固定资产减值损失 6 万元,不考虑其他纳税调整事项。请计算该公司第二季度预缴企业所得税的基数。

【解析】

季度实际利润额＝180－18－20＝142(万元)

应预缴企业所得税＝142×25%＝35.5(万元)

对于其他永久性差异即长期借款利息超支的 1.6 万元[40×(9%－5%)],以及暂时性差异(资产减值损失 6 万元),季度预缴时不做纳税调整。

2.居民企业(查账征收)企业所得税的汇算清缴

企业所得税汇算清缴是指纳税人在纳税年度终了后 5 个月内,在年度中间终止经营活动的应当在实际终止经营之日起 60 日内,依照税收法律、法规、规章及其他有关规定,自行计算本纳税年度应纳税所得额、应纳所得税额和本纳税年度应补(退)税额,向税务机关提交《中华人民共和国企业所得税年度纳税申报表(A 类,2017 年版)》及其他有关资料,进行年度纳税申报,办理结清税款手续。

纳税年度中间新开业(包括试生产、试经营)或纳税年度中间终止经营活动的纳税人,无论是否在减税、免税期间,也无论盈利或亏损,均应按照我国企业所得税法及其实施条例和有关规定进行居民企业所得税年度申报。

实行查账征收的企业(A 类)适用汇算清缴办法,核定定额征收企业所得税的纳税人(B 类)不进行汇算清缴。企业进行汇算清缴时,应重点关注:

(1)收入。核查查企业收入是否全部入账,特别是往来款项是否存在应该确认为收入而没有入账的情况。

(2)成本。核查企业成本结转与收入是否匹配,是否真实反映企业成本水平。

(3)费用。核查企业费用支出是否符合我国税法规定,计提费用项目和税前列支项目是否超过我国税法规定标准。

(4)税收。核查企业各项税款是否提取并缴纳。

(5)补亏。核查企业当年实现的利润对以前年度发生亏损的合法弥补。

(6)调整。不论是正常纳税的企业,还是依法享受企业所得税减免的企业,在汇算清缴时,均应在财务会计账面利润的基础上进行纳税调整。

请扫一扫:《中华人民共和国企业所得税年度纳税申报表(A类,2017年版)》(2021年修订版)

(二)企业所得税核定征收的相关规定

1.企业所得税核定征收的范围

(1)依照税法规定可以不设账或应设而未设账的。

(2)只能准确核算收入总额或收入总额能够查实,但其成本费用支出不能准确核算。

(3)只能准确核算成本费用支出或成本费用支出能够查实,但其收入总额不能准确核算。

(4)收入总额、成本费用支出均不能正确核算,难以查实。

(5)未按规定期限办理纳税申报,经税务机关责令限期申报,逾期仍不申报的。

2.企业所得税征收方式的确定

(1)企业在每年第一季度填列《企业所得税征收方式鉴定表》一式三份,报主管税务机关审核。所填鉴定表的五个项目依次是:①账簿设置情况;②收入总额核算情况;③成本费用核算情况;④凭证、账簿保存情况;⑤纳税义务履行情况。五项均合格的,实行纳税人自行申报、税务机关查账征收方式。有一项不合格的,实行核定征收方式。具体如下:若①、④、⑤项中有一项不合格或②、③项均不合格,实行定额征收办法;若②、③项中有一项不合格、一项合格,实行核定应税所得率征收办法。

(2)主管税务机关对鉴定表审核后,报县(市、区)级税务机关确定企业的所得税征收方式。

(3)征收方式确定后,在一个纳税年度内一般不得变更。

(4)对实行核定征收方式的纳税人,主管税务机关应该根据企业和当地的具体情况,按照公平、公正、公开原则,分类逐户核定其应纳税额或应税所得率。

3.企业所得税的定额征收

定额征收是指主管税务机关按照一定的标准、程序和方法,直接核定应纳所得税额,由纳税人按规定进行申报缴纳。实行定额征收办法的前年度经营情况,可先采用发票加定额的方法测算本年度应税收入总纳所得税额。

4.按核定应税所得率计算征税

按核定征收方式缴纳企业所得税的企业,在其收入总额或成本费用准确核算的情况下,可按国家规定的应税所得率计算应纳税所得额,再用应纳税所得额乘以适用税率据以申报纳税。按应税所得率方法核定征收企业的应纳企业所得税的计算方式如下:

应税收入额＝收入总额－不征税收入－免税收入

应纳税所得额＝应税收入额×应税所得率

　　　　　　＝成本(费用)支出额÷(1－应税所得率)×应税所得率

应交所得税＝应纳税所得额×适用税率

应税所得率是对核定征收企业所得税的企业计算其应纳税所得额时确定的比例,即企业应纳税所得额占其应税收入的比例。应税所得率主要由税务机关根据不同行业的实际销售率或者经营利润率等情况分别测算得到。各行业应税所得率见表 6-3。

表 6-3　各行业应税所得率表

行业	应税所得率
农、林、牧、渔业	3%～10%
制造业	5%～15%
批发和零售贸易业	4%～15%
交通运输业	7%～15%
建筑业	8%～20%
饮食业	8%～25%
娱乐业	15%～30%
其他行业	10%～30%

主管税务机关应根据纳税人的行业特点、纳税情况、财务管理、会计核算、利润水平等因素,结合本地实际情况分类逐户核定;应税所得率一经核定,除发生特殊情况外,一个纳税年度内一般不得调整。核定征收企业发生的亏损不能在税前弥补。

【例 6-13】某核定征收企业年度实现收入 150 万元,成本费用 130 万元,主管税务机关核定的应税所得率为 10%。

【解析】

如果以收入为核定基数,其应交所得税为 $150×10\%×25\%＝3.75$(万元)。

如果以成本费用为核定基数,其应交所得税为 $130÷(1－10\%)×10\%×25\%＝$

3.61(万元)。

如采用定额征收方式,假定核定其全年应交企业所得税 4 万元,则每季应交 1 万元。

5.核定征收企业所得税月(季)度申报

根据我国税法规定,实行核定征收方式申报企业所得税的居民企业(包括境外注册中资控股居民企业)在月份或者季度终了之日起的 15 日内,依照税收法律、法规、规章及其他有关规定,向税务机关填报《中华人民共和国企业所得税月(季)度和年度纳税申报表(B 类,2018 年版)》及相关附表,进行月(季)度预缴纳税申报。

6.居民企业(核定征收)企业所得税年度申报

按照企业所得税核定征收办法缴纳企业所得税的居民企业依照税收法律、法规、规章及其他有关企业所得税的规定,在规定的纳税期限内向税务机关提交《中华人民共和国企业所得税月(季)度预缴和年度纳税申报表(B 类,2018 年版)》及其他相关资料,向税务机关进行企业所得税年度申报。实行核定定额征收企业所得税的纳税人,不进行汇算清缴。

年度终了之日起 5 个月内或在年度中间终止经营活动的应自实际终止经营之日起 60 日内,向税务机关进行年度纳税申报。申报期限最后一天为法定休假日的,根据《中华人民共和国税收征收管理法实施细则》第一百零九条的规定,以休假日期满的次日为期限的最后一日。

资料阅读

请扫一扫:居民企业(核定征收)企业所得税年度申报

二、小型微利企业所得税预缴和汇算清缴

符合条件的小型微利企业,预缴和年度汇算清缴企业所得税时,通过填写纳税申报表的相关内容,即可享受减半征税政策。

统一实行按季度预缴企业所得税。第一季度预缴企业所得税时,如未完成上一纳税年度汇算清缴,无法判断上一纳税年度是否符合小型微利企业条件的,可暂按上个纳税年度第四季度的预缴申报情况判别。

本年度企业预缴企业所得税时,按照以下规定享受减半征税政策。

(1)查账征收企业。对上一纳税年度符合条件的小型微利企业,分以下两种情况处理:①按实际利润额预缴的,预缴时本年度累计实际利润额不超过 100 万元的,可享受减半征税政策;②按上一纳税年度应纳税所得额平均额预缴的,预缴时可以享受减半征税政策。

(2)核定应税所得率征收企业。上一纳税年度符合条件的小型微利企业,预缴时本年度累计应纳税所得额不超过 100 万元的,可享受减半征税政策。

(3)核定应纳所得税额征收企业。根据减半征税政策规定需要调减定额的,由主管税务机关按程序调整,依规定征收。

(4)上一纳税年度不符合小型微利企业条件的企业,预计本年度符合条件的,预缴时本年度累计实际利润额或累计应纳税所得额不超过 100 万元的,可享受减半征税政策。

(5)本年度新成立的企业,预计本年度符合小型微利企业条件的,预缴时本年度累计实际利润额或者累计应纳税所得额不超过 100 万元的,可享受减半征税政策。

(6)企业预缴时享受了减半征税政策,年度汇算清缴时不符合小型微利企业条件的,应当按规定补缴税款。

三、清算企业所得税申报

居民企业不再持续经营,发生结束自身业务、处置资产、偿还债务以及向所有者分配剩余财产等经济行为时,对清算所得、清算所得税、股息分配等事项进行处理,并依照税收法律法规及相关规定,自清算结束之日起 15 日内,就其清算所得向税务机关申报缴纳企业所得税。

资料阅读

请扫一扫:清算企业所得税申报操作手册 v1.0

第四节　企业所得税纳税申报表的填制

企业所得税纳税申报表的编制是会计中的一个特殊领域。从广义上来说,税款申报表以财务会计信息为基础,但这些信息常常要进行调整或重新组织,以符合所得税报告的要求。

企业所得税纳税申报表的填制是所得税会计的核心内容。企业所得税纳税申报表的填制一般以财务会计信息为基础,但这些信息往往要按税法规定进行纳税调整或重新组织,以符合所得税会计报表的要求——及时、正确地提供税务会计信息。企业进行所得税纳税申报时,必须正确填制并及时报送企业所得税纳税申报表,还应附送同期财务会计报告等资料。

一、企业所得税预缴纳税申报表

企业所得税预缴纳税申报表分为:《企业所得税月(季)度预缴纳税申报表(A类,2021年版)》和《企业所得税月(季)度预缴纳税申报表(B类,2018年版)》。

1.《企业所得税月(季)度预缴纳税申报表(A类,2021年版)》

《企业所得税月(季)度预缴纳税申报表(A类,2021年版)》适用于实行查账(核实)征收企业所得税居民企业纳税人在月(季)度预缴纳税申报时,以及跨地区经营汇总纳税企业的分支机构在进行月(季)度预缴申报和年度汇算清缴时填报。

资料阅读

请扫一扫:居民企业(查账征收)企业所得税月(季)度申报

2.《中华人民共和国企业所得税月(季)度预缴纳税申报表(B类,2018年版)》

《中华人民共和国企业所得税月(季)度预缴和年度纳税申报表(B类,2018年版)》适用于核定征收企业所得税的居民企业在月(季)度预缴申报和年度汇算清缴申报时填报。扣缴义务人还应填报《中华人民共和国扣缴企业所得税报告表》,汇总纳税企业应填报《中华人民共和国企业所得税汇总纳税分支机构分配表》。

资料阅读

请扫一扫:居民企业(核定征收)企业所得税月(季)度申报

二、企业所得税年终汇算清缴申报表

企业所得税的征收方式有查账征收和核定征收两种方式。

1.查账征收企业所得税的汇算清缴申报表

查账征收的居民企业在年终进行企业所得税汇算清缴时,应填报《中华人民共和国企业所得税年度纳税申报表(A 类,2017 年版)》。它适用于查账征收企业,由37 张表单组成,其中必填表 2 张,选填表 35 张。从表单的结构看,全套申报表分为基础信息表、主表、一级明细表(6 张)、二级明细表(25 张)和三级明细表(4 张),表单数据逐级汇总。从填报内容看,全套申报表由反映纳税人整体情况(2 张)、会计核算(6 张)、纳税调整(13 张)、弥补亏损(1 张)、税收优惠(9 张)、境外税收(4 张)、汇总纳税(2 张)等明细情况的表单组成。从使用频率看,绝大部分纳税人实际填报表单的数量为 8~10 张,除 2 张必填表外,《一般企业收入明细表》《一般企业成本支出明细表》《期间费用明细表》《纳税调整项目明细表》《职工薪酬支出及纳税调整明细表》《减免所得税优惠明细表》等为常用表单。其余表单的填报则应根据纳税人所在行业类型、业务发生情况进行正确选择。

资料阅读

请扫一扫:《中华人民共和国企业所得税年度纳税申报表(A 类,2017 年版)》(2021 年修订版)

2.核定征收企业所得税的汇算清缴纳税申报表

按照《企业所得税核定征收办法》缴纳企业所得税的居民企业,依照税收法律、法规、规章及其他有关企业所得税的规定,在规定的纳税期限内向税务机关提交《中华人民共和国企业所得税月(季)度预缴和年度纳税申报表(B类,2018年版)》及其他相关资料,向税务机关进行企业所得税年度申报。实行核定定额征收企业所得税的纳税人,不进行汇算清缴。核定征收企业所得税的居民企业在月(季)度预缴申报和年终汇算清缴时使用的表格相同,因此下文不再详细列举。

三、企业所得税年度纳税申报模拟实训

1.查账征收企业所得税居民企业纳税人的月(季)度预缴纳税申报

【例6-14】北京弘思科技有限公司,查账征收企业所得税,未有需要弥补的亏损额。截至第三季度末,营业收入累计为45 735 321.92元,营业成本累计为43 597 340.03元,利润总额为2 124 401.56元,第一、二季度实际缴纳的企业所得税为46 550.05元。第三季度初从业人数为54人,期末从业人数为58人,季初及季末资产总额分别15 761 889.73元和17 386 390.36元。请计算第三季度企业所得税。

【解析】

1.第三季度企业所得税的计算

资产总额＝(15 761 889.73＋17 386 390.36)÷2＝16 574 140.05(元)

从业人员＝(54＋58)÷2＝56(人)

利润总额＝2 124 401.56(元)

依据《国家税务总局关于实施小型微利企业普惠性所得税减免政策有关问题的公告》(2019年第2号)的规定:

拆分实际利润额为1 000 000元和1 124 401.56元。

对于小型微利企业年应纳税所得额不超过100万元的部分,减按25%计入应纳税所得额,按20%的税率缴纳企业所得税。

(1)按我国税法规定实际缴纳的企业所得税＝1 000 000×25%×20%＝50 000(元)

(2)减免的企业所得税＝1 000 000×(25%－5%)＝200 000(元)

对年应纳税所得额超过100万元,但不超过300万元的部分,减按50%计入应纳税所得额,按20%的税率缴纳企业所得税。

(1)按我国税法规定的实际缴纳企业所得税＝1 124 401.56×50%×20%＝112 440.16(元)

(2)减免的企业所得税＝1 124 401.56×(25%－10%)＝168 660.23(元)

2.企业所得税预缴纳税申报

填写表6-4。

表6-4 A200000 中华人民共和国企业所得税月(季)度预缴纳税申报表(A类)

税款所属期间: 年 月 日至 年 月 日

纳税人识别号(统一社会信用代码): □□□□□□□□□□□□□□□□□□

纳税人名称: 　　　　　　　　　　　　　　金额单位:人民币元(列至角分)

优惠及附报事项有关信息									
项　目	一季度		二季度		三季度		四季度		季度平均值
	季初	季末	季初	季末	季初	季末	季初	季末	
从业人数					54	58			
资产总额(万元)					1 576.19	1 738.64			
国家限制或禁止行业	□是 ☑否				小型微利企业				☑是 □否
	附报事项名称								金额或选项
事项1	(填写特定事项名称)								
事项2	(填写特定事项名称)								
	预缴税款计算								本年累计
1	营业收入								45 735 321.92
2	营业成本								43 597 340.03
3	利润总额								2 124 401.56
4	加:特定业务计算的应纳税所得额								
5	减:不征税收入								
6	减:资产加速折旧、摊销(扣除)调减额(填写A201020)								
7	减:免税收入、减计收入、加计扣除(7.1+7.2+…)								
7.1	(填写优惠事项名称)								
7.2	(填写优惠事项名称)								
8	减:所得减免(8.1+8.2+…)								
8.1	(填写优惠事项名称)								
8.2	(填写优惠事项名称)								
9	减:弥补以前年度亏损								

	附报事项名称	金额或选项
10	实际利润额(3＋4－5－6－7－8－9)\按照上一纳税年度应纳税所得额平均额确定的应纳税所得额	2 124 401.56
11	税率(25％)	
12	应纳所得税额(10×11)	531 100.39
13	减:减免所得税额(13.1＋13.2＋…)	368 660.23
13.1	(填写优惠事项名称)	
13.2	(填写优惠事项名称)	
14	减:本年实际已缴纳所得税额	46 550.05
15	减:特定业务预缴(征)所得税额	
16	本期应补(退)所得税额(12－13－14－15)\税务机关确定的本期应纳所得税额	115 890.11

国家税务总局监制

2.核定征收企业所得税居民企业纳税人的月(季)度预缴纳税申报

【例 6-15】南京共享酒业公司为小型微利企业,税务机关核定其缴纳企业所得税,核定的应税所得率为 4％。截至第三季度末,其累计收入为 1 569 345.61 元,第一、二季度已缴纳企业所得税 1 853.96 元。请计算其第三季度应缴纳的企业所得税。

【解析】

1.第三季度应缴纳的企业所得税的计算

对于小型微利企业年应纳税所得额不超过 100 万元的部分,减按 25％计入应纳税所得额,按 20％的税率缴纳企业所得税。

应纳税所得额＝1 569 345.61×4％＝62 773.82(元)

本期应缴纳的企业所得税＝62 773.82×25％＝15 693.46(元)

按我国税法规定实际缴纳的企业所得税＝62 773.82×25％×20％＝3 138.69(元)

减免的企业所得税＝15 693.46－3 138.69＝12 554.77(元)

第三季度应缴纳的企业所得税＝3 138.69－1 853.96＝1 284.73(元)

2.企业所得税预缴纳税申报

填写表6-5。

表6-5　B100000　中华人民共和国企业所得税月(季)度预缴和年度
纳税申报表(B类,2018年版)

税款所属期间:　年　月　日至　年　月　日

纳税人识别号(统一社会信用代码):□□□□□□□□□□□□□□□□□□□□

纳税人名称:　　　　　　　　　　　　　　　　金额单位:人民币元(列至角分)

核定征收方式	☑核定应税所得率(能核算收入总额的) □核定应税所得率(能核算成本费用总额的) □核定应纳所得税额	
行次	项　目	本年累计 金额
1	收入总额	1 569 345.61
2	减:不征税收入	
3	减:免税收入(4+5+10+11)	
4	国债利息收入免征企业所得税	
5	符合条件的居民企业之间的股息、红利等权益性投资收益免征企业所得税(6+7.1+7.2+8+9)	
6	其中:一般股息红利等权益性投资收益免征企业所得税	
7.1	通过沪港通投资且连续持有H股满12个月取得的股息红利所得免征企业所得税	
7.2	通过深港通投资且连续持有H股满12个月取得的股息红利所得免征企业所得税	
8	居民企业持有创新企业CDR取得的股息红利所得免征企业所得税	
9	符合条件的居民企业之间属于股息、红利性质的永续债利息收入免征企业所得税	
10	投资者从证券投资基金分配中取得的收入免征企业所得税	
11	取得的地方政府债券利息收入免征企业所得税	
12	应税收入额(1-2-3)\成本费用总额	
13	税务机关核定的应税所得率(%)	4%
14	应纳税所得额(第12×13行)\[第12行÷(1-第13行)×第13行]	62 773.82
15	税率(25%)	
16	应纳所得税额(14×15)	15 693.46
17	减:符合条件的小型微利企业减免企业所得税	12 554.77
18	减:实际已缴纳所得税额	1 853.96
L19	减:符合条件的小型微利企业延缓缴纳所得税额(是否延缓缴纳所得税 □是　□否)	1 284.73
19	本期应补(退)所得税额(16-17-18-L19)\税务机关核定本期应纳所得税额	

行次	项　目	本年累计金额
20	民族自治地方的自治机关对本民族自治地方的企业应缴纳的企业所得税中属于地方分享的部分减征或免征(□免征　□减征:减征幅度_____%)	
21	本期实际应补(退)所得税额	

　　谨声明:本纳税申报表是根据国家税收法律法规及相关规定填报的,是真实的、可靠的、完整的。

纳税人(签章):　年　月　日

经办人: 经办人身份证号: 代理机构签章: 代理机构统一社会信用代码:	受理人: 受理税务机关(章): 受理日期:　年　月　日

国家税务总局监制

3.查账征收企业所得税的汇算清缴申报

【例 6-16】甲公司属于高新技术企业,适用 15%的企业所得税税率,2021 年财务资料显示:

(1)营业收入 2 000 万元,其中,转让 5 年以上非独占许可使用权取得技术转让收入 800 万元;

(2)投资收益 245 万元,其中:权益法核算确认的股权投资收益 35 万元,成本法核算确认的股权投资收益 80 万元,国债利息收入 50 万元,转让子公司的股权转让收益 80 万元(其中股权转让收入 580 万元,会计投资成本 500 万元,计税成本 480 万元);

(3)营业成本 900 万元,其中:与技术转让相关的无形资产摊销额 100 万元,实际发生工资费用 120 万元,实际发生职工教育经费 20 万元;

(4)税金及附加 280 万元,其中与技术转让相关的税金 3 万元;

(5)期间费用 230 万元,其中:发生业务招待费 50 万元,实际发生工资费用 82 万元,实际发生职工教育经费 5 万元;

(6)营业外收入 850 万元;

(7)营业外支出 30 万元,其中对外公益性捐赠 25 万元;

(8)季度已累计预缴企业所得税 50 万元。

根据上述资料,计算甲公司 2021 年应补交的企业所得税(计算过程中数据四舍五入,保留小数点后 2 位)。

【解析】

(1)甲公司 2021 年利润总额＝2 000＋245－900－280－230＋850－30＝1 655（万元）。

相关数据填入表 6-6 的第 1～13 行。

表 6-6　A100000　中华人民共和国企业所得税年度纳税申报表(A 类)

行次	类别	项目	金额
1	利润总额计算	一、营业收入(填写 A101010\101020\103000)	20 000 000
2		减:营业成本(填写 A102010\102020\103000)	9 000 000
3		减:税金及附加	2 800 000
4		减:销售费用(填写 A104000)	0
5		减:管理费用(填写 A104000)	2300 000
6		减:财务费用(填写 A104000)	0
7		减:资产减值损失	0
8		加:公允价值变动收益	0
9		加:投资收益	2 450 000
10	利润总额计算	二、营业利润(1－2－3－4－5－6－7＋8＋9)	8 350 000
11		加:营业外收入(填写 A101010\101020\103000)	8 500 000
12		减:营业外支出(填写 A102010\102020\103000)	300 000
13		三、利润总额(10＋11－12)	16 550 000

(2)甲公司技术转让收益。

技术转让所得＝技术转让收入－无形资产摊销费用－相关税费－应分摊期间费用。应分摊期间费用(不含无形资产摊销费用和相关税费)是指技术转让按照当年销售收入占比分摊的期间费用。

技术转让所得＝(800－100－3)－800÷2 000×230＝605(万元)。

根据《中华人民共和国企业所得税法实施条例》,居民企业技术转让所得不超过 500 万元的部分免征企业所得税,超过 500 万元的部分减半征收企业所得税。因此该企业技术转让所得中,500 万元免税,105 万元减半征收,合计减免 552.5 万元。相关数据填入表 6-7。

表 6-7 A107020 所得减免优惠明细表

行次	减免项目	项目名称	项目收入	项目成本	相关税费	应分摊期间费用
		1	4	5	6	7
10	四、符合条件的技术转让项目	5年以上非独占许可使用权	8 000 000	1 000 000	30 000	920 000
12		小计	8 000 000	1 000 000	30 000	920 000

行次	减免项目	项目名称	项目所得额		减免所得额
			免税项目	减半项目	
		1	9	10	11(9＋10×50%)
10	四、符合条件的技术转让项目	5年以上非独占许可使用权	×	×	×
12		小计	5 000 000	1 050 000	5 525 000

(3)按权益法核算的股权投资收益35万元应作纳税调减;按成本法核算的投资收益80万元符合股息红利免税政策,应作纳税调减。其中:"按权益法核算的股权投资收益35万元调减"的相关数据先填入表6-8,再汇入表6-9;"按成本法核算的投资收益80万元符合股息红利免税政策,应作纳税调减"的相关数据先填入表6-10,再汇入表6-11,最终体现在《中华人民共和国企业所得税年度纳税申报表(A类)》第17行。

(4)国债利息收入50万元免税。相关数据填入表6-11。

(5)转让子公司收益因投资成本存在税会差异应调增:500－480＝20(万元)。相关数据填入表6-8,再汇入表6-9。

根据上述第(3)～(5)项的提示,汇总相关数据填写表6-8、表6-9、表6-10、表6-11。

【备注】为简化填表,将投资收益245万分为两大类:长期股权投资195万(持有收益35万＋80万,转让收益80万);长期债券投资50万(国债持有收益50万)。

表 6-8 A105030 投资收益纳税调整明细表

行次	项目	持有收益		
		账载金额	税收金额	纳税调整金额
		1	2	3(2—1)
6	六、长期股权投资	1 150 000	800 000	−350 000
8	八、长期债券投资	500 000	500 000	0
10	合计(1＋2＋3＋4＋5＋6＋7＋8＋9)	1 650 000	1 300 000	−350 000

续表

行次	项目	处置收益			
		会计确认的处置收入	税收计算的处置收入	处置投资的账面价值	处置投资的计税基础
		4	5	6	7
6	六、长期股权投资	5 800 000	5 800 000	5 000 000	4 800 000
8	八、长期债券投资	0	0	0	0
10	合计(1+2+3+4+5+6+7+8+9)	5 800 000	5 800 000	5 000 000	4 800 000

行次	项目	处置收益			纳税调整金额
		会计确认的处置所得或损失	税收计算的处置所得	纳税调整金额	
		8(4−6)	9(5−7)	10(9−8)	11(3+10)
6	六、长期股权投资	800 000	1 000 000	200 000	−150 000
8	八、长期债券投资	0	0	0	0
10	合计(1+2+3+4+5+6+7+8+9)	800 000	1 000 000	200 000	−150 000

表 6-9　A105000　纳税调整项目明细表

行次	项目	账载金额	税收金额	调增金额	调减金额
		1	2	3	4
4	(三)投资收益(填写 A105030)	2 450 000	2 300 000	0	150 000

表 6-10　A107011　符合条件的居民企业之间的股息、红利等权益性投资收益优惠明细表

行次	被投资企业	被投资企业利润分配确认金额		合计
		被投资企业做出利润分配或转股决定时间	依决定归属于本公司的股息、红利等权益性投资收益金额	
		1	6	7	17
1	××公司	2019 年×月×日	800 000	800 000
9	其中:直接投资或非 H 股票投资			800 000

表 6-11　A107010　免税、减计收入及加计扣除优惠明细表

行次	项目	金额
1	一、免税收入(2+3+9+…+16)	1 300 000
2	(一)国债利息收入免征企业所得税	500 000
3	(二)符合条件的居民企业之间的股息、红利等权益性投资收益免征企业所得税(4+5+6+7+8)	800 000
4	1.一般股息红利等权益性投资收益免征企业所得税(填写 A107011)	800 000

(6)计算业务招待费。

根据《国家税务总局关于贯彻落实企业所得税法若干税收问题的通知》(国税函〔2010〕79 号)第八条规定,对从事股权投资业务的企业(包括集团公司总部、创业投资企业等),其从被投资企业所分配的股息、红利以及股权转让收入,可以按规定的比例计算业务招待费扣除限额。

该规定对从事股权投资业务的企业未限定于专门从事股权投资业务的企业。从相关性分析,企业进行股权投资会发生业务招待行为,相应发生的业务招待费与因股权投资而产生的经济利益流入(包括股息、红利以及转让股权收入)有关。

依据上述分析,从事股权投资业务的各类企业从被投资企业(含上市公司)所分配的股息、红利以及股权(股票)转让收入,均可以作为计算业务招待费的基数。

业务招待费扣除限额1:实际发生额的 60%=50×60%=30(万元)。

业务招待费扣除限额2:营业收入、股息性所得、股权转让收入之和的 0.5%=(2 000+80+580)×0.5%=13.3(万元)。

两者取小,税前扣除限额13.3 万元。

业务招待费应调增50-13.3=36.7(万元)。

相关数据填入表 6-12。

表 6-12　A105000　纳税调整项目明细表

行次	项目	账载金额	税收金额	调增金额	调减金额
		1	2	3	4
15	(三)业务招待费支出	500 000	133 000	367 000	×

(7)职工教育经费税前扣除限额=(120+82)×8%=16.16(万元)。

职工教育经费超限额调增=(20+5)-16.16=8.84(万元)。

相关数据先填入表 6-13,再汇入表 6-14。

表 6-13　A105050　职工薪酬支出及纳税调整明细表

行次	项目	账载金额	实际发生额	税收规定扣除率	以前年度累计结转扣除额	税收金额	纳税调整金额	累计结转以后年度扣除额
		1	2	3	4	5	6(1-5)	7
1	一、工资薪金支出	2 020 000	2 020 000	×	×	2 020 000	0	×
4	三、职工教育经费支出	250 000	250 000	×	0	161 600	88 400	88 400
5	其中:按税收规定比例扣除的职工教育经费	250 000	250 000	8%	0	161 600	88 400	88 400
13	合计	2 270 000	2 270 000	×	0	2 181 600	88 400	88 400

表 6-14　A105000　纳税调整项目明细表

行次	项目	账载金额	税收金额	调增金额	调减金额
		1	2	3	4
14	(二)职工薪酬(填写 A105050)	2 270 000	2 181 600	88 400	0

(8)公益性捐赠税前扣除限额＝1 655×12%＝198.6(万元),实际发生的公益性捐赠 25 万元可全额税前扣除。

相关数据填入表 6-15,再汇入表 6-16。

表 6-15　A105070　捐赠支出及纳税调整明细表

行次	项目	账载金额	以前年度结转可扣除的捐赠额	按税收规定计算的扣除限额	税收金额	纳税调增金额	纳税调减金额	可结转以后年度扣除的捐赠额
		1	2	3	4	5	6	7
8	本年(2019 年)	250 000	×	1 986 000	250 000	0	×	0

表 6-16　A105000　纳税调整项目明细表

行次	项目	账载金额	税收金额	调增金额	调减金额
		1	2	3	4
17	(五)捐赠支出(填写 A105070)	250 000	250 000	0	0

【备注】198.6 万＝1 655 万[会计利润(主表第 13 行)]×12%。

（9）甲公司 2021 年应纳税所得额＝1 655－552.5－35－80－50＋20＋36.7＋8.84＝1 003.04（万元）。

相关数据先填入相关表格，再统一汇入表 6-17。

【备注】1 655 万元为企业会计利润，填写主表第 13 行；552.5 万元（500＋105×50％）为技术转让所得减免金额，填写表 6-7；35 万元为按权益法核算确认的股权投资收益免税额，填写表 6-11；80 万元为按成本法核算确认的股权投资收益免税额，填写表 6-11；50 万元为国债利息收入免税额，填写表 6-11；20 万元为转让子公司收益因投资成本存在税会差异的应调增金额，填写表 6-8；36.7 万元为业务招待费应调增金额，填写表 6-16；8.84 万元为职工教育经费应调增金额，填写表 6-13。

表 6-17　A100000　中华人民共和国企业所得税年度纳税申报表（A 类）

行次	类别	项目	金额
14	应纳税所得额计算	减：境外所得（填写 A108010）	0
15		加：纳税调整增加额（填写 A105000）	455 400
16		减：纳税调整减少额（填写 A105000）	150 000
17		减：免税、减计收入及加计扣除（填写 A107010）	1 300 000
18		加：境外应税所得抵减境内亏损（填写 A108000）	0
19		四、纳税调整后所得（13－14＋15－16－17＋18）	15 555 400
20		减：所得减免（填写 A107020）	5 525 000
21		减：弥补以前年度亏损（填写 A106000）	0
22		减：抵扣应纳税所得额（填写 A107030）	0
23		五、应纳税所得额（19－20－21－22）	10 030 400

【备注】45.54 万元＝36.7＋8.84，填写表 6-17 第 15 行；15 万元＝35－20，填写表 6-17 第 16 行；130 万元＝80＋50，填写表 6-17 第 17 行；5.52 万元＝500＋105×50％，填写表 6-17 第 20 行。

（10）甲公司技术转让收益减半征收叠加享受减免税额＝105×50％×（25％－15％）＝5.25（万元）。

甲公司 2019 年度技术转让所得 105 万元减半征收，应该按照 25％减半征收，应该缴纳企业所得税 13.125 万元，而按照 15％减半征收只需缴纳 7.875 万元，两者相差 5.25 万元，因此要加回来。相关数据填入表 6-19。

第 29 行的"二十九、项目所得额按法定税率减半征收企业所得税叠加享受减免税优惠"是指企业从事农林牧渔业项目、国家重点扶持的公共基础设施项目、符合条件的环境保护、节能节水项目、符合条件的技术转让、集成电路生产项目、其他专项优惠等所得额应按法定税率25%减半征收,同时享受高新技术企业、技术先进型服务企业、集成电路线生产企业、国家规划布局内重点软件企业和集成电路设计企业等优惠税率政策。甲公司享受的税收优惠如表6-18所示;按优惠税率减半叠加享受减免税优惠的部分,应在表6-19中对该部分金额进行调整。

表6-18　A107041　高新技术企业优惠情况及明细表

31	减免税额	十、国家需要重点扶持的高新技术企业减征企业所得税	1 003 040

【备注】1 003 040＝10 030 400×(25％－15％)。

表6-19　A107040　减免所得税优惠明细表

2	二、国家需要重点扶持的高新技术企业减按15％的税率征收企业所得税(填写A107041)	1 003 040
29	二十九、减:项目所得额按法定税率减半征收企业所得税叠加享受减免税优惠	52 500
33	合计(1＋2＋…＋28－29＋30＋31＋32)	950 540

(11)甲公司2021年应纳所得税额:1 003.04×15％＋5.25＝155.71(万元)。

(12)甲公司2021年应补所得税额:155.71－50＝105.71(万元)。

相关数据填入表6-20(为贴近实战,填表数据准确到元)。

表6-20　A100000　中华人民共和国企业所得税年度纳税申报表(A类)

行次	类别	项目	金额
24	应纳税额计算	税率(25％)	25％
25		六、应纳所得税额(23×24)	2 507 600
26		减:减免所得税额(填写A107040)	950 540
27		减:抵免所得税额(填写A107050)	0
28		七、应纳税额(25－26－27)	1 557 100
29		加:境外所得应纳所得税额(填写A108000)	0
30		减:境外所得抵免所得税额(填写A108000)	0
31		八、实际应纳所得税额(28＋29－30)	1 557 100
32		减:本年累计实际已预缴的所得税额	500 000
33		九、本年应补(退)所得税额(31－32)	1 057 100

本章小结

（1）企业所得税的会计核算重点是掌握资产负债表债务法的实质及其核算程序，进而掌握递延所得税资产和递延所得税负债的确定方法。

（2）企业所得税的纳税申报重点是掌握企业所得税季度预缴纳税申报表的填写方法，完成企业所得税季度预缴纳税申报表的填列及申报；掌握企业所得税年度纳税申报表主表及其各附表的填写方法，完成企业所得税年度纳税申报表主表及其各附表的填列及申报。

【复习思考题】

1.试述资产负债表债务法的会计处理流程。

2.简述暂时性差异的产生及其分类。

【应用技能题】

北京盛心山庄餐饮有限公司是一家从事餐饮服务的企业。季初从业人员为110人，资产总额为5 000万元；季末从业人数为123人，资产总额为6 200万元。该企业不属于高新技术企业；不属于科技型中小企业；不属于国家限制或禁止行业；本年内未发生以技术成果投资入股。企业所得税采用据实预缴方式缴纳，无减免所得税，4月份已预缴所得税1 458 884.00元。2019年第二季度利润总额为5 210 300.00元，请根据2019年第二季度的利润，于2019年7月9日代为表6-21～表6-24。（金额需要四舍五入的保留两位小数。）

表 6-21　A200000　中华人民共和国企业所得税月（季）度预缴纳税申报表（A 类）

纳税人识别号／统一社会信用代码）：□□□□□□□□□□□□□□□□□□

税款所属期间：　　年　月　日至　　年　月　日

纳税人名称：

金额单位：人民币元（列至角分）

预缴方式	□按照实际利润额预缴	□按照上一纳税年度应纳税所得额平均额预缴	□按照税务机关确定的其他方法预缴
企业类型	□一般企业	□跨地区经营汇总纳税企业总机构	□跨地区经营汇总纳税企业分支机构

按季度填报信息

项　目	一季度		二季度		三季度		四季度		季度平均值
	季初	季末	季初	季末	季初	季末	季初	季末	
从业人数									
资产总额（万元）									
国家限制或禁止行业	□是　□否			小型微利企业		□是　□否			

预缴税款计算

行次	项　目	本年累计金额
1	营业收入	
2	营业成本	
3	利润总额	
4	加：特定业务计算的应纳税所得额	
5	减：不征税收入	
6	减：免税收入、减计收入、所得减免等优惠金额（填写 A201010）	
7	减：资产加速折旧、摊销（扣除）调减额（填写 A201020）	
8	减：弥补以前年度亏损	
9	实际利润额（3＋4－5－6－7－8）按照上一纳税年度应纳税所得额平均额确定的应纳税所得额	
10	税率（25%）	
11	应纳所得税额（9×10）	

行次		项目	本年累计金额
12		减：减免所得税额（填写 A201030）	
13		减：实际已缴纳所得税额	
14		减：特定业务预缴（征）所得税额	
L15		减：符合条件的小型微利企业延缓缴纳所得税（是否延缓缴纳所得税 □是 □否）	
15		本期应补（退）所得税额（11－12－13－14－L15）\税务机关确定的本期应纳所得税额	
		汇总纳税企业总分机构税款计算	
16	总机构填报	总机构本期分摊应补（退）所得税额（17＋18＋19）	
17		其中：总机构分摊应补（退）所得税额（15×总机构分摊比例：___%）	
18		财政集中分配应补（退）所得税额（15×财政集中分配比例：___%）	
19		总机构具有主体生产经营职能部门分摊所得税额（15×全部分支机构分摊比例：___%×总机构具有主体生产经营职能部门分摊比例：___%）	
20	分支机构填报	分支机构本期分摊比例	
21		分支机构本期分摊应补（退）所得税额	

附报信息

高新技术企业	□是 □否	科技型中小企业	□是 □否
技术入股递延纳税事项	□是 □否		

谨声明：本纳税申报表是根据国家税收法律法规及相关规定填报的，是真实的、可靠的、完整的。

纳税人（签章）： 年 月 日

经办人：	受理人：
经办人身份证号：	受理税务机关（章）：
代理机构签章：	受理日期： 年 月 日
代理机构统一社会信用代码：	

国家税务总局监制

表 6-22　A201010　免税收入、减计收入、所得减免等优惠明细表

行次	项　　目	本年累计金额
1	一、免税收入（2＋3＋8＋9＋…＋15）	
2	（一）国债利息收入免征企业所得税	
3	（二）符合条件的居民企业之间的股息、红利等权益性投资收益免征企业所得税（4＋5.1＋5.2＋6＋7）	
4	1.一般股息红利等权益性投资收益免征企业所得税	
5.1	2.内地居民企业通过沪港通投资且连续持有 H 股满 12 个月取得的股息红利所得免征企业所得税	
5.2	3.内地居民企业通过深港通投资且连续持有 H 股满 12 个月取得的股息红利所得免征企业所得税	
6	4.居民企业持有创新企业 CDR 取得的股息红利所得免征企业所得税	
7	5.符合条件的居民企业之间属于股息、红利性质的永续债利息收入免征企业所得税	
8	（三）符合条件的非营利组织的收入免征企业所得税	
9	（四）中国清洁发展机制基金取得的收入免征企业所得税	
10	（五）投资者从证券投资基金分配中取得的收入免征企业所得税	
11	（六）取得的地方政府债券利息收入免征企业所得税	
12	（七）中国保险保障基金有限责任公司取得的保险保障基金等收入免征企业所得税	
13	（八）中国奥委会取得北京冬奥组委支付的收入免征企业所得税	
14	（九）中国残奥委会取得北京冬奥组委分期支付的收入免征企业所得税	
15	（十）其他	
16	二、减计收入（17＋18＋22＋23）	
17	（一）综合利用资源生产产品取得的收入在计算应纳税所得额时减计收入	
18	（二）金融、保险等机构取得的涉农利息、保费减计收入（19＋20＋21）	
19	1.金融机构取得的涉农贷款利息收入在计算应纳税所得额时减计收入	

行次	项　　目	本年累计金额
20	2.保险机构取得的涉农保费收入在计算应纳税所得额时减计收入	
21	3.小额贷款公司取得的农户小额贷款利息收入在计算应纳税所得额时减计收入	
22	(三)取得铁路债券利息收入减半征收企业所得税	
23	(四)其他(23.1＋23.2)	
23.1	1.取得的社区家庭服务收入在计算应纳税所得额时减计收入	
23.2	2.其他	
24	三、加计扣除(25＋26＋27＋28)	×
25	(一)开发新技术、新产品、新工艺发生的研究开发费用加计扣除	×
26	(二)科技型中小企业开发新技术、新产品、新工艺发生的研究开发费用加计扣除	×
27	(三)企业为获得创新性、创意性、突破性的产品进行创意设计活动而发生的相关费用加计扣除	×
28	(四)安置残疾人员所支付的工资所得加计扣除	×
29	四、所得减免(30＋33＋34＋35＋36＋37＋38＋39＋40)	
30	(一)从事农、林、牧、渔业项目的所得减免征收企业所得税	
31	1.免税项目	
32	2.减半征收项目	
33	(二)从事国家重点扶持的公共基础设施项目投资经营的所得定期减免企业所得税	
33.1	其中:从事农村饮水安全工程新建项目投资经营的所得定期减免企业所得税	
34	(三)从事符合条件的环境保护、节能节水项目的所得定期减免企业所得税	
35	(四)符合条件的技术转让所得减免征收企业所得税	
36	(五)实施清洁发展机制项目的所得定期减免企业所得税	

续表

行次	项　　目	本年累计金额
37	(六)符合条件的节能服务公司实施合同能源管理项目的所得定期减免企业所得税	
38	(七)线宽小于 130 纳米的集成电路生产项目的所得减免企业所得税	
39	(八)线宽小于 65 纳米或投资额超过 150 亿元的集成电路生产项目的所得减免企业所得税	
40	(九)其他	
41	合计(1+16+24+29)	
42	附列资料:1.支持新型冠状病毒感染的肺炎疫情防控捐赠支出全额扣除	
43	2.扶贫捐赠支出全额扣除	

表 6-23 A201020 资产加速折旧、摊销（扣除）优惠明细表

行次	项　目	本年享受优惠的资产原值	本年累计折旧、摊销（扣除）金额				
			账载折旧、摊销金额	按照税收一般规定计算的折旧、摊销金额	享受加速政策计算的折旧、摊销金额	纳税调减金额	享受加速政策优惠金额
		1	2	3	4	5	6（4－3）
1	一、加速折旧、摊销（不含一次性扣除，2＋3＋4＋5）						
2	（一）重要行业固定资产加速折旧						
3	（二）其他行业研发设备加速折旧						
4	（三）海南自由贸易港企业固定资产加速折旧						
5	（四）海南自由贸易港企业无形资产加速摊销						
6	二、固定资产、无形资产一次性扣除（7＋8＋9＋10）						
7	（一）500万元以下设备器具一次性扣除						
8	（二）疫情防控重点保障物资生产企业单价500万元以上设备一次性扣除						
9	（三）海南自由贸易港企业固定资产一次性扣除						
10	（四）海南自由贸易港企业无形资产一次性扣除						
11	合计（1＋6）						

表 6-24　A201030　减免所得税优惠明细表

行次	项　目	本年累计金额
1	一、符合条件的小型微利企业减免企业所得税	
2	二、国家需要重点扶持的高新技术企业减按 15％的税率征收企业所得税	
3	三、经济特区和上海浦东新区新设立的高新技术企业在区内取得的所得定期减免企业所得税	
4	四、受灾地区农村信用社免征企业所得税	×
5	五、动漫企业自主开发、生产产品定期减免企业所得税	
6	六、线宽小于 0.8 微米（含）的集成电路生产企业减免企业所得税	
7	七、线宽小于 0.25 微米的集成电路生产企业减按 15％税率征收企业所得税	
8	八、投资额超过 80 亿元的集成电路生产企业减按 15％税率征收企业所得税	
9	九、线宽小于 0.25 微米的集成电路生产企业减免企业所得税	
10	十、投资额超过 80 亿元的集成电路生产企业减免企业所得税	
11	十一、线宽小于 130 纳米的集成电路生产企业减免企业所得税	
12	十二、线宽小于 65 纳米或投资额超过 150 亿元的集成电路生产企业减免企业所得税	
13	十三、新办集成电路设计企业减免企业所得税	
14	十四、国家规划布局内集成电路设计企业可减按 10％的税率征收企业所得税	
15	十五、符合条件的软件企业减免企业所得税	
16	十六、国家规划布局内重点软件企业可减按 10％的税率征收企业所得税	
17	十七、符合条件的集成电路封装、测试企业定期减免企业所得税	
18	十八、符合条件的集成电路关键专用材料生产企业、集成电路专用设备生产企业定期减免企业所得税	
19	十九、经营性文化事业单位转制为企业免征企业所得税	
20	二十、符合条件的生产和装配伤残人员专门用品企业免征企业所得税	

行次	项　目	本年累计金额
21	二十一、技术先进型服务企业（服务外包类）减按15%的税率征收企业所得税	
22	二十二、技术先进型服务企业（服务贸易类）减按15%的税率征收企业所得税	
23	二十三、设在西部地区的鼓励类产业企业减按15%的税率征收企业所得税（主营业务收入占比 ___%）	
24	二十四、新疆困难地区新办企业定期减免企业所得税	
25	二十五、霍尔果斯特殊经济开发区新办企业定期免征企业所得税	
26	二十六、广东横琴、福建平潭、深圳前海等地区的鼓励类产业企业减按15%税率征收企业所得税	
27	二十七、北京冬奥组委、北京冬奥会测试赛事组委会免征企业所得税	
28	二十八、其他（28.1+28.2+28.3+28.4）	
28.1	1.从事污染防治的第三方企业减按15%的税率征收企业所得税	
28.2	2.海南自由贸易港的鼓励类产业企业减按15%税率征收企业所得税	
28.3	3.其他1	
28.4	4.其他2	
29	二十九、民族自治地方的自治机关对本民族自治地方的企业应纳的企业所得税中属于地方分享的部分减征或免征（□免征 □减征：减征幅度 ___%）	
30	合计（1+2+3+4+5+6+…+29）	

第七章　个人所得税的会计处理与纳税申报实务

【学习目标】

1.掌握个人所得税会计处理

2.掌握个人所得税纳税申报

第一节　个人所得税的会计处理

一、综合所得个人所得税的会计处理

1.个人所得税会计科目的设置

个人所得税有代扣代缴和自行申报两种缴纳方式。缴纳方式不同,代扣代缴也有所不同。

(1)代扣代缴个人所得税会计科目的设置

个人所得税的扣缴义务人应在"应交税费"科目下设置"代扣代交个人所得税"明细科目,其贷方发生额反映扣缴义务人应代扣代缴(含预扣预缴)的个人所得税,借方发生额反映扣缴义务人实际缴纳(代缴、预缴)的个人所得税,期末余额在贷方反映扣缴义务人尚未缴纳(代缴、预缴)的个人所得税。

(2)自行申报个人所得税会计科目的设置

个体工商户、个人独资企业、合伙企业等取得经营所得的个人属于取得应税所得没有扣缴义务人的纳税人,需要自行申报缴纳个人所得税。因此,应在"应交税费"科目下设置"应交个人所得税"明细科目,其贷方发生额反映个体工商户、个人独资企业、合伙企业等应缴纳的个人所得税,借方发生额反映个体工商户、个人独资企业、合伙企业等实际缴纳的个人所得税,期末余额在贷方反映个体工商户、个人独资

企业、合伙企业等尚未缴纳的个人所得税。

2.综合所得——工资、薪金所得个人所得税的会计处理

居民个人取得综合所得,按年计算个人所得税;有扣缴义务人的,由扣缴义务人按月或者按次预扣预缴税款;需要办理汇算清缴的,应当在取得所得的次年 3 月 1 日至 6 月 30 日内办理汇算清缴。预扣预缴办法由国务院税务主管部门制定。非居民个人取得工资、薪金所得,有扣缴义务人的,由扣缴义务人按月或者按次代扣代缴税款,不办理汇算清缴。企业作为个人所得税的扣缴义务人,应按规定扣缴该企业职工应缴纳的个人所得税。

企业为职工代扣代缴(含预扣预缴)个人所得税有两种情况:第一,职工自己承担个人所得税税款,企业只负有代扣代缴(含预扣预缴)个人所得税的义务;第二,企业既承担个人所得税税款,又负有代扣代缴(含预扣预缴)个人所得税的义务。但不管是哪一种,对个人所得税的会计核算都是相同的(但第二种情况对于企业来说是存在税收风险的,主要体现在企业承担的个人所得税税款不能在企业所得税税前扣除)。企业在向职工支付工资、薪金并按规定代扣、预扣职工的个人所得税时,借记"应付职工薪酬"科目,贷记"银行存款""应交税费——代扣代交个人所得税"等科目;实际缴纳代扣、预扣的个人所得税时,借记"应交税费——代扣代交个人所得税"科目,贷记"银行存款"等科目。

3.综合所得——劳务报酬所得、稿酬所得、特许权使用费所得个人所得税的会计处理

企业支付给个人劳务报酬、稿酬、特许权使用费时,作为扣缴义务人应代扣代缴个人所得税。企业在支付上述费用并代扣个人所得税时,借记"生产成本""管理费用""销售费用"等科目,贷记"银行存款""库存现金""应交税费——代扣代交个人所得税"等科目;实际缴纳代扣的个人所得税时,借记"应交税费——代扣代交个人所得税"科目,贷记"银行存款"科目。

二、企业预扣预缴/代扣代缴个人所得税的会计处理

(一)支付工资、薪金和劳务报酬预扣预缴所得税的会计处理

企业作为个人所得税的扣缴义务人,应按规定扣缴职工应缴纳的个人所得税。预扣个人所得税时,借记"应付职工薪酬"等账户,贷记"应交税费——应交预扣个人所得税"等账户。

【例 7-1】ABC 公司工程师周冬 1 月份工资收入额 25 000 元,当月专项扣除额

("三险一金")5 500元,专项附加扣除额4 000元,无其他扣除额。

【解析】

公司预扣预缴周冬当月应交个人所得税和相关会计分录如下:

当月应纳税所得额＝25 000－5 500－4 000－5 000＝10 500(元)

当月预扣预缴个人所得税＝10 500×3％＝315(元)

实际发放工资(实务中,会计分录是按总额反映,每人的信息在明细表中)时,编制会计分录如下:

借:应付职工薪酬——工资薪金　　　　　　　　　　25 000

　　贷:银行存款　　　　　　　　　　　　　　　　　　　　19 185

　　　　其他应付款　　　　　　　　　　　　　　　　　　　 5 500

　　　　应交税费——应交预扣个人所得税　　　　　　　　　 315

【例7-2】ABC公司聘请外单位工程师林冬进行设计,支付设计费8 000元。

【解析】

预扣预缴个人所得税＝(8 000－8 000×20％)×20％＝1 280(元)

编制会计分录如下:

借:管理费用　　　　　　　　　　　　　　　　　　 8 000

　　贷:应交税费——应交预扣个人所得税　　　　　　　　　 1 280

　　　　库存现金　　　　　　　　　　　　　　　　　　　　 6 720

上缴税金时,编制会计分录如下:

借:应交税费——应交预扣个人所得税　　　　　　 1 280

　　贷:银行存款　　　　　　　　　　　　　　　　　　　　 1 280

(二)承包、承租经营所得应交所得税的会计处理

承包、承租经营有如下两种情况,个人所得税也相应涉及两个应税项目。

(1)承包、承租人对企业经营成果不拥有所有权,仅是按合同(协议)规定取得一定所得的,其所得按工资、薪金所得项目征税,适用3％～45％的超额累进税率。

(2)承包、承租人按合同(协议)的规定只向发包、出租方交纳一定费用后,企业经营成果归其所有的,承包、承租人取得的所得,按对企事业单位的承包经营、承租经营所得项目,适用5％～35％的超额累进税率。

第一种情况的会计处理方法同工资、薪金所得扣缴所得税的会计处理;第二种情况,应由承包、承租人自行申报缴纳个人所得税,发包、出租方不做扣缴所得税的会计处理。

【例7-3】3月1日,李某与原所在事业单位签订承包合同经营咖啡厅,合同规定承包期为一年,李某全年上交费用100 000元,年终咖啡厅实现利润600 000元。

【解析】

李某应交个人所得税的计算如下:

应纳税所得额＝承包经营利润－上交承包费－费用扣减额

$$=600\ 000-100\ 000-5\ 000\times12$$

$$=440\ 000(元)$$

应交个人所得税＝应纳税所得额×适用税率－速算扣除数

$$=440\ 000\times30\%-40\ 500$$

$$=91\ 500(元)$$

发包、出租方在收到李某交来的承包(租)费时,编制会计分录如下:

借:银行存款　　　　　　　　　　　　　　　　100 000

　贷:其他业务收入　　　　　　　　　　　　　　　　100 000

(三)支付利息所得的个人所得税的会计处理

【例7-4】经过相关部门批准,ABC公司向员工集资1 500万元。按约定,公司年末向员工支付利息100万元。

【解析】

ABC公司在支付上述利息时应代扣个人所得税和相关会计分录如下:

应纳税额＝1 000 000×20%＝200 000(元)

借:财务费用　　　　　　　　　　　　　　　　1 000 000

　贷:应交税费——应交代扣个人所得税　　　　　　　　200 000

　　　银行存款　　　　　　　　　　　　　　　　800 000

实际上缴税金时的会计分录:

借:应交税费——应交代扣个人所得税　　　　　200 000

　贷:银行存款　　　　　　　　　　　　　　　　　200 000

(四)向股东支付股利代扣代缴所得税的会计处理

股份公司向法人股东支付股票股利、现金股利时,因法人股东不缴个人所得税,无代扣代缴问题;若以资本公积转增股本,不属股息、红利的分配,也不涉及个人所得税问题。

公司向个人支付现金股利时,应代扣代缴的个人所得税可从应付现金中直接扣除。公司按应支付给个人的现金股利金额,借记"利润分配——未分配利润",贷记"应付股利";当实际支付现金并代扣个人所得税以后,借记"应付股利",贷记"库存现金""应交税费——应交代扣个人所得税"。

企业派发股票股利或以盈余公积对个人股东转增资本,也应代扣代缴个人所得税,其方法有:

(1)内扣法。在派发股票股利或以盈余公积对个人股东转增资本的同时,从中扣除应代扣代缴的个人所得税,借记"利润分配——未分配利润"等,贷记"股本""应交税费——应交代扣个人所得税"等,这样处理会改变股东权益结构或使公司法人股权与个人股权比例频繁变动。

(2)外扣法。可由企业按增股金额,向个人收取现金以备代缴,或委托证券代理机构从个人股东账户代扣。

公司派发股票股利或以盈余公积对个人股东转增资本时:

借:利润分配(转作股本的股利)、盈余公积等

  贷:股本、实收资本

计算出应扣缴的个人所得税时:

借:其他应收款——代扣个人所得税(配股)

  贷:应交税费——应交代扣个人所得税

收到个人股东交来税款或证券代理机构扣缴税款时:

借:银行存款、库存现金

  贷:其他应收款 代扣个人所得税(配股)

实际上缴税款时:

借:应交税费——应交扣个人所得税

  贷:银行存款

外扣法下,向个人收取现金或委托证券代理机构从个人股东账户代扣税款都有其麻烦和困难。如果可能,公司在决定股利分配方案时,可将股票股利与现金股利结合,使现金股利相当或大于个人股东应缴的所得税,这样即可解决相应的问题。

二、居民企业个人所得税的会计处理

(一)账户设置

居民企业是指按我国税法规定缴纳个人所得税的企业,应设置"本年应税所得"账户,本账户下设"本年经营所得"和"应弥补的亏损"两个明细账户。

"本年经营所得"明细账户核算企业本年生产经营活动取得的收入扣除成本费用后的余额。如果收入大于应扣除的成本费用总额，即为本年经营所得，在不存在税前弥补亏损的情况下，即为本年应税所得，应由"本年应税所得——本年经营所得"账户转入"留存利润"账户。如果计算出的结果为经营亏损，则应将本年发生的经营亏损由"本年经营所得"明细账户转入"应弥补的亏损"明细账户。

"应弥补的亏损"明细账户核算企业发生的、可由生产经营活动所得税前弥补的亏损。发生亏损时，由"本年经营所得"明细账户转入本明细账户。生产经营过程中发生的亏损，可以由以后年度的生产经营所得在税前弥补，但延续弥补期不得超过5年。超过弥补期的亏损，不能再以生产经营所得税前弥补，应从"本年应税所得——应弥补的亏损"账户转入"留存利润"账户，减少企业的留存利润。

(二)本年应税所得的会计处理

年末，企业计算本年经营所得，应将"主营业务收入"和"其他业务收入"账户的余额转入"本年应税所得——本年经营所得"账户的贷方；将"主营业务成本""其他业务成本""销售费用""税金及附加"账户余额转入"本年应税所得——本年经营所得"账户的借方。"营业外收入"和"营业外支出"账户如为借方余额，转入"本年应税所得——本年经营所得"账户的借方；如为贷方余额，转入"本年应税所得——本年经营所得"账户的贷方。

(三)应弥补亏损的会计处理

企业生产经营活动中发生的经营亏损，应由"本年经营所得"明细账户转入"应弥补亏损"明细账户。弥补亏损时，由"应弥补亏损"明细账户转入"本年经营所得"明细账户；超过弥补期的亏损，由"应弥补亏损"明细账户转入"留存利润"账户。

【例 7-5】某个人独资企业某年营业收入 800 000 元，营业成本 700 000 元，销售费用 50 000 元，税金及附加 20 000 元，没有其他项目。

【解析】

结转本年的收入和成本费用时编制如下会计分录：

借:主营业务收入	800 000	
贷:本年应税所得——本年经营所得		800 000
借:本年应税所得——本年经营所得	770 000	
贷:主营业务成本		700 000
销售费用		50 000
税金及附加		20 000

该企业本年应纳税所得额＝800 000－700 000－50 000－20 000－5 000×12

$$＝－30 000(元)$$

转入"应弥补的亏损"明细账户,编制会计分录如下:

借:本年应税所得——应弥补的亏损 　　　　　　　　　　30 000

　　贷:本年应税所得——本年经营所得 　　　　　　　　　　　　　30 000

(四)留存利润的会计处理

企业应设置"留存利润"账户核算非法人企业的留存利润。年度终了,计算结果如为本年经营所得,应将本年经营所得扣除可在税前弥补的以前年度亏损后的余额,转入该账户的贷方;同时计算确定本年应缴纳的个人所得税,记入该账户的借方,然后将税后列支费用及超过弥补期的经营亏损转入该账户的借方。该账户贷方金额减去借方金额后的余额为留存利润额。

【例7-6】某合伙企业年度收入总额550 000元,可在税前扣除的成本费用345 000元,税后列支费用为30 000元,超过弥补期而转入本账户的以前年度亏损为20 000元。以前年度留存利润为零。

【解析】

(1)转入经营所得时

借:本年应税所得——本年经营所得 　　　　　　　　　　205 000

　　贷:留存利润 　　　　　　　　　　　　　　　　　　　　　205 000

(2)计算应交个人所得税时

应交个人所得税＝205 000×20%－10 500＝30 500(元)

借:留存利润 　　　　　　　　　　　　　　　　　　　　30 500

　　贷:应交税费——应交个人所得税 　　　　　　　　　　　　　30 500

(3)转入税后列支费用时

借:留存利润 　　　　　　　　　　　　　　　　　　　　30 000

　　贷:税后列支费用 　　　　　　　　　　　　　　　　　　　　30 000

(4)转入超过弥补期的亏损时

借:留存利润 　　　　　　　　　　　　　　　　　　　　20 000

　　贷:本年应税所得——应弥补亏损 　　　　　　　　　　　　　20 000

留存利润＝205 000－30 500－30 000－20 000＝124 500(元)

(五)缴纳个人所得税的会计处理

1.居民企业(非法人企业)缴纳个人所得税

企业生产经营所得应缴纳的个人所得税,应按年计算,分月预交,年度终了后汇算清缴。企业应在"应交税费"账户下设置"应交个人所得税"明细账户,核算企业预交和应交的个人所得税,以及年终汇算清缴个人所得税的补交和退回情况。企业按月预缴个人所得税时,借记"应交税费——应交个人所得税"账户,贷记"库存现金"等账户;年度终了,计算出全年实际应交的个人所得税,借记"留存利润"账户,贷记"应交税费——应交个人所得税"账户。"应交个人所得税"明细账户的贷方金额大于借方金额的差额为预交数小于应交数的差额。

补交个人所得税时,记入"应交个人所得税"明细账户的借方。收到退回的多交的个人所得税时,记入"应交个人所得税"明细账户的贷方;如果多交的所得税不退回,而是用来抵顶以后期间的个人所得税,多交的个人所得税金额就作为下一年度的预交个人所得税金额。

【例7-7】李某为个体工商户,经过主管税务机关核定,按照上年度实际应交个人所得税额,确定本年各月应预交税额。假设上年度实际应交个人所得税为60 000元。

【解析】

本年各月应预交个人所得税=60 000÷12=5 000(元)

(1)每月预交个人所得税时的会计分录:

借:应交税费——应交个人所得税　　　　　　　　5 000

　　贷:库存现金　　　　　　　　　　　　　　　　　　　5 000

(2)年终汇算清缴全年个人所得税,确定本年度生产经营活动应交个人所得税为80 000元,编制如下会计分录:

借:留存利润　　　　　　　　　　　　　　　　80 000

　　贷:应交税费——应交个人所得税　　　　　　　　　80 000

全年1—12月已经预交个人所得税60 000元(5 000×12),记入"应交个人所得税"明细账户的借方,贷方与借方的差额20 000元(80 000−60 000)为应补交的个人所得税。

(3)补交个人所得税时的会计分录:

借:应交税费——应交个人所得税　　　　　　　20 000

　　贷:库存现金　　　　　　　　　　　　　　　　　　20 000

(4)如果汇算清缴确定的全年应交个人所得税为50 000元,则会计分录如下:

借：留存利润   50 000

    贷：应交税费——应交个人所得税   50 000

（5）已预交个人所得税金额为 60 000 元，应交数为 50 000 元，应交数小于已预交数 10 000 元，由主管税务机关按规定退回。企业收到退税时，编制如下会计分录：

借：库存现金   10 000

    贷：应交税费——应交个人所得税   10 000

如果将企业多交的 10 000 元抵顶下年的个人所得税，只需将该余额转入下一年度即可。

2.企业预扣预缴个人所得税

企业预扣预缴从业人员的个人所得税，应在"应交税费"账户下单独设置"应交预扣个人所得税"明细账户进行核算。根据应预扣额，记入该账户的贷方；实际上缴时，按上缴金额记入该账户的借方。

（六）合伙企业预扣预缴个人所得税的会计处理

合伙企业以每一个合伙人为纳税人，合伙企业的合伙人按照合伙企业的全部生产经营所得和合伙协议约定的分配比例确定应纳税所得额，合伙协议没有约定分配比例的，以全部生产经营所得（包括企业分配给投资者个人的所得和企业当年留存利润）和合伙人数量平均计算每个投资者的应纳税所得额。投资者应纳的个人所得税税款按年计算，分月或分季预缴，年度终了后 3 个月内汇算清缴，多退少补。合伙企业生产经营所得和其他所得采取"先分后税"的原则。

自然人合伙人缴纳的个人所得税不属于合伙企业的税款，不能计入合伙企业的费用。对合伙企业来说，该项税款属于预扣预缴税款，应记入"其他应收款"，以后从合伙企业向合伙人分配的利润中扣减。合伙人为法人和其他组织的，该合伙人取得的生产经营所得和其他所得应缴纳企业所得税。

【例 7-8】 自然人李某和东方有限责任公司各出资 50%，设立一家合伙企业——合礼酒楼，合伙协议约定按出资比例分配利润。某年度合礼酒楼账面利润总额为 1 500 000 元，经纳税调整后的生产经营所得为 2 000 000 元。李某年应交个人所得税 284 500（1 000 000×35%－65 500）元，假设该年度李某每季预缴个人所得税 50 000 元，还应补缴个人所得税 84 500 元。

【解析】

合礼酒楼的相关会计分录如下：

（1）每季计提应预缴个人所得税时

借：其他应收款——李某   50 000

    贷：应交税费——应交预扣个人所得税   50 000

（2）每季预缴个人所得税时

借：应交税费——应交预扣个人所得税   50 000

    贷：银行存款   50 000

（3）年终汇算清缴，补缴个人所得税 84 500 元时

借：其他应收款——李某   84 500

    贷：应交税费——应交预扣个人所得税   84 500

（4）缴纳应补缴税款时

借：应交税费——应交预扣个人所得税   84 500

    贷：银行存款   84 500

东方有限责任公司当年从合礼酒楼取得的应税所得额 1 000 000 元，应并入该公司年度应纳税所得额，计算缴纳企业所得税。

第二节　个人所得税纳税申报实务

一、个人所得税纳税申报

（一）新个人所得税制度实施后扣缴义务的主要变化

一是新个人所得税制度建立了对居民个人工资薪金、劳务报酬、稿酬和特许权使用费四项劳动性所得实行综合计税的制度。为方便纳税人，尽可能实现绝大部分仅有一处工薪收入纳税人日常税款的精准预扣，扣缴义务人支付居民个人工资、薪金所得时，需按照累计预扣法规定预扣个人所得税，并按月办理全员全额扣缴申报、缴国库。

二是新个人所得税制度首次设立了子女教育、继续教育、大病医疗、住房贷款利息或者住房租金、赡养老人六项专项附加扣除。居民个人提供专项附加扣除信息（大病医疗除外）给任职受雇单位的，任职受雇单位作为扣缴义务人，应当依法在工资薪金所得按月预扣税款时进行扣除。

(二)新个人所得税制度新增的扣缴权利与义务

(1)居民个人向扣缴义务人提供专项附加扣除信息的,扣缴义务人按月预扣预缴税款时应当按照规定予以扣除,不得拒绝。

(2)扣缴义务人对纳税人提供的专项附加扣除和其他扣除资料,应当按照规定妥善保存备查。扣缴义务人应当依法对纳税人报送的相关涉税信息和资料保密。

(3)扣缴义务人应当按照纳税人提供的信息计算办理扣缴申报,不得擅自更改纳税人提供的信息。扣缴义务人发现纳税人提供的信息与实际情况不符的,可以要求纳税人修改;纳税人拒绝修改的,扣缴义务人应当报告税务机关。

(4)纳税人取得工资薪金所得,除纳税人另有要求外,扣缴义务人应当于年度终了后两个月内,向纳税人提供其个人所得和已扣缴税款等信息。

(5)纳税人取得除工资薪金所得以外的其他所得,扣缴义务人应当在代扣税款后,及时向纳税人提供其个人所得和已扣缴税款等信息。

(6)扣缴义务人依法履行代扣代缴义务,纳税人不得拒绝。纳税人拒绝的,扣缴义务人应当及时报告税务机关。

(7)扣缴义务人有未按照规定向税务机关报送资料和信息、未按照纳税人提供信息虚报虚扣专项附加扣除、应扣未扣税款、不缴或少缴已扣税款、借用或冒用他人身份等行为的,依照《中华人民共和国税收征收管理法》等相关法律、行政法规规定处理。

(三)扣缴义务人扣缴个人所得税的业务流程

自然人电子税务局(扣缴端)软件用于扣缴义务人为在本单位取得所得的人员(含雇员和非雇员)办理全员全额扣缴申报及代理经营所得纳税申报。

扣缴申报的主体流程如图 7-1 所示。

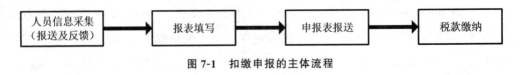

图 7-1　扣缴申报的主体流程

代理经营所得申报的主体流程如图 7-2 所示。

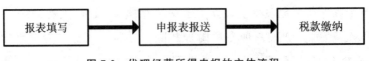

图 7-2　代理经营所得申报的主体流程

人员信息采集：根据《个人所得税基础信息表（A 表）》的要求采集相关信息，系统采用先报送人员信息再填写报表的方式。

报送及反馈：将人员信息报送后，税务局系统对人员身份信息进行验证并反馈验证结果。

报表填写：扣缴申报包括综合所得预扣预缴申报、分类所得代扣代缴申报、非居民代扣代缴申报、限售股转让所得扣缴申报四类的申报表；经营所得申报包括预缴纳税申报（采用《个人所得税经营所得纳税申报表（A 表）》）、年度汇缴申报（采用《个人所得税经营所得纳税申报表（B 表）》）。

申报表报送：通过网络方式将填写完整的申报表发送至税务机关并获取申报反馈结果。

税款缴纳：申报成功后通过网上缴款或其他方式缴纳税款。

资料阅读

请扫一扫：自然人电子税务局扣缴客户端用户操作手册

（四）扣缴申报表填报规程

扣缴义务人根据扣缴税款的不同情形，填写《个人所得税扣缴申报表（2019版）》的对应栏次。

资料阅读

请扫一扫：《个人所得税扣缴申报表（2019 版）》

（五）年度纳税申报

1.纳税申报方式

纳税人可以采用远程办税端、邮寄等方式申报，也可以直接到主管税务机关申报。

纳税人可优先通过网上税务局（包括个人所得税 App）办理年度汇算，税务机关将按规定为纳税人提供申报表预填服务；不方便通过上述方式办理的，也可以通过邮寄方式或到办税服务厅办理。

选择邮寄申报的，纳税人需将申报表寄送至任职受雇单位（没有任职受雇单位的，为户籍或者经常居住地）所在省、自治区、直辖市、计划单列市税务局公告指定的税务机关。

2.取得综合所得需要办理汇算清缴的纳税申报

取得综合所得且符合下列情形之一的纳税人，应当依法办理汇算清缴。

（1）从两处以上取得综合所得，且综合所得年收入额减除专项扣除后的余额超过 6 万元。

（2）取得劳务报酬所得、稿酬所得、特许权使用费所得中一项或者多项所得，且综合所得年收入额减除专项扣除的余额超过 6 万元。

（3）纳税年度内预缴税额低于应纳税额。

上述三种情形，在具体实务中包括：年度综合所得收入超过 12 万元且需要补税金额超过 400 元的；取得两处及以上综合所得，合并后适用税率提高导致已预缴税额小于年度应纳税额；等等。

（4）纳税人申请退税。在实务中是指年度已预缴税额大于年度应纳税额且申请退税的。具体包括如下情形：年度综合所得收入额不超过 6 万元但已预缴个人所得税；年度中间劳务报酬、稿酬、特许权使用费适用的预扣率高于综合所得年适用税率；预缴税款时，未申报扣除或未足额扣除减除费用、专项扣除、专项附加扣除、依法确定的其他扣除或捐赠，以及未申报享受或未足额享受综合所得税收优惠；等等。

纳税人需要办理个人所得税综合所得汇算清缴事项的，可以自主选择下列办理方式。

A.自行办理年度汇算。

B.通过取得工资薪金或连续性取得劳务报酬所得的扣缴义务人代为办理。纳税人向扣缴义务人提出代办要求的，扣缴义务人应当代为办理，或者培训、辅导纳人通过网上税务局(包括个人所得税 App)完成年度汇算申报和退(补)税。由扣缴义务人代为办理的,纳税人应在次年 4 月 30 日前与扣缴义务人进行书面确认,补充提供其上一年度在本单位以外取得的综合所得收入、相关扣除、享受税收优惠等信息资料,并对所提交信息的真实性、准确性、完整性负责。

C.委托涉税专业服务机构或其他单位及个人(以下称受托人)办理,受托人需与纳税人签订授权书。

扣缴义务人或受托人为纳税人办理年度汇算后,应当及时将办理情况告知纳税人。纳税人发现申报信息存在错误的,可以要求扣缴义务人或受托人办理更正申报,也可自行办理更正申报。

为保障个人所得税综合所得汇算清缴顺利实施,根据《中华人民共和国个人所得税法》及其实施条例等相关税收法律、法规规定,国家税务总局将《个人所得税年度自行纳税申报表(A 表)》(包括简易版、问答版)、《个人所得税年度自行纳税申报表(B 表)》、《境外所得个人所得税抵免明细表》、《个人所得税经营所得纳税申报表(A 表)》、《个人所得税减免税事项报告表》、《代扣代缴手续费申请表》五个报表的提示、说明信息进行了补充、完善,并从 2020 年 1 月 1 日起施行,纳税人在办理 2019 年度个人所得税综合所得汇算清缴填写免税收入时,暂不附报《个人所得税减免税事项报告表》。

资料阅读

请扫一扫:《个人所得税年度自行纳税申报表》

3.取得经营所得的纳税申报

纳税人取得经营所得,按年计算个人所得税,由纳税人在月度或季度终了后 15 日内,向经营管理所在地主管税务机关办理预缴纳税申报,并报送根据《国家税务总局关于修订部分个人所得税申报表的公告》(国家税务总局公告 2019 年第 46 号)修订后的《个人所得税经营所得纳税申报表(A 表)》。在取得所得的次年 3 月 31 日前,向经营管理所在地主管税务机关办理汇算清缴,并报送《个人所得税经营所得纳税申报表(B 表)》;从两处以上取得经营所得的,选择向其中一处经营管理所在地主管税务机关办理年度汇总申报,并报送《个人所得税经营所得纳税申报表

（C 表）》。

4.取得应税所得,扣缴义务人未扣缴税款的纳税申报

纳税人取得应税所得,扣缴义务人未扣缴税款的,应当区别以下情形办理纳税申报。

①居民个人取得综合所得的,按照《国家税务总局关于个人所得税自行纳税申报有关问题的公告》(国家税务总局公告 2018 年第 62 号)第一条办理。

②非居民个人取得工资、薪金所得,劳务报酬所得,稿酬所得,特许权使用费所得的,应当在取得所得的次年 6 月 30 日前,向扣缴义务人所在地主管税务机关办理纳税申报,并报送《个人所得税自行纳税申报表(A 表)》。有两个以上扣缴义务人均未扣缴税款的,选择向其中一处扣缴义务人所在地主管税务机关办理纳税申报。

非居民个人在次年 6 月 30 日前离境(临时离境除外)的,应当在离境前办理纳税申报。

③纳税人取得利息、股息、红利所得,财产租赁所得,财产转让所得和偶然所得的,应当在取得所得的次年 6 月 30 日前,按相关规定向主管税务机关办理纳税申报,并报送《个人所得税自行纳税申报表(A 表)》。

税务机关通知限期缴纳的,纳税人应当按照期限缴纳税款。

5.取得境外所得的纳税申报

居民个人从中国境外取得所得的,应当在取得所得的次年 3 月 1 日至 6 月 30 日内,向中国境内任职、受雇单位所在地主管税务机关办理纳税申报;在中国境内没有任职、受雇单位的,向户籍所在地或中国境内经常居住地主管税务机关办理纳税申报;户籍所在地与中国境内经常居住地不一致的,选择其中一地主管税务机关办理纳税申报;在中国境内没有户籍的,向中国境内经常居住地主管税务机关办理纳税申报。

根据《国家税务总局关于修订部分个人所得税申报表的公告》(国家税务总局公告 2019 年第 46 号)规定,居民个人纳税年度内取得境外所得,按照税法规定办理取得境外所得个人所得税自行申报。在进行个人所得税综合所得汇算清缴时,除报送《个人所得税年度自行纳税申报表》(B 表)外,还应一并附报《境外所得个人所得税抵免明细表》。

6.因移居境外注销中国户籍的纳税申报

纳税人因移居境外注销中国户籍的,应当在申请注销中国户籍前,向户籍所在地主管税务机关办理纳税申报,进行税款清算。

7.非居民个人在中国境内从两处以上取得工资、薪金所得的纳税申报

非居民个人在中国境内从两处以上取得工资、薪金所得的,应当在取得所得的次月15日内,向其中一处任职、受雇单位所在地主管税务机关办理纳税申报,并报送《个人所得税自行纳税申报表(A表)》。

8.年度汇算清缴减免税额和专项扣除信息要求

①残疾、孤老人员和烈属取得综合所得办理汇算清缴时,汇算清缴地与预扣预缴地规定不一致的,用预扣预缴地规定计算的减免税额与用汇算清缴地规定计算的减免税额相比较,按照孰高值确定减免税额。

②居民个人填报专项附加扣除信息存在明显错误,经税务机关通知,居民个人拒不更正或者不说明情况的,税务机关可暂停纳税人享受专项附加扣除。居民个人按规定更正相关信息或者说明情况后,经税务机关确认,居民个人可继续享受专项附加扣除,以前月份未享受扣除的,可按规定追补扣除。

9.年度汇算的退税、补税

纳税人申请年度汇算退税,应当提供其在中国境内开设的符合条件的银行账户。税务机关按规定审核后,按照国库管理有关规定,在《国家税务总局关于办理2019年度个人所得税综合所得汇算清缴事项的公告》(国家税务总局公告2019年第44号)第九条确定的接受年度汇算申报的税务机关所在地(即汇算清缴地)就地办理税款退库。纳税人未提供本人有效银行账户,或者提供的信息资料有误的,税务机关将通知纳税人更正,纳税人按要求更正后依法办理退税。

10.申报信息及资料留存

纳税人办理年度汇算时,除向税务机关报送年度汇算申报表外,如需修改本人相关基础信息,新增享受扣除或者税收优惠的,还应按规定一并填报相关信息。填报的信息,纳税人需仔细核对,确保真实、准确、完整。

纳税人以及代办年度汇算的扣缴义务人,需将年度汇算申报表以及与纳税人综合所得收入、扣除、已缴税额或税收优惠等相关资料,自年度汇算期结束之日起留存5年。

二、个人所得税纳税申报模拟实训

(一)基本信息

北京凯利商贸有限公司2019年1月1日将公司承包给吴元华经营,年底结算时公司将2019年净利润扣除承包费后付给吴元华。相关凭证单据如图7-3、7-4和7-5所示。

企业基本情况表

企业名称	北京凯利商贸有限公司		
通讯地址	北京朝阳区酒仙桥路110号	邮编	100006
统一社会信用代码	91110108000394812		
主管税务机关	国家税务总局北京市朝阳区税务局		
开户银行	交通银行北京朝阳支行	账号	140200892911993949022
成立时间	2010.03.04	注册资本	人民币壹仟万元整
法定代表人	华为利	相关行业工作年数	8
联系人	华为利	联系电话	010-89202049
经营范围 （按照营业执照上登记填写）	批发、零售		
所属行业	⊙ 农、林、牧、渔业　⊙ 采矿业　⊙ 制造业　⊙ 建筑业 ⊙ 电力、燃气及水的生产和供应业　⊙ 信息传输、计算机服务和软件业 ⊙ 交通运输、仓储和邮政业　☑ 批发和零售业 ⊙ 生活服务业　⊙ 房地产业　⊙ 金融业　⊙ 现代服务业　⊙ 其他		
主要关联企业名称 （集团公司、母子总分公司、 或者同属集团公司的子/分公司）			

图 7-3　企业基本情况

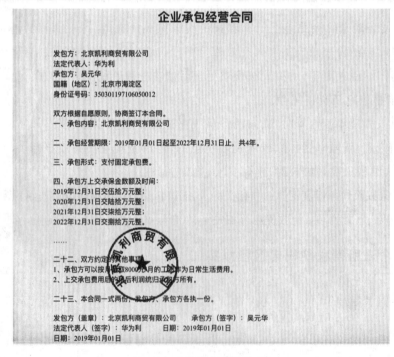

企业承包经营合同

发包方：北京凯利商贸有限公司
法定代表人：华为利
承包方：吴元华
国籍（地区）：北京市海淀区
身份证号码：350301197106050012

双方根据自愿原则，协商签订本合同。
一、承包内容：北京凯利商贸有限公司

二、承包经营期限：2019年01月01日起至2022年12月31日止，共4年。

三、承包形式：支付固定承包费。

四、承包方上交承保金数额及时间：
2019年12月31日交伍拾万元整；
2020年12月31日交陆拾万元整；
2021年12月31日交柒拾万元整；
2022年12月31日交捌拾万元整。

......

二十二、双方约定的其他事项
1、承包方可以按照每月8000元/月的工资作为日常生活费用。
2、上交承包费用后的税后利润统归承包方所有。

二十三、本合同一式两份，发包方、承包方各执一份。

发包方（盖章）：北京凯利商贸有限公司　　承包方（签字）：吴元华
法定代表人（签字）：华为利　　日期：2019年01月01日
日期：2019年01月01日

图 7-4　企业承包经营合同

图 7-5　简易利润表

(二)实训要求:请根据以上信息填写《个人所得税生产经营所得纳税申报表(B表)》

1.如图 7-6 所示,按如下步骤依次点击:我要办税——税费申报及缴纳——其他申报——个人所得税——个税生产经营所得查询——《个人所得税生产经营所得纳税申报表(B表)》清册。

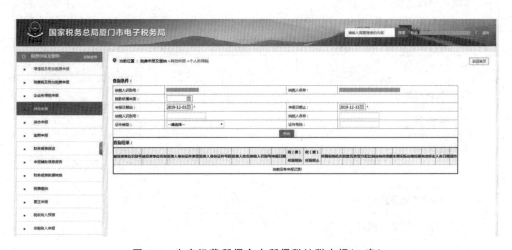

图 7-6　生产经营所得个人所得税纳税申报(B 表)

2.填写表 7-1

表 7-1　个人所得税生产经营所得纳税申报表(B 表)

税款所属期:2019 年 01 月 01 日至 2019 年 12 月 31 日
纳税人姓名:吴元华
纳税人识别号:350311197106050012　　　　　　　　　　金额单位:人民币元(列至角分)

被投资单位信息	名称	北京凯利商贸有限公司	纳税人识别号(统一社会信用代码)	911101088000394812	
项目				行次	金额/比例
一、收入总额				1	1 683 497.11
其中:国债利息收入				2	
二、成本费用(3＝4＋5＋6＋7＋8＋9＋10)				3	816 000.00
(一)营业成本				4	400 000.00
(二)营业费用				5	45 000.00
(三)管理费用				6	40 000.00
(四)财务费用				7	30 000.00
(五)税金				8	300 000.00
(六)损失				9	
(七)其他支出				10	1 000.00
三、利润总额(11＝1－2－3)				11	867 497.11
四、纳税调整增加额(12＝13＋27)				12	96 000.00
(一)超过规定标准的扣除项目金额(13＝14＋15＋16＋17＋18＋19＋20＋21＋22＋23＋24＋25＋26)				13	0.00
1.职工福利费				14	
2.职工教育经费				15	
3.工会经费				16	
4.利息支出				17	
5.业务招待费				18	
6.广告费和业务宣传费				19	
7.教育和公益事业捐赠				20	
8.住房公积金				21	
9.社会保险费				22	

项目	行次	金额/比例
10.折旧费用	23	
11.无形资产摊销	24	
12.资产损失	25	
13.其他	26	
（二）不允许扣除的项目金额(27＝28＋29＋30＋31＋32＋33＋34＋35＋36)	27	96 000.00
1.个人所得税税款	28	
2.税收滞纳金	29	
3.罚金、罚款和被没收财物的损失	30	
4.不符合扣除规定的捐赠支出	31	
5.赞助支出	32	
6.用于个人和家庭的支出	33	
7.与取得生产经营收入无关的其他支出	34	
8.投资者工资薪金支出	35	96 000.00
9.其他不允许扣除的支出	36	
五、纳税调整减少额	37	216 874.28
六、纳税调整后所得(38＝11＋12－37)	38	746 622.83
七、弥补以前年度亏损	39	
八、合伙企业个人合伙人分配比例（%）	40	
九、允许扣除的个人费用及其他扣除(41＝42＋43＋48＋55)	41	60 000.00
（一）投资者减除费用	42	60 000.00
（二）专项扣除(43＝44＋45＋46＋47)	43	0.00
1.基本养老保险费	44	
2.基本医疗保险费	45	
3.失业保险费	46	
4.住房公积金	47	
（三）专项附加扣除(48＝49＋50＋51＋52＋53＋54)	48	

续表

项目	行次	金额/比例
1.子女教育	49	
2.继续教育	50	
3.大病医疗	51	
4.住房贷款利息	52	
5.住房租金	53	
6.赡养老人	54	
(四)依法确定的其他扣除(55＝56＋57＋58＋59)	55	
1.商业健康保险	56	
2.税延养老保险	57	
3.	58	
4.	59	
十、投资抵扣	60	500 000.00
十一、准予扣除的个人捐赠支出	61	
十二、应纳税所得额(62＝38－39－41－60－61)或[62＝(38－39)×40－41－60－61]	62	186 622.83
十三、税率(％)	63	20％
十四、速算扣除数	64	10 500.00
十五、应纳税额(65＝62×63－64)	65	26 824.57
十六、减免税额(附报《个人所得税减免税事项报告表》)	66	
十七、已缴税额	67	
十八、应补/退税额(68＝65－66－67)	68	26 824.57

谨声明:本表是根据国家税收法律法规及相关规定填报的,是真实的、可靠的、完整的。

纳税人签字:　　　年　　月　　日

经办人: 经办人身份证件号码: 代理机构签章: 代理机构统一社会信用代码:	受理人: 受理税务机关(章): 受理日期:　　年　　月　　日

国家税务总局监制

本章小结

（1）本章主要从企业的角度对个人所得税会计和纳税申报进行阐述。一类是承担预扣预缴/代扣代缴个人所得税义务的企业，另一类是缴纳个人所得税的居民企业。应掌握个人所得税制要素，正确履行预扣预缴/代扣代缴义务并进行相应的会计处理；掌握居民企业应交个人所得税及其相应的会计处理方法。

（2）新《中华人民共和国个人所得税法》建立了对居民个人工资薪金、劳务报酬、稿酬和特许权使用费四项劳动性所得实行综合计税的制度。为方便纳税人，尽可能实现绝大部分仅有一处工薪收入纳税人日常税款的精准预扣，扣缴义务人支付居民个人工资、薪金所得时，需按照累计预扣法规定预扣个人所得税，并按月办理全员全额扣缴申报、上缴国库。新《中华人民共和国个人所得税法》首次设立了子女教育、继续教育、大病医疗、住房贷款利息或者住房租金、赡养老人六项专项附加扣除。依据新《中华人民共和国个人所得税法》规定，居民个人提供专项附加扣除信息（大病医疗除外）给任职受雇单位的，任职受雇单位作为扣缴义务人，应当依法在工资薪金所得按月预扣税款时进行扣除。

【复习思考题】

1.居民个人与非居民个人工资、薪金所得的应纳税所得额计算有何不同？

2.企业如何进行工资、薪金所得预扣预缴个人所得税的月预扣和年度会计处理？

3.个人所得税年度汇算清缴时，扣缴义务人是否需要做相应的会计分录，为什么？

【应用技能题】

胡某就职于境内某建筑公司，每月缴纳"三险一金"2 000元，2020年1月工资16 000元，某建筑公司代胡某扣缴申报其1月的个人所得税。请根据以上信息填写表7-2。

表7-2 个人所得税扣缴申报表

税款所属期：　年　月　日　至　年　月　日

扣缴义务人名称：

扣缴义务人纳税人识别号（统一社会信用代码）：□□□□□□□□□□□□□□□□□□

金额单位：人民币元（列至角分）

序号	姓名	身份证件类型	身份证件号码	纳税人识别号	是否为非居民个人	所得项目	收入额计算				本月（次）情况 专项扣除				其他扣除						累计情况 累计收入额	累计减除费用	累计专项扣除	累计专项附加扣除 子女教育	赡养老人	住房贷款利息	住房租金	继续教育	累计其他扣除	减按计税比例	准予扣除的捐赠额	应纳税所得额	税款计算 税率/预扣率	速算扣除数	应纳税额	减免税额	已缴税额	应补/退税额	备注
							收入	费用	免税收入	减除费用	基本养老保险费	基本医疗保险费	失业保险费	住房公积金	年金	商业健康保险	税延养老保险	财产原值	允许扣除的税费	其他																			
1	2	3	4	5	6	7	8	9	10	11	12	13	14	15	16	17	18	19	20	21	22	23	24	25	26	27	28	29	30	31	32	33	34	35	36	37	38	39	40
合计合计																																							

谨声明：本表是根据国家税收法律法规及相关规定填报的，是真实的、可靠的、完整的。

扣缴义务人（签章）：

年　月　日

经办人签字：

经办人身份证件号码：

代理机构签章：

代理机构统一社会信用代码：

受理人：

受理税务机关（章）：

受理日期：　年　月　日

国家税务总局监制

第八章 其他税种的会计处理与纳税申报实务

【学习目标】

1.掌握土地增值税会计处理与纳税申报

2.掌握印花税会计处理与纳税申报

3.掌握契税会计处理与纳税申报

4.掌握房产税、城镇土地使用税会计处理与纳税申报

5.掌握资源税会计处理与纳税申报

6.掌握环境保护税会计处理与纳税申报

7.熟悉耕地占用税会计处理与纳税申报

8.熟悉车船税、车辆购置税会计处理与纳税申报

9.熟悉烟叶税会计处理与纳税申报

10.掌握城市维护建设税与教育费附加会计处理与纳税申报

第一节 财产和行为税合并纳税申报

自 2020 年 12 月 1 日起,财产和行为税合并纳税申报,对财产和行为税(含土地增值税、印花税、契税、房产税、城镇土地使用税、资源税、环境保护税、耕地占用税、车船税、车辆购置税、烟叶税;不含城市维护建设税,城市维护建设税分别与增值税、消费税合并申报)进行合并申报,支持不同纳税期限的税种同时申报,实现多税种"一张报表、一次申报、一次缴款、一张凭证"。

纳税人依照税收法律法规及相关规定确定申报期限、申报内容,填报《财产和行为税纳税申报表》,进行财产和行为税的纳税申报。但是,该表根据各税种税源明细

表自动生成,申报前需填写税源明细表。

《财产和行为税纳税申报表》填报注意事项如下。

(1)本表适用于申报土地增值税、印花税、契税、房产税、城镇土地使用税、资源税、环境保护税、耕地占用税、车船税、车辆购置税、烟叶税。

(2)本表根据各税种税源明细表自动生成,申报前需填写税源明细表。

(3)本表包含一张附表《财产和行为税减免税明细申报附表》。

(4)纳税人识别号(统一社会信用代码):填写税务机关核发的纳税人识别号或有关部门核发的统一社会信用代码。纳税人名称:填写营业执照、税务登记证等证件载明的纳税人名称。

(5)税种:税种名称,多个税种的,可增加行次。

(6)税目:税目名称,多个税目的,可增加行次。

(7)税款所属期起:纳税人申报相应税种所属期的起始时间,填写具体的年、月、日。

(8)税款所属期止:纳税人申报相应税种所属期的终止时间,填写具体的年、月、日。

(9)计税依据:计算税款的依据。

(10)税率:适用的税率。

(11)应纳税额:纳税人本期应当缴纳的税额。

(12)减免税额:纳税人本期享受的减免税金额,等于减免税附表中该税种的减免税额小计。

(13)已缴税额:纳税人本期应纳税额中已经缴纳的部分。

(14)应补(退)税额:纳税人本期实际需要缴纳的税额。应补(退)税额=应纳税额-减免税额-已缴税额。

资料阅读

请扫一扫:《财产和行为税纳税申报表》

《财产和行为税纳税申报表》和《财产和行为税减免税明细申报附表》见表8-1、8-2。

表 8-1 财产和行为税纳税申报表

纳税人识别号（统一社会信用代码）：□□□□□□□□□□□□□□□□□□

纳税人名称：

金额单位：人民币元（列至角分）

序号	税种	税目	税款所属期起	税款所属期止	计税依据	税率	应纳税额	减免税额	已缴税额	应补（退）税额
1										
2										
3										
4										
5										
6										
7										
8										
9										
10										
11										

声明：此表是根据国家税收法律法规及相关规定填写的，本人（单位）对填报内容（及附带资料）的真实性、可靠性、完整性负责。

纳税人（签章）： 年 月 日

经办人：

经办人身份证号：

代理机构签章：

代理机构统一社会信用代码：

受理人：

受理税务机关（章）：

受理日期： 年 月 日

表 8-2 财产和行为税减免税明细申报表

纳税人识别号(统一社会信用代码):□□□□□□□□□□□□□□□□□□
纳税人名称:

本期是否适用增值税小规模纳税人减征政策 □是 □否

本期适用增值税小规模纳税人减征政策起始时间 年 月
本期适用增值税小规模纳税人减征政策终止时间 年 月

金额单位:人民币元(列至角分)

合计减免税额

城镇土地使用税

序号	土地编号	税款所属期起	税款所属期止	减免性质代码和项目名称	减免税额
1	—				
小计					

房产税

序号	房产编号	税款所属期起	税款所属期止	减免性质代码和项目名称	减免税额
1	—			—	
小计					

车船税

序号	车辆识别代码/船舶识别码	税款所属期起	税款所属期止	减免性质代码和项目名称	减免税额
1				—	
小计					

印花税

序号	税目	税款所属期起	税款所属期止	减免性质代码和项目名称	减免税额
1	—			—	
小计					

本期是否适用增值税小规模纳税人减征政策	□是 □否
本期适用增值税小规模纳税人减征政策起始时间	年 月
本期适用增值税小规模纳税人减征政策终止时间	年 月

资源税

序号	税目	子目	税款所属期起	税款所属期止	减免性质代码和项目名称	减免税额
	—	—			—	
1						
小计						

耕地占用税

序号	税源编号	税款所属期起	税款所属期止	减免性质代码和项目名称	减免税额
	—			—	
1					
2					
小计					

契税

序号	税源编号	税款所属期起	税款所属期止	减免性质代码和项目名称	减免税额
	—			—	
1					
2					
小计					

土地增值税

序号	项目编号	税款所属期起	税款所属期止	减免性质代码和项目名称	减免税额
	—			—	
1					
2					
小计					

续表

本期是否适用增值税小规模纳税人减征政策	□是 □否
本期适用增值税小规模纳税人减征政策起始时间	年 月
本期适用增值税小规模纳税人减征政策终止时间	年 月

环境保护税

序号	税源编号	污染物类别	污染物名称	税款所属期起	税款所属期止	减免性质代码和项目名称	减免税额
1	—	—	—			—	
小计	—						

声明：此表是根据国家税收法律法规及相关规定填写的，本人（单位）对填报内容（及附带资料）的真实性、可靠性、完整性负责。

纳税人（签章）：　　　　年　月　日

经办人：
经办人身份证号：
代理机构签章：
代理机构统一社会信用代码：

受理人：
受理税务机关（章）：
受理日期：　年　月　日

第二节　土地增值税会计处理和纳税申报

一、土地增值税的会计处理

(一)主营房地产业务的土地增值税会计处理

主营房地产业务的企业,既有房地产开发企业,也有对外经济合作企业、股份制试点企业和外商投资房地产企业等。由于土地增值税是在转让房地产的流转环节纳税,并且是为了取得当期销售收入而支付的费用,因此,计算应缴土地增值税时,借记"税金及附加"等,贷记"应交税费——应交土地增值税"。实际缴纳土地增值税时,借记"应交税费——应交土地增值税",贷记"银行存款"等。

1.预缴土地增值税的会计处理

纳税人在项目全部竣工前转让房地产取得的收入,由于涉及成本计算,又或是其他原因,无法据以计算土地增值税,可以预缴土地增值税。待项目全部竣工、办理结算手续后,再进行清算,多退少补。

企业预缴土地增值税的会计处理与上缴土地增值税相同,均是借记"应交税费——应交土地增值税",贷记"银行存款"。待房地产销售收入实现时,再按应缴的土地增值税,借记"税金及附加",贷记"应交税费——应交土地增值税"。这种会计处理方法,在企业未实现销售收入(未进行结算)前,使"应交税费——应交土地增值税"账户先出现借方余额,本是预缴了土地增值税,但可能会使财务会计报表的阅读者误认为企业"多缴了税款"。因此,企业也可以增设"递延所得税资产"账户以反映预提和结转的土地增值税。

【例 8-1】幸福房地产公司 7 月份销售 A 项目,取得普通住宅预收款 8 880 万元,开工许可证在营改增后取得,适用增值税一般计税方法,本省规定的土地增值税预征率为 2%。

【解析】

预缴增值税＝8 880÷(1＋9%)×3%＝244.4(万元)

预缴土地增值税＝(8 880－244.4)×2%＝172.71(万元)

会计分录如下:

(1)收到预收款时

借:银行存款   88 800 000

 贷:预收账款   88 800 000

（2）次月预缴增值税时

借:应交税费——预交增值税   2 444 000

 贷:银行存款   2 444 000

（3）预缴土地增值税时

借:应交税费——土地增值税   1 727 100

 贷:银行存款   1 727 100

可见，预缴增值税与预缴土地增值税的计税依据不同。

2.现货房地产销售的涉税会计处理

在现货房地产销售情况下，采用一次性收款、房地产移交使用、发票账单提交买主、钱货两清的，应于房地产移交和发票结算账单提交买主时确认销售实现，借记"银行存款"等，贷记"主营业务收入"等。同时，计算应由实现的营业收入负担的土地增值税，借记"税金及附加"，贷记"应交税费——应交土地增值税"。

采用分期收款方式销售房地产的，应以合同规定的收款时间确认销售实现，分次结转收入，并计算应缴的土地增值税，借记"税金及附加"，贷记"应交税费——应交土地增值税"。

【例8-2】针对例8-1，如采用分期收款方式销售房地产，则会计分录如下。

【解析】

（1）销售房产时

借:银行存款   88 800 000

 贷:主营业务收入   88 800 000

  应交税费——应交增值税（销项税额）

（2）计算应交土地增值税

借:税金及附加   1 727 100

 贷:应交税费——应交土地增值税   1 727 100

3.商品房预售的涉税会计处理

商品房预售应符合以下条件:已交付全部土地出让金，取得土地使用权证书;持有建设工程规划许可证;按提供预售的商品房计算，投入开发建设的资金达到总投资的25%以上，并已经确定工程进度和竣工交付日期;向县级以上人民政府房产管理部门办理预售登记，取得商品房预售许可证。

在商品房预售的情况下,商品房交付使用前采取一次性收款或分次收款的,收到购房款时,借记"银行存款",贷记"预收账款";按规定预缴土地增值税时,借记"应交税费——应交土地增值税",贷记"银行存款"等。待该商品房交付使用后,开出发票结算账单交给买主时,确认收入实现,借记"应收账款",贷记"主营业务收入";同时,将"预收账款"转入"应收账款",并计算由实现的销售收入负担的土地增值税,借记"税金及附加",贷记"应交税费——应交土地增值税"。按照我国税法规定,该项目全部竣工、办理决算后进行清算,企业收到退回多缴的土地增值税,借记"银行存款"等,贷记"应交税费——应交土地增值税";补缴土地增值税时,做相反的会计分录。

(二)兼营房地产业务的土地增值税会计处理

兼营房地产业务的企业转让房地产应缴的土地增值税,与其应缴的增值税一样,也记入"税金及附加"账户。企业按规定计算出应缴纳的土地增值税时,借记"税金及附加",贷记"应交税费——应交土地增值税"。企业实际缴纳土地增值税时,借记"应交税费——应交土地增值税",贷记"银行存款"。

【例 8-3】某兼营房地产业务的金融公司按 5 000 元/平方米的价格购入一栋两层楼房,共计 2 000 平方米,支付价款 10 000 000 元。后来,该公司没有经过任何开发,以 9 000 元/平方米的价格出售,取得转让收入 18 000 000 元,缴纳增值税等流转税 990 000 元。该公司既不能按转让房地产项目计算分摊利息支出,也不能提供金融机构证明。

【解析】

(1)计算应交土地增值税

扣除项目金额=10 000 000+10 000 000×10%+990 000=11 990 000(元)

增值额=18 000 000-11 990 000=6 010 000(元)

增值额占扣除项目的比例=(6 010 000÷11 990 000)×100%=50.125%

应交土地增值税=6 010 000×40%-11 990 000×5% =1 804 500(元)

(2)确认应由当期销售收入负担的土地增值税时的会计分录

借:税金及附加 1 804 500

 贷:应交税费——应交土地增值税 1 804 500

(3)实际缴纳土地增值税时的会计分录

借:应交税费——应交土地增值税 1 804 500

 贷:银行存款 1 804 500

(三)转让房地产的土地增值税会计处理

企业转让国有土地使用权连同地上建筑物及其附着物,应通过"固定资产清理"等账户核算;取得的转让收入记入"固定资产清理"等账户的贷方;应缴纳的土地增值税,借记"固定资产清理"等,贷记"应交税费——应交土地增值税"等。转让以行政划拨方式取得的国有土地使用权,也应缴纳土地增值税,企业先将缴纳的土地出让金记入"无形资产"账户,按转让无形资产进行会计处理。

【例 8-4】ABC 公司(增值税一般纳税人)因企业现金流量不足,长期拖欠 W 公司商品价款 3 000 万元,W 公司已计提坏账准备 450 万元。经双方商议,于 5 月 10 日签订债务重组协议,ABC 公司将其一栋商品房抵顶商品价款。商品房于"营改增"前购置,买价 1 923.08 万元,原价 2 000 万元,已提折旧 500 万元,市场公允价值 2 500 万元(含税),ABC 公司另支付银行存款 250 万元,经税务机关认定的重置成本价为 3 000 万元,成新度折扣率 65%。W 公司将该商品房重新装修后销售,取得销售收入 3 270 万元(含税),发生装修费支出 327 万元(含税)。不考虑其他相关税费。

【解析】

1.ABC 公司相关会计处理

(1)应交相关税金的计算

增值税一般纳税人销售"营改增"前取得的不动产,可以选择简易计税方法,适用 5% 征收率缴纳增值税,开具增值税专用发票。

应交增值税 = $(2\,500 - 1\,923.08) \div 1.05 \times 5\% = 27.47$(万元)

增值税专用发票上反映的税额为 27.47 万元,金额为 2 472.53(2 500-27.47)万元。

应交土地增值税的计算:

评估价格 = $3\,000 \times 65\% = 1\,950$(万元)

增值额 = $2\,500 \div 1.05 - 1\,950 = 430.95$(万元)

增值率 = $(430.95 \div 1\,950) \times 100\% \approx 22.1\%$

应交土地增值税 = $430.95 \times 30\% - 1\,950 \times 0\% = 129.29$(万元)

(2)将抵债房产转入清理时的会计分录

借:固定资产清理	15 000 000	
累计折旧	5 000 000	
贷:固定资产		20 000 000

(3)计提应交税费时的会计分录

借:固定资产清理   1 567 600

 贷:应交税费——应交增值税(销项税额)   274 700

    ——应交土地增值税   1 292 900

(4)抵偿债务时的会计分录

借:应付账款——W公司   30 000 000

 贷:固定资产清理   25 000 000

  银行存款   2 500 000

  营业外收入——债务重组利得   2 500 000

借:固定资产清理   8 432 400

 贷:资产处置损益   8 432 400

2.W公司相关会计处理

(1)收到抵债资产,冲销债权时的会计分录

借:库存商品——待售房产   24 725 300

 应交税费——应交增值税(进项税额)   274 700

 库存现金   2 500 000

 坏账准备   4 500 000

 贷:应收账款——ABC公司   30 000 000

  资产减值损失   2 000 000

(2)将待售房产转入在建工程时的会计分录

借:在建工程   24 725 300

 贷:库存商品——待售房产   24 725 300

(3)发生工程支出时的会计分录

借:在建工程   3 000 000

 应交税费——应交增值税(进项税额)   270 000

 贷:库存现金等   3 270 000

(4)工程完工转入库存商品,待售房产转入在建工程时的会计分录

借:库存商品——待售房产   27 725 300

 贷:在建工程   27 725 300

(5)开具增值税专用发票进行销售时的会计分录

借:应收账款(或银行存款)   32 700 000

 贷:其他业务收入   30 000 000

  应交税费——应交增值税(销项税额)   2 700 000

(6)计算应缴纳土地增值税

扣除项目金额＝2 772.53(万元)

增值额＝3 270÷1.09－2 772.53＝227.47(万元)

增值率＝227.47÷2 772.53×100％≈8.2％

应交土地增值税＝227.47×30％－2 772.53×0％＝68.241(万元)

相应的会计分录如下：

借：税金及附加   682 410

　　贷：应交税费——应交土地增值税   682 410

(7)结转出售抵债资产成本时的会计分录

借：其他业务成本   27 725 300

　　贷：库存商品——待售房产   27 725 300

【例8-5】东方商贸公司系增值税一般纳税人，于"营改增"后转让以行政划拨方式取得的土地使用权，转让土地使用权应补交土地出让金5万元，取得土地使用权转让收入21.8万元(含税)。

【解析】

(1)补交出让金时的会计分录

借：无形资产   50 000

　　贷：银行存款   50 000

(2)计算应交增值税和土地增值税

销售额＝218 000÷(1＋9％)＝200 000(元)

应交增值税＝200 000×9％＝18 000(元)

增值额＝220 000÷1.1－50 000＝150 000(元)

增值率＝(150 000÷50 000)×100％＝300％

应交土地增值税＝150 000×60％－50 000×35％＝72 500(元)

相应的会计分录如下：

借：银行存款   218 000

　　贷：应交税费——应交增值税(销项税额)   18 000

　　　　　　　　——应交土地增值税   72 500

　　　无形资产   50 000

　　　资产处置损益   77 500

(3)上缴土地增值税时的会计分录

借:应交税费——应交土地增值税   72 500

  贷:银行存款   72 500

二、土地增值税的纳税申报实务

(一)土地增值税纳税申报操作规程

(1)注意房地产投资立项合同、批准证书和房地产转让合同,确认投资立项与转让的时间及房地产开发项目的性质。如属于免税项目,应向主管税务机关申请办理免征土地增值税的申报手续。

(2)注意"应收账款""预收账款""经营收入""其他业务收入""固定资产清理"账户及主要的原始凭证,确认本期应申报的转让房地产收入。

(3)注意土地使用权转让合同及付款凭证,确认土地出让金的实际缴付金额。

(4)注意"开发成本"账户及开发建筑承包合同与付款凭证,确认土地征用及拆迁补偿费、前期工程费等开发支出。

(5)注意"财务费用"账户及相关借款合同,确认利息支出并按我国税法规定计算扣除。对于其他房地产开发费用应根据利息计算分摊情况,以土地出让金和开发成本为基数按规定比例计算。

(6)注意"税金及附加"和"管理费用"账户及缴税原始凭证,确认与转让房地产有关的税金。

(7)注意有关旧房及建筑物房地产评估机构出具的评估报告及原始资料,确认重置成本价及成新度折扣率。

在经过以上步骤的操作之后,可计算得出土地增值额,按适用税率计算应纳税额。由于房地产开发项目投资大、工期长,在项目全部竣工结算前,难以计算纳税人转让房地产的增值额,一般按预收款收入的一定比例预缴税款,待竣工结算后清算,多退少补。因此,代理房地产企业土地增值税预缴申报,可主要依确认征免和核查转让房地产收入的程序进行操作。

(二)土地增值税的纳税申报表

1.编制土地增值税税源申报表

2016 年,国家税务总局重新修订了土地增值税纳税申报表,增加了《土地增值税项目登记表》等相关内容,相关申报表主要包括以下 8 种。

(1)《土地增值税项目登记表》(从事房地产开发的纳税人适用);

(2)《土地增值税纳税申报表(一)》(从事房地产开发的纳税人预征适用);

(3)《土地增值税纳税申报表(二)》(从事房地产开发的纳税人清算适用);

(4)《土地增值税纳税申报表(三)》(非从事房地产开发的纳税人适用);

(5)《土地增值税纳税申报表(四)》(从事房地产开发的纳税人清算后尾盘销售适用);

(6)《土地增值税纳税申报表(五)》(从事房地产开发的纳税人清算方式为核定征收适用);

(7)《土地增值税纳税申报表(六)》(纳税人整体转让在建工程适用);

(8)《土地增值税纳税申报表(七)》(非从事房地产开发的纳税人核定征收适用);

资料阅读

请扫一扫:土地增值税预征申报

请扫一扫:土地增值税清算申报

请扫一扫:清算后尾盘销售土地增值税申报

请扫一扫:转让旧房及建筑物土地增值税申报

2.编制《财产和行为税纳税申报表》《财产和行为税减免税明细申报附表》,见表8-1和8-2。

(三)土地增值税纳税申报实训

1.基本信息

北京三元房地产有限公司(私营有限责任公司)2019年6月份收到项目华天大厦(写字楼一幢)预收款32 700 000元,土地增值税的预征率是6%。相关信息如图8-1和8-2所示,请代为申报土地增值税。(企业坐落于城市,申报时保留两位小数,该笔预收款已按3%预征率预缴增值税。)

2.实训要求:根据以上资料填制土地增值税相关的纳税申报信息

企业基本情况表

企业名称	北京三元房地产有限公司		
通讯地址	北京市东城区东波街耕耘路80号	邮编	100023
统一社会信用代码	911101014496367791		
主管税务机关	国家税务总局北京市东城区税务局		
开户银行	交通银行北京东城支行	账号	41616858596173042500
成立时间	2014.09.12	注册资本	人民币壹仟万元整
法定代表人	史大名	相关行业工作年数	10
联系人	史大名	联系电话	010-82678605
经营范围 （按营业执照上登记填写）	房地产开发与经营，物业管理，房产租赁		
所属行业	⊚ 农、林、牧、渔业　⊚ 采矿业　⊚ 制造业　⊚ 建筑业 ⊚ 电力、燃气及水的生产和供应业　⊚ 信息传输、计算机服务和软件业 ⊚ 交通运输、仓储和邮政业　⊚ 批发和零售业 ⊚ 生活服务业 ☑　⊚ 房地产业　⊚ 金融业　⊚ 现代服务业　⊚ 其他		
主要关联企业名称 （集团公司、母子总分公司、 或者同属集团公司的子/分公司）			

图 8-1　企业基本情况

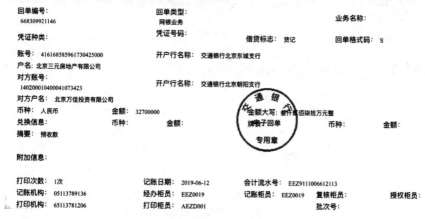

图 8-2　预收款电子回单凭证

【解析】

1.步骤

（1）土地增值税预征申报

如图 8-3 所示，按如下步骤依次点击：我要办税—税费申报及缴纳—其他申报—土地增值税—土地增值税预征申报。

图 8-3　土地增值税预征申报

(2)房地产项目尾盘销售土地增值税申报

如图 8-4 所示,按如下步骤依次点击:我要办税—税费申报及缴纳—其他申报—土地增值税—房地产项目尾盘销售土地增值税申报。

图 8-4　房地产项目尾盘销售土地增值税申报操作

(3)土地增值税清算申报

如图 8-5 所示,按如下步骤依次点击:我要办税—税费申报及缴纳—其他申报—土地增值税—土地增值税清算申报。

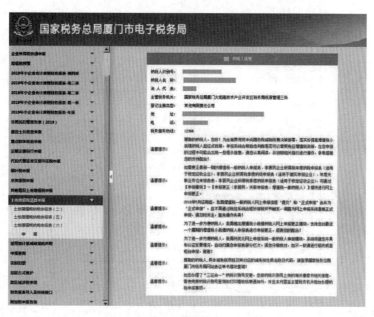

图 8-5 土地增值税清算申报操作

（4）其他情况土地增值税申报

如图 8-6 所示，按如下步骤依次点击：我要办税—税费申报及缴纳—其他申报—土地增值税—其他情况土地增值税申报。

图 8-6 其他情况土地增值税申报操作

2.填制《土地增值税纳税申报表（一）》，见表8-3。

表8-3 土地增值税纳税申报表（一）

（从事房地产开发的纳税人预征适用）

税款所属时间：2019年06月01日至2019年06月30日　　填表日期：2019年07月06日

项目名称：华天大厦　　金额单位：元至角分；面积单位：平方米

项目编号：11022449

纳税人识别号 91110101496367791

房产类型	房产类型子目	收入				预征率（%）	应纳税额	税款	
		应税收入	货币收入	实物收入及其他收入	视同销售收入			本期已缴税额	本期应缴税额计算
	1	2＝3＋4＋5	3	4	5	6	7＝2×6	8	9＝7－8
普通住宅									
非普通住宅									
其他类型房地产	写字楼	31 800 000.00	31 800 000.00			6%	1 908 000.00		1 908 000.00
合　计	一	31 800 000.00	31 800 000.00			—	1 908 000.00		1 908 000.00

以下由纳税人填写：

纳税人声明：	此纳税申报表是根据《中华人民共和国土地增值税暂行条例》及其实施细则和国家有关税收法规定填报的，是真实的、可靠的、完整的。
纳税人签章	
代理人签章	代理人身份证号

以下由税务机关填写：

受理人	受理日期　年　月　日	受理税务机关签章

本表一式两份，一份纳税人留存，一份税务机关留存。

第三节　印花税会计处理和纳税申报

一、印花税的会计处理

企业缴纳的印花税，一般是自行计算、购买、贴花、注销，不会形成税款债务，为了简化会计处理，可以不通过"应交税费"账户核算，在缴纳时直接贷记"银行存款"。由于印花税的适用范围较广，其应记入的账户应视业务的具体情况予以确定：若是固定资产、无形资产购销、转让、租赁，作为购买方或承受方、承租方，其支付的印花税应借记"固定资产""无形资产""税金及附加"等；作为销售方或转让方、出租方，其支付的印花税应借记"固定资产清理""其他业务成本"等。在其他情况下，企业支付的印花税，则应借记"税金及附加"。企业在债务重组时（以债务转资本方式重组为例），债务人应缴的印花税，应借记"税金及附加"，贷记"银行存款"；债权人则应借记"长期股权投资"，贷记"银行存款"。

【例8-6】某建筑安装公司8月份承包某工厂建筑工程一项，工程造价为6 000万元，双方签订建筑承包工程合同。订立建筑安装工程承包合同，应按合同金额的0.3‰贴花。

【解析】

应交印花税＝60 000 000×0.3‰＝18 000（元）

会计分录如下：

借：税金及附加　　　　　　　　　　　　　　　　　18 000

　　贷：银行存款　　　　　　　　　　　　　　　　　　　　18 000

各种合同应于合同正式签订时贴花。建筑公司应在自己的合同正本上贴花18 000元，由于该份合同应纳税额超过500元，所以该公司应向税务机关申请填写缴款书或完税证，将其中一联粘贴在合同上，或由税务机关在合同上加注完税标记。

【例8-7】某厂经营情况良好，但当年企业只就5份委托加工合同（合同总标的150万元）按每份5元粘贴了印花税票。经税务机关稽查，委托加工合同不能按件粘贴印花税票，该企业在此期间还与其他企业签订购销合同20份，合同总标的800万元。税务机关对该企业做出补缴印花税税款并对逃税行为做出应补缴印花税税款4

倍罚款的决定。

【解析】

委托加工合同应补缴印花税＝1 500 000×0.3‰－25＝425(元)

买卖合同应补缴印花税＝8 000 000×0.3‰＝2 400(元)

会计分录如下：

(1)应补缴印花税时：

借：税金及附加 2 825

　　贷：应交税费——应交印花税 2 825

(2)实际补缴印花税时：

借：应交税费——应交印花税 2 825

　　贷：银行存款 2 825

(3)上缴罚款时：

借：营业外支出——税收罚款 11 300

　　贷：银行存款 11 300

二、印花税的纳税申报实务

(一)印花税申报操作规程

(1)"应税凭证名称"按合同适用的印花税税目填写。

(2)"计税金额"应填写印花税的计税依据。如货物运输合同,其金额要将装卸费剔除。

(3)"已纳税额"反映本月已贴花的税额,或以缴款书缴纳的印花税税额。

(4)"购花贴花情况"反映企业购买印花税票自行完税贴花后结存的税票金额。本栏可为税务机关提供税收票证管理的原始资料。

(5)各栏计算关系表中已注明,此处从略。

(二)编制印花税申报表的注意事项

(1)纳税人对报送材料的真实性和合法性承担责任。

(2)纳税人使用符合电子签名法规定条件的电子签名,与手写签名或者盖章具有同等法律效力。

(3)纳税人未按照规定的期限办理纳税申报和报送纳税资料的,将影响纳税信用评价结果,并依照《中华人民共和国税收征收管理法》有关规定承担相应法律责任。

(4)同一种类应纳税凭证,需频繁贴花的,纳税人可以根据实际情况自行决定是否采用按期汇总缴纳印花税的方式。汇总缴纳的期限为一个月。采用按期汇总缴纳方式的纳税人应事先告知主管税务机关。缴纳方式一经选定,一年内不得改变。

(5)实行核定征收印花税的,纳税期限为一个季度,纳税人应当自纳税期满之日起 15 日内申报缴纳印花税。

(6)纳税人享受减税、免税待遇的,在减税、免税期间应当按照规定办理申报纳税。

(三)编制印花税申报表的方法

(1)编制《印花税税源明细表》,见表 8-4。

(2)编制《财产和行为税纳税申报表》《财产和行为税减免税明细申报附表》,见表 8-1 和表 8-2。

表 8-4　印花税税源明细表

纳税人识别号（统一社会信用代码）：

纳税人（缴费人）名称：

金额单位：人民币元（列至角分）

序号	应税凭证税务编号	应税凭证编号	*应税凭证名称	*申报期限类型	应税凭证数量	*税目	子目	*税款所属期起	*税款所属期止	*应税凭证书立日期	*计税金额	实际结算日期	实际结算金额	*税率	减免性质代码和项目名称	对方书立人名称	对方书立人纳税人识别号（统一社会信用代码）	对方书立人涉及金额
																对方书立人信息		
1																		
2																		
3																		

填表说明：

1.应税凭证税务编号：纳税人不需填写。

2.应税凭证编号：选填。填写纳税人书立的应税合同、产权转移书据或者营业账簿的编号，无编号不填写。

3.应税凭证名称：必填。填写应税凭证的具体名称。

4.申报期限类型：必填。填写应税凭证申报期限类型，填写按期申报或者按次申报。

5.应税凭证数量：逐份填写应税凭证时填1，合并汇总填写应税凭证时填写合并汇总应税凭证的数量。合并汇总填写应税凭证时，只能合并适用同一税目且内容高度相似的应税凭证。合并汇总填写应税凭证时，对方书立人信息[对方书立人名称、对方书立人纳税人识别号(统一社会信用代码)、对方书立人涉及金额]不需填写。

6.税目：必填。可填写项目包括借款合同、融资租赁合同、买卖合同、承揽合同、建设工程合同、运输合同、技术合同、租赁合同、保管合同、仓储合同、财产保险合同、产权转移书据、营业账簿。

7.子目：填写对应税目的征收子目，产权转移书据税目对应的子目必填，其他应税合同税目对应子目选填，其中融资租赁合同、买卖合同、保管合同、仓储合同、财产保险合同、营业账簿不需要填写子目。税目与子目对应关系如下：

借款合同：银行业金融机构借款合同、其他金融机构借款合同；

承揽合同：加工合同、定作合同、修理合同、复制合同、测试合同、检验合同；

建设工程合同：工程勘察合同、工程设计合同、工程施工合同；

运输合同：公路货物运输合同、水路货物运输合同、航空货物运输合同、铁路货物运输合同、多式联运合同；

技术合同：技术开发合同、技术许可合同、技术咨询合同、技术服务合同；

租赁合同：房屋租赁合同、其他租赁合同；

产权转移书据：土地使用权出让书据、土地使用权转让书据、房屋等建筑物和构筑物所有权转让书据(不包括土地承包经营权和土地经营权转移)、股权转让书据(不包括应缴纳证券交易印花税的)、商标专用权转让书据、著作权转让书据、专利权转让书据、专有技术使用权转让书据。

8.税款所属期起：必填。按期申报的，填写所属期的起始时间，应填写具体的年、月、日。按次申报的，为应税凭证书立日期。

9.税款所属期止：必填。按期申报的，填写所属期的终止时间，应填写具体的年、月、日。按次申报的，为应税凭证书立日期。

10.应税凭证书立日期:必填。申报借款合同、融资租赁合同、买卖合同、承揽合同、建设工程合同、运输合同、技术合同、租赁合同、保管合同、仓储合同、财产保险合同、产权转移书据、营业账簿等税目的,填写应税凭证书立日期。合并汇总填报应税凭证时,应税凭证书立日期为税款所属期止。

11.计税金额:必填。填写应税合同、产权转移书据列明的金额(不包括列明的增值税税款);填写应税营业账簿中实收资本(股本)和资本公积合计金额。

12.实际结算日期:未确定计税金额的应税合同、产权转移书据实际结算时,填写此列(同时填写实际结算金额列)。填写应税合同、产权转移书据实际结算日期。若未确定计税金额的应税合同、产权转移书据多次结算的,可增列(与实际结算金额同时增列)。合并汇总填报时,实际结算日期为税款所属期止。

13.实际结算金额:未确定计税金额的应税合同、产权转移书据实际结算时,填写此列(同时填写实际结算日期列)。填写应税合同、产权转移书据实际结算金额。若未确定计税金额的应税合同、产权转移书据多次结算的,可增列(与实际结算日期同时增列)。合并汇总填报时,实际结算金额为本税款所属期内所有应税合同、产权转移书据实际结算金额的合计。

14.税率:必填。按照《中华人民共和国印花税法》规定,填写税目对应的适用税率。

15.减免性质代码和项目名称:有减免税情况的,必填。按照税务机关最新制发的减免税政策代码表中最细项减免性质代码填写。

16.对方书立人名称:选填。填写应税合同、产权转移书据所有其他方书立人名称。对方书立人超过2人的,可增列[与对方书立人纳税人识别号(统一社会信用代码)、对方书立人涉及金额同时增列]。

17.对方书立人纳税人识别号(统一社会信用代码):选填。填写应税合同、产权转移书据所有其他方书立人纳税人识别号(统一社会信用代码),自然人填写身份证照号码。对方书立人超过2人的,可增列(与对方书立人名称、对方书立人涉及金额同时增列)。

18.对方书立人涉及金额:选填。填写应税合同、产权转移书据其他方书立人涉及的价款或者报酬。对方书立人超过2人的,可增列[与对方书立人名称、对方书立人纳税人识别号(统一社会信用代码)同时增列]。

(四)印花税申报实训

1.基本信息

公司名称:珠江贸易有限公司(增值税一般纳税人)

纳税人识别号:91440100116314698K

法定代表人:李伟

会计主管:刘非

会计:郭兴平

税款所属期间:2019 年 10 月 01 日至 2019 年 12 月 31 日

所属行业:制造业

登记注册类型:有限责任公司

填表日期:2020 年 01 月 07 日

地址及电话:广州市白云区上海路 100 号 89546253

开户行及账号:中国银行上海路支行 622546521586

企业每月自行申报印花税,按月缴纳税款。

经办人:魏星宇

身份证号码:456867199603298830

2.该企业享受的印花税减免税政策见表 8-5

表 8-5　部分印花税减免税政策代码目录

序号	收入种类	减免政策大类	减免政策小类	减免政策代码	减免项目名称
1	印花税	支持其他各项事业	商品储备	09122605	储备公司资金账簿和购销合同印花税减免
2	印花税	支持其他各项事业	其他	09129904	已缴纳印花税的凭证的副本或者抄本免纳印花税
3	印花税	支持其他各项事业	其他	09129906	资金账簿减半征收印花税
4	印花税	支持其他各项事业	其他	09129907	其他账簿免征印花税
5	印花税	其他	其他	09129999	其他

制表:　　　　　　　　审核:

3.具体业务

业务一:购销合同(10 月 8 日向惠州器材厂销售商品,合计金额为 360 000 元)见图 8-7。

业务二:购销合同(10 月 9 日向广东瑞海贸易公司销售商品,合计金额为 363 000元)见图 8-8。

业务三:房屋租赁合同(10 月 15 日,广州市天美化妆品有限公司向珠江贸易有限公司租用办公楼)见图 8-9。

业务四:产权转移书据(10 月 17 日将一间厂房转让给广东顺义服装有限公司,价格 3 500 000 元)见图 8-10。

购 销 合 同

甲方：惠州器材厂

乙方：珠江贸易有限公司

经甲乙双方友好协商，就甲方购买乙方的摄像机（型号LJ-230）达成如下协议：

一、甲方向乙方购买摄像机（型号LJ-230）10件，单价是36000.00元/件，合计金额360000.00元，人民币大写为叁拾陆万圆整。

二、由甲方支付运输过程中产生的运输费。

三、甲方付款后，乙方立即发货并开具增值税发票。

四、乙方负责产品的维护、一次性安装、升级、讲解等事宜。

五、乙方负责产品正常使用的相关指导。

以上协议甲乙双方各持壹份，如有异议另签补充协议，补充协议同本协议具有同等法律效力。

甲方：惠州器材厂

乙方：珠江贸易有限公司

图 8-7　购销合同

购 销 合 同

甲方：广东瑞海贸易公司

乙方：珠江贸易有限公司

经甲乙双方友好协商，就甲方购买乙方的产品达成如下协议：

一、乙方提供摄像机（型号：LJ-211）20台，单价为14400.00元/台，摄像镜头（型号：JT221）50个，单价为1500.00元/个，合计金额为363000.00元，人民币大写为叁拾陆万叁仟圆整。

二、甲方支付商品价款总额及运输费等相关其他费用。

三、付款方式：采用"分期付款"，分三次付款。

四、甲方签订合同时须支付货款总额的70%，第二次付款15%，最迟付款日期为2019年12月24日；第三次付款15%，最迟付款日期为2020年01月24日。

五、乙方在收到货款后，立即发货。

六、乙方负责保障货物的质量，如发现货物出现问题，甲方可退货，并由乙方赔偿有关损失。

七、货物在运输途中发生的正常亏损，由乙方赔偿损失。如发生重大事故或非人为原因造成的重大损失，由双方协商解决。

以上协议甲乙双方各持壹份，如有异议另签补充协议，补充协议同本协议具有同等法律效力。

甲方：广东瑞海贸易公司

乙方：珠江贸易有限公司

图 8-8　购销合同

房 屋 出 租 合 同

甲方： 广州市天美化妆品有限公司

乙方： 珠江贸易有限公司

经甲乙双方友好协商，就甲方租用乙方的空闲办公楼达成如下协议：

一、甲方租用乙方办公楼，每年租金240000.00元，租用期限3年，租金合计720000.00元，甲方在签订合同以后每年的01月30号前向乙方支付当年的租金。

二、甲方应对办公楼内的设施保持完整，不得随意破坏。

三、租用期间，办公楼内的水费、电费等一切费用由甲方承担并按时交纳。

四、甲方不得在办公楼内进行违法活动。

五、如甲方拖欠租金超过3个月，乙方有权收回办公楼，并要求甲方支付未交租金。

六、办公楼的正常定期维修由乙方负责。

以上协议甲乙双方各持壹份，如有异议另签补充协议，补充协议同本协议具有同等法律效力。

甲方：广州市天美化妆品有限公司　　　　　乙方：珠江贸易有限公司

图 8-9　房屋出租合同

产 权 转 移 书

甲方： 珠江贸易有限公司

乙方： 广东顺义服装有限公司

经甲乙双方友好协商，就甲方将生产厂房转让给乙方达成如下协议：

一、甲方将一间生产厂房转让给乙方，所转让厂房面积合计2000平方米。乙方一次性支付给甲方人民币3500000.00元。合计人民币大写为叁佰伍拾万圆整。

二、付款方式：银行转账方式付款。在签订合同后七天内，乙方须将款项转入甲方银行账号。

三、甲方在确认收到款项后6天之内，须将厂房的房产证等一系列证件移交给乙方，同时将厂房移交给乙方。甲方必须在12天内迁出该厂房。

四、厂房转让后，乙方因厂房而造成的损失，甲方一概不负责。

五、在签订合同日起七天内，如乙方未能支付款项，该合同自动解除法律效力。

以上协议甲乙双方各持壹份，如有异议另签补充协议，补充协议同本协议具有同等法律效力。

甲方：珠江贸易有限公司　　　　　乙方：广东顺义服装有限公司

图 8-10　产权转移书

业务五:购销合同(10 月 26 日向惠州器材厂销售商品,合计金额为 980 000元)图 8-11。

购 销 合 同

甲方:惠州器材厂

乙方:珠江贸易有限公司

经甲乙双方友好协商,就甲方购买乙方的摄像镜头达成如下协议:

一、甲方向乙方购入摄像镜头(型号:RE-43)500个,单价为360.00元/个,以及进口高清摄像镜头(型号:RE45)1000个,单价为800.00元/个,合计金额为980000.00元,人民币大写为玖拾捌万圆整。

二、甲方支付全部商品价款及相关运输费。

三、付款方式:采用"分期付款",三次付款。

四、甲方签订合同时须支付货款总额的50%,余款分4个月付清。第二次付款25%,最迟付款日期为2019年12月26日,第三次付款25%,最迟付款日期为2020年02月26日。

五、发票开具方式:按销售商品全款开具。

六、乙方在收到第一笔货款后,立即发货。

七、乙方负责保障货物的质量,如发现有问题,甲方可退货,并由乙方赔偿有关损失。

八、货物在运输途中的正常亏损,由乙方赔偿损失。如发生重大事故或非人为原因造成的重大损失,由双方协商解决。

以上协议甲乙双方各持壹份,如有异议另签补充协议,补充协议同本协议具有同等法律效力。

图 8-11　购销合同

2.实训要求:根据以上资料填制印花税相关的纳税申报信息,见表 8-1、8-2

第四节　契税会计处理与纳税申报

一、契税的会计处理

(1)纳税人购买房屋、建筑物等固定资产的同时获得土地使用权的,按应计提的契税,借记"在建工程""固定资产"等科目,贷记"应交税费——应交契税"科目;实际缴纳契税时,借记"应交税费——应交契税"科目,贷记"银行存款"科目。纳税人可以不通过"应交税费——应交契税"科目核算契税。企业实际缴纳契税时,借记"在建工程""固定资产"等科目,贷记"银行存款"科目。

（2）纳税人单独购买土地使用权，按应计提的契税，借记"无形资产"科目，贷记"应交税费——应交契税"科目；实际缴纳契税时，借记"应交税费——应交契税"科目，贷记"银行存款"科目。纳税人可以不通过"应交税费——应交契税"科目核算契税。企业实际缴纳契税时，借记"无形资产"科目，贷记"银行存款"科目。

（3）房地产企业购入的土地使用权应缴纳的契税视开发情况而定：如果土地购入后就进行开发，则作为开发成本处理；如果土地购入后仅作为土地储备，则作为无形资产处理。

【例8-8】某企业以980万元购得一块土地的使用权，当地规定契税税率为3%。应做如下会计分录：

【解析】

应交契税＝980×3%＝29.4（万元）

会计分录如下：

借：无形资产——土地使用权   294 000

 贷：银行存款   294 000

二、契税的纳税申报实务

（一）契税申报流程

（1）纳税人应当在依法办理土地、房屋权属登记手续前申报缴纳契税。

（2）购买新建商品房的纳税人，因销售新建商品房的房地产开发企业已办理注销税务登记或者被税务机关列为非正常户等不能取得销售不动产发票的，可在税务机关核实有关情况后办理契税纳税申报。

（3）根据人民法院、仲裁委员会的生效法律文书发生土地、房屋权属转移，纳税人不能取得销售不动产发票的，持人民法院执行裁定书原件及相关材料办理。

（4）房地产开发企业可通过电子税务局录入纳税人基本信息、项目信息并进行增量房契税申报。

（二）编制契税申报表的方法

（1）编制《契税税源明细表》，见表8-6。

（2）编制《财产和行为税纳税申报表》和《财产和行为税减免税明细申报附表》，见表8-1和表8-2。

表8-6 契税税源明细表

纳税人识别号(统一社会信用代码):□□□□□□□□□□□□□□□□□□

纳税人名称:

金额单位:人民币元(列至角分);面积单位:平方米

* 税源编号	(系统自动带出)	* 土地房屋坐落地址	(必填)	不动产单元代码	(有不动产权证的,必填)
合同编号	(有合同编号的,必填)	* 合同签订日期	(必填)	* 共有方式	□单独所有 □按份共有(转移份额:___) □共同共有(共有人:___)(必填)
* 权属转移对象	(必选)	* 权属转移方式	(必选)	* 用途	(必选)
* 成交价格(不含增值税)	(必填)	* 权属转移面积	(必填)	* 成交单价	(系统自动带出)
* 评估价格	(系统自动带出)		* 计税价格		(系统自动带出)
* 适用税率	(系统自动带出)		权属登记日期		(已办理权属登记的,必填)
居民购房减免性质代码和项目名称			其他减免性质代码和项目名称		(其减金额:___)

256

第五节 房产税、城镇土地使用税会计处理与纳税申报

一、房产税、城镇土地使用税的会计处理

（一）房产税的会计处理

企业按规定计算或预提的房产税,应借记"税金及附加"等,贷记"应交税费——应交房产税"。根据房屋的使用用途不同,房产税的计征方法也不同。

1.纳税人经营自用的房屋

纳税人经营自用的房屋,按从价计征计算应缴纳的房产税额,借记"税金及附加"科目,贷记"应交税费——应交房产税"科目;实际缴纳房产税时,借记"应交税费——应交房产税"科目,贷记"银行存款"等科目。

2.纳税人出租的房屋

纳税人出租的房屋,按从租计征计算应缴纳的房产税额,借记"税金及附加"科目,贷记"应交税费——应交房产税"科目;实际缴纳房产税时,借记"应交税费——应交房产税"科目,贷记"银行存款"等科目。

【例 8-9】某公司 12 月 31 日"固定资产"明细账中房屋原值 240 万元,下一年 2 月份公司将房产原值中的 80 万元房产租给其他单位使用,每年收取租金 9.9 万元。当地政府规定,对自用房屋,按房产原值扣除 25％后作为房产余值,以 1.2％的税率缴纳房产税;对出租房屋,按其租金收入 12％的年税率缴纳房产税。房产税按年计算、分季缴纳。

【解析】

（1）应交房产税的计算

①1 月份按房产余值计算应交房产税。

年应交房产税＝2 400 000×(1−25％)×1.2％＝21 600(元)

月应交房产税＝21 600÷12＝1 800(元)

②2 月份应交房产税计算。

按房产余值计算:

年应交房产税＝(2 400 000−800 000)×(1−25％)×1.2％＝14 400(元)

月应交房产税＝14 400÷12＝1 200(元)

按租金收入计算：

年应交房产税＝99 000÷(1＋10％)×12％＝10 800(元)

月应交房产税＝10 800÷12＝900(元)

应交房产税合计＝1 200＋900＝2 100(元)

③3月份应交房产税与2月份相同。

④第一季度应交房产税＝1 800＋2 100×2＝6 000(元)。

(2)相关会计分录：

①1月份预提房产税时：

借：税金及附加   1 800

 贷：应交税费——应交房产税   1 800

②2月份预提税金时：

借：税金及附加   2 100

 贷：应交税费——应交房产税   2 100

③3月份与2月份会计分录相同。

④4月初缴纳第一季度房产税时：

借：应交税费——应交房产税   6 000

 贷：银行存款   6 000

(二)城镇土地使用税的会计处理

纳税人计提城镇土地使用税时，借记"税金及附加"科目，贷记"应交税费——应交城镇土地使用税"科目；实际缴纳城镇土地使用税时，借记"应交税费——应交城镇土地使用税"科目，贷记"银行存款"等科目。缴纳城镇土地使用税的单位，应于会计年度终了时计算应交税额，记入"税金及附加""长期待摊费用"等账户；月终后，再与税务机关结算。

【例8-10】横通公司从事房地产开发经营业务，其开发的位于某市南区6号地块第一期住宅楼占地面积8万平方米。第二季度每月销售房屋对应的土地占用面积分别为1.5万平方米、1.2万平方米、1万平方米。截至6月末，公司已向房地产管理部门集中办理了个人土地使用证。该地块城镇土地使用税为每年5.4元/米²。

【解析】

计算城镇土地使用税，首先要明确终止纳税义务的时间，公司在4、5、6月份销售该地块楼房，其土地权属已经发生变化，不能以6月份实际办理土地使用证的时间来确认土地权属的变化;其次,在计算城镇土地使用税时,当月减少的面积,当月仍应计缴城镇土地使用税,即应以各月月初实际占用土地面积为计税依据。因此,公司第二季度各月应纳税额如下:

4 月应交城镇土地使用税＝8×5.4÷12＝3.6(万元)

5 月应交城镇土地使用税＝(8-1.5)×5.4÷12＝2.925(万元)

6 月应交城镇土地使用税＝(8-1.5-1.2)×5.4÷12＝2.385(万元)

第二季度应交城镇土地使用税＝3.6+2.925+2.385＝8.91(万元)

4 月应交城镇土地使用税的会计分录如下:

借:税金及附加   36 000

    贷:应交税费——应交城镇土地使用税   36 000

5 月应交城镇土地使用税的会计分录如下:

借:税金及附加   29 250

    贷:应交税费——应交城镇土地使用税   29 250

6 月应交城镇土地使用税的会计分录如下:

借:税金及附加   23 850

    贷:应交税费——应交城镇土地使用税   23 850

二、房产税、城镇土地使用税的纳税申报实务

(一)房产税、城镇土地使用税的纳税申报流程

(1)房产税和城镇土地使用税按年计算、分期缴纳。

(2)每一宗土地填写一张《城镇土地使用税 房产税税源明细表》。同一宗土地跨两个土地等级的,按照不同等级分别填表。无土地证的,按照土地坐落地址分别填表。纳税人不得将多宗土地合并成一条记录填表。

(3)房产税由产权所有人缴纳。房屋产权属于全民所有的,由经营管理的单位缴纳。产权出典的,由承典人缴纳。产权所有人、承典人不在房产所在地的,或者产权未确定及租典纠纷未解决的,由房产代管人或者使用人缴纳。

(4)纳税人享受减税、免税待遇的,在减税、免税期间应当按照规定办理申报纳税。

(5)税务机关根据纳税人识别号及该纳税人当期有效的税源明细信息自动生成《财产和行为税纳税申报表》《财产和行为税减免税明细申报附表》。

(6)城镇土地使用税、房产税纳税义务人在首次申报或税源信息变更时,应进行

财产和行为税税源信息报告。

(二)编制房产税、城镇土地使用税申报表的方法

(1)编制《城镇土地使用税 房产税税源明细表》,见表8-7。

(2)编制《财产和行为税纳税申报表》和《财产和行为税减免税明细申报附表》,见表8-1和表8-2。

(三)房产税、城镇土地使用税申报实训

1.房产税申报实训

(1)基本信息。

企业名称:广州市维意股份有限公司(增值税一般纳税人)

纳税人识别号:91440100116587944H

法定代表人:钟意伟

会计主管:林丹

会计:李晓新

办税人员:周粥

办税人员身份证号码:445123199212131314

税款所属期间:2019年12月01日至2019年12月31日

填表日期:2020年01月06日

坐落地址及电话:广东省广州市花都区新华街道50号 88072161

开户行及账号:中国工商银行花都城区支行　623125695852

注:企业自行申报缴纳,申报顺序按照房产编号依次填列。

《从价计征房产税税源明细表》仅就变化的内容进行填写。

纳税人识别号(统一社会信用代码):□□□□□□□□□□□□□□□□□□
纳税人名称:

表8-7　城镇土地使用税 房产税税源明细表

金额单位:人民币元(列至角分);面积单位:平方米

一、城镇土地使用税税源明细

项目	内容	项目	内容
*纳税人类型	土地使用权人□ 集体土地使用人□ 代管人□ 无偿使用人□ 实际使用人□ (必选)	土地使用权纳税人识别号(统一社会信用代码)	土地使用权人名称
*土地编号		土地名称	不动产权证号
不动产单元代码		宗地号	*土地性质 国有□ 集体□(必选)
*土地取得方式	划拨□ 出让□ 转让□ 租赁□ 其他□ (必选)	*土地用途	工业□ 商业□ 居住□ 综合□ 其他□ 房地产开发企业的开发用地□ (必选)
*土地坐落地址(详细地址)	省(自治区、直辖市)　市(区)　县(区)　乡镇(街道)(必填)		
*土地所属主管税务所(科、分局)			
*土地取得时间	年　月	变更类型	纳税义务终止(权属转移□ 其他□) 信息项变更(土地面积变更□ 土地等级变更□ 减免税变更□ 其他□) 变更时间 年　月
*占用土地面积	地价	*土地等级	*税额标准 年　月

减免税部分	序号	减免性质代码和项目名称	减免起止时间		减免税	月减免税金额
			减免起始月份 年　月	减免终止月份 年　月	土地面积	
	1					
	2					
	3					

续表

二、房产税税源明细

(一)从价计征房产税明细

*纳税人类型	产权所有人□ 经营管理人□ 承典人□ 房屋代管人□ 房屋使用人□ 融资租赁承租人□ (必选)		所有权人纳税人识别号(统一社会信用代码)	所有权人名称
*房产编号			房产名称	
不动产权证号			不动产单元代码	
*房屋坐落地址(详细地址)	省(自治区、直辖市) 市(区) 县(区) 乡镇(街道) (必填)			
*房产所所属主管税务所(科、分局)				
房屋所在土地编号				
*房产用途	工业□ 商业及办公□ 住房□ 其他□ (必选)			
*房产取得时间	年 月	变更类型	纳税义务终止(权属转移)□ 信息项变更(房产原值变更)□ 出租房产原值变更□ 减免税变更□ 申报租金收入变更□ 其他□	变更时间 年 月
建筑面积	其中:出租房产面积			
*房产原值	其中:出租房产原值		计税比例	

减免税部分	序号	减免性质代码和项目名称	减免起止时间		减免税房产原值	月减免税金额
			减免起始月份	减免终止月份		
			年 月	年 月		
	1					
	2					

（二）从租计征房产税明细

＊房产编号	房产名称
＊房产所属主管税务所（科、分局）	
承租方纳税人识别号（统一社会信用代码）	承租方名称
出租面积	＊申报租金收入
＊申报租金所属租赁期起	＊申报租金所属租赁期止

减免税部分	序号	减免性质代码和项目名称	减免起止时间		减免税租金收入	月减免税金额
			减免起始月份	减免终止月份		
			年　月	年　月		
	1					
	2					

【本期业务】

广州市维意股份有限公司 2019 年 12 月份申报房产税资料如下：

①广州市维意股份有限公司坐落于广州市花都区，于 2007 年 1 月取得房产及土地。占用土地面积共计 9 800 平方米，总建筑面积为 15 000 平方米，所在城市按人口数量标准划分，属于大城市，占用土地等级为一级，从价计征的适用税率为 1.2%。产权证书号：粤房权证海 03813223；房产用途：工业。当地税务局规定扣除率为 30%。

②该公司上期申报房产税原值为 2 800.00 万元（该房产中包含：幼儿园，占地 1 000 平方米，房产原值为 900.00 万元）。

③2019 年 11 月 7 日，由于扩大生产规模，该公司在原有房产的基础上扩建了一层厂房（房产名称：广州市维意股份有限公司生产厂房），占地面积为 2 300 平方米，建筑面积为 5 200 平方米，耗资 150.00 万元，房产原值为 200.00 万元。

④房产税部分减免税政策代码目录见表 8-8。

表 8-8 房产税部分减免税政策代码目录

序号	减免政策大类	减免政策小类	减免政策代码	减免项目名称
1	支持文化教育体育	教育	08101401	学校、托儿所、幼儿园自用的房产免征房产税
2	支持其他各项事业	医疗卫生	08123401	血站自用的房产免征房产税
3	支持其他各项事业	医疗卫生	08123402	非营利性医疗机构、疾病控制机构和妇幼保健机构等卫生机构自用的房产免征房产税
4	支持其他各项事业	医疗卫生	08123404	营利性医疗机构自用的房产，免征三年房产税

制表：　　　　　　　审核：

（2）实训要求：根据以上资料填制房产税相关的纳税申报信息，见表 8-1、8-2。

2.城镇土地使用税申报实训

（1）基本信息

公司名称：广州市维意股份有限公司（增值税一般纳税人）

纳税人识别号：91440100116587944H

法定代表人：钟意伟

会计主管：林丹

会计：李晓新

办税人员:周粥

办税人员身份证号码:445123199212131314

税款所属期间:2019 年 07 月 01 日至 2019 年 07 月 31 日

填表日期:2019 年 08 月 02 日

房产坐落地点及电话:广州市花都区建设路 50 号 88072161

开户行及账号:中国工商银行花都城区支行 623125695852

【本期业务】

①广州市维意股份有限公司坐落于广州市花都区建设路 50 号,宗地号为 440114044100GS00132。上期占用面积为 9 800 平方米,其中,幼儿园占地 1 000 平方米。

②2019 年 06 月 18 日,获批占用花都区一片面积为 3 200 平方米的土地(非耕地)并新建厂房,宗地号为 440114044100GS01142。土地所在地为广州市花都区,属于一级土地,且为大城市,适用税额为 24 元/米²。

③部分城镇土地使用税减免税目录见表 8-9。

表 8-9 部分城镇土地使用税减免税目录

序号	收入种类	减免政策大类	减免政策小类	减免政策代码	减免项目名称
1	城镇土地使用税	支持其他各项事业	其他	10129920	廉租房用地免土地税
2	城镇土地使用税	支持文化教育事业	教育	10101401	学校、托儿所、幼儿园自用土地免土地税
3	城镇土地使用税	支持其他各项事业	医疗卫生	10123402	非营利性医疗、疾病控制、妇幼保健机构自用的土地免土地税
4	城镇土地使用税	鼓励高新技术	科技发展	10021901	非营利性科研机构自用土地免土地税

制表: 审核:

(2)实训要求:根据以上资料填制城镇土地使用税相关的纳税申报信息,见表 8-1、8-2。

第六节　资源税会计处理与纳税申报

一、资源税的会计处理

(一)资源税会计账户的设置

为反映和监督资源税的计算和缴纳,纳税人应设置"应交税费——应交资源税"账户,贷方记本期应缴纳的资源税,借方记企业实际缴纳及应抵扣的资源税,贷方余额表示企业应缴未缴的资源税。

(二)资源税的会计处理

企业按规定计算出对外销售应税产品应纳资源税时,借记"税金及附加"账户,贷记"应交税费——应交资源税"账户。企业计算出自产自用应税产品应缴纳的资源税时,借记"生产成本"或"制造费用"账户,贷记"应交税费——应交资源税"账户。独立矿山、联合企业收购未税矿产品,按实际支付的收购款,借记"材料采购"等账户,贷记"银行存款"等账户;按代扣代缴的资源税,借记"材料采购"等账户,贷记"应交税费——应交资源税"账户。纳税人按规定上缴资源税时,借记"应交税费——应交资源税"账户,贷记"银行存款"账户。

企业外购液体盐加工成固体盐,在购入液体盐时,按允许抵扣的资源税,借记"应交税费——应交资源税"或"待扣税金——待扣资源税"账户;按外购价款扣除允许抵扣资源税的数额,借记"材料采购"等账户。企业将液体盐加工成固体盐或碱销售时,按计算出的销售固体盐应缴的资源税,借记"税金及附加"账户,贷记"应交税费应交资源税"账户。企业将销售固体盐应纳资源税扣抵液体盐已纳资源税后的差额上缴时,借记"应交税费——应交资源税"账户,贷记"银行存款"账户。

上月税款结算、补缴税款时,借记"应交税费——应交资源税"账户,贷记"银行存款"账户;退回税款时,借记"银行存款"账户,贷记"应交税费——应交资源税"账户。

【例8-11】永福油田10月份缴纳资源税75万元,11月份对外销售原油1 500万元,假定适用税率为6%。税务机关核定该企业纳税期限为10天,按上月税款的1/3预缴,月终结算。

【解析】

(1)企业每10天预缴资源税额＝750 000÷3＝250 000(元)

预缴时的会计分录:

借:应交税费——应交资源税　　　　　　　　　　250 000

　贷:银行存款　　　　　　　　　　　　　　　　　　　250 000

(2)当月对外销售原油应交资源税时

应交资源税＝15 000 000×6%＝900 000(元)

会计分录如下:

借:税金及附加　　　　　　　　　　　　　　　　900 000

　贷:应交税费——应交资源税　　　　　　　　　　　　900 000

(3)下月清缴税款时

应补缴税款＝900 000－750 000＝150 000(元)

会计分录如下:

借:应交税费——应交资源税　　　　　　　　　　150 000

　贷:银行存款　　　　　　　　　　　　　　　　　　　150 000

【例8-12】中天煤矿9月份销售洗选煤100 000吨,每吨售价900元,假定核定折算率为80%,适用税率5%。税务机关核定的纳税期限为10天,按上月实际缴纳资源税300万元分期预缴,请计算应交的资源税并做相应的会计分录。

【解析】

应交资源税＝100 000×900×80%×5%＝3 600 000(元)

(1)每次预缴资源税时的会计分录

借:应交税费——应交资源税　　　　　　　　　1 000 000

　贷:银行存款　　　　　　　　　　　　　　　　　　1 000 000

(2)当月对外销售时的会计分录

借:应收账款等　　　　　　　　　　　　　　90 000 000

　贷:主营业务收入　　　　　　　　　　　　　　　90 000 000

借:税金及附加　　　　　　　　　　　　　　　3 600 000

　贷:应交税费——应交资源税　　　　　　　　　　　3 600 000

(3)补缴当月资源税时的会计分录

借:应交税费——应交资源税　　　　　　　　　　600 000

　贷:银行存款　　　　　　　　　　　　　　　　　　　600 000

二、资源税的纳税申报实务

(一)资源税纳税申报规程

资源税纳税申报主要涉及两个方面:纳税单位应税资源纳税申报、收购应税资源单位代扣代缴申报。

1.资源税纳税申报

(1)注意应税资源项目,确定课税数量,对于应税与非应税资源混同的企业,应具体加以区分。

(2)注意应税项目中按税法规定享受减免税政策的应税资源数量。

(3)注意资源税的明细税额和本地区的具体规定确定适用税率,计算填报纳税申报表。

2.资源税扣缴申报

资源税扣缴义务人主要有两类:第一类是收购应税而未税矿产品的独立矿山或联合企业,第二类是其他收购未税矿产品的单位。

资源税扣缴申报操作要点如下:(1)注意收购未税矿产品原始凭证和付款凭证,确定课税数量;(2)注意资源税明细税额计算应扣缴的税额;(3)注意收购单位在向纳税人支付收购款项前扣缴税款,并按照主管税务机关规定的期限办理扣缴税款报告。

(二)填制资源税纳税申报表的方法

(1)编制《资源税税源明细表》,见表8-10。

(2)编制《财产和行为税纳税申报表》等,见8-1和8-2。

资源税纳税申报表适用于开发应税资源的单位和个人为资源税的纳税人申报缴纳资源税。填报注意事项见下方二维码的相关内容。

资料阅读

请扫一扫:《资源税纳税申报表》

表 8-10　资源税税源明细表

税款所属期限：自　年　月　日至　年　月　日

纳税人识别号（统一社会信用代码）：□□□□□□□□□□□□□□□□□□

纳税人名称：

金额单位：人民币元（列至角分）

申报计算明细

序号	税目	子目	计量单位	销售数量	准予扣减的外购应税产品购进数量	计税销售数量	销售额	准予扣除的运杂费	准予扣减的外购应税产品购进金额	计税销售额
	1	2	3	4	5	6=4-5	7	8	9	10=7-8-9
1										
2										
合计										

减免税计算明细

序号	税目	子目	减免性质代码和项目名称	计量单位	减免税销售数量	减免税销售额	适用税率	减征比例	本期减免税额
	1	2	3	4	5	6	7	8	9①=5×7×8 9②=6×7×8
1									
2									
合计									

(三)资源税纳税申报模拟实训

1.基本信息

2021 年 2 月 4 日,北京丰赢油田股份有限公司申报 1 月份的资源税,相关产品销售情况如图 8-11 和 8-12 所示,请填制资源税纳税申报表。(原油和天然气的适用税率均为 6%。)

表 8-11 原矿销售单汇总表(品名:原油)

编制单位:北京丰赢油田股份有限公司　　　　　　　2021 年 1 月 30 日　　　　　　　单位:元

序号	销售单编号	销售日期	销售额	销售数量(吨)
001	000334551	2021-1-6	5 800 000.00	2 320.00
002	000334553	2021-1-9	11 600 000.00	4 640.00
003	000334555	2021-1-13	8 700 000.00	3 480.00
004	000334556	2021-1-13	8 700 000.00	3 480.00
005	000334558	2021-1-15	11 600 000.00	4 640.00
006	000334559	2021-1-16	11 600 000.00	4 640.00
007	000334560	2021-1-22	5 800 000.00	2 320.00
008	000334561	2021-1-23	20 300 000.00	8 120.00
009	合　计	—	84 100 000.00	33 640.00

审核:熊英　　　　　制表:康威

表 8-12 原矿销售单汇总表(品名:天然气)

编制单位:北京丰赢油田股份有限公司　　　　　　　2021 年 1 月 30 日　　　　　　　单位:元

序号	销售单编号	销售日期	销售额	销售数量(立方米)
001	000334559	2021-1-16	2 250 000.00	900 000.00
002	000334562	2021-1-17	2 700 000.00	1 080 000.00
003	000334563	2021-1-18	2 700 000.00	1 080 000.00
004	000334564	2021-1-19	2 700 000.00	1 080 000.00
005	000334566	2021-1-19	2 700 000.00	1 080 000.00

序号	销售单编号	销售日期	销售额	销售数量(立方米)
006	000334570	2021-1-21	2 700 000.00	1 080 000.00
007	000334571	2021-1-21	4 500 000.00	1 080 000.00
008	000334572	2021-1-22	13 500 000.00	5 400 000.00
009	合　计	—	3 3750 000.00	13 500 000.00

审核:熊英　　　　　制表:康威

2.实训要求:请根据以上信息填写资源税纳税申报表及附表

【解析】

1.步骤

按照"我要办税—税费申报及缴纳—其他申报—资源税"的顺序依次点击,进入如图 8-7 所示的界面操作。

图 8-7　资源税纳税申报操作

2.填写资源税纳税申报表及附表,见表 8-13 和 8-14

表 8-13　资源税纳税申报表

纳税人识别号(统一社会信用代码)：□□□□□□□□□□□□□□□□□□

纳税人名称：北京丰赢油田股份有限公司

税款所属时间：自 2021 年 01 月 01 日至 2021 年 01 月 30 日

本期是否适用增值税小规模纳税人减征政策（减免性质代码：06049901）　是□　否☑

金额单位：人民币元(列至角分)

税目	子目	折算率或换算比	计量单位	计税销售量	计税销售额	适用税率	本期应纳税额	减征比例(%)			本期已缴税额	本期应补(退)税额
								本期减免税额	本期增值税小规模纳税人减征额			
1	2	3	4	5	6	7	8①＝6×7 8②＝5×7	9	10	11	12＝8-9-10-11
原油	1	1	吨	33 640	84 100 000.00	6%	5 046 000.00				5 046 000.00
天然气	1	1	立方米	13 500 000	33 750 000.00	6%	2 025 000.00				2 025 000.00
合　计			—	13 533 640.00	117 850 000.00	—	7 071 000.00				7 071 000.00

谨声明：本纳税申报表是根据国家税收法律法规及相关规定填报的，是真实的、可靠的、完整的。

纳税人(签章)：　　　　年　　月　　日

经办人：
经办人身份证号：
代理机构签章：
代理机构统一社会信用代码：

受理人：
受理税务机关(章)：
受理日期：　　年　　月　　日

表8-14　资源税纳税申报表附表
（申报和减免税计算明细）

纳税人识别号（统一社会信用代码）：□□□□□□□□□□□□□□□□□□

纳税人名称：北京丰赢油田股份有限公司

金额单位：人民币元（列至角分）

申报计算明细

序号	税目	子目	计量单位	销售数量	准予扣减的外购应税产品购进数量	计税销售数量	销售额	准予扣除的运杂费	准予扣减的外购应税产品购进金额	计税销售额
	1	2	3	4	5	6=4-5	7	8	9	10=7-8-9
1	原油	—	吨	33 640		33 640	84 100 000.00			84 100 000.00
2	天然气	—	立方米	13 500 000		13 500 000	33 750 000.00			33 750 000.00
合计	—	—	—				117 850 000.00			117 850 000.00

减免税计算明细

序号	减免项目名称	子目	计量单位	减免税销售数量	减免税销售额	适用税率	减免性质代码	减征比例	本期减免税额
	1	2	3	4	5	6	7	8	9	10①=5×7×9 10②=6×7×9
合计	—	—	—						—

第七节　环境保护税会计处理与纳税申报

一、环境保护税的会计处理

企业按规定缴纳环境保护税时,借记"税金及附加",贷记"应交税费——应交环境保护税";实际缴纳税款时,借记"应交税费——应交环境保护税",贷记"银行存款"。

【例8-13】厦门某企业当月排放总汞20千克,总汞的污染当量值(千克)为0.000 5,假设当地使用税率为每污染当量10元。要求:计算该企业当月应缴纳的环境保护税税额。

【解析】

应纳税额＝20÷0.000 5×10＝400 000(元)

做如下会计分录:

借:税金及附加　　　　　　　　　　　　　　　　400 000

　　贷:应交税费——应交车船税　　　　　　　　　　　　400 000

实际缴纳环境保护税时的会计分录:

借:应交税费——应交车船税　　　　　　　　　　400 000

　　贷:银行存款　　　　　　　　　　　　　　　　　　　400 000

二、环境保护税的纳税申报实务

(一)环境保护税申报流程

(1)环境保护税一般申报适用于通过自动监测、监测机构监测、排污系数和物料衡算法计算污染物排放量的纳税人,享受减免税优惠的纳税人还需要填报减免税相关附表进行申报。

(2)环境保护税抽样测算及按次申报适用于除环境保护税一般申报之外的其他纳税人,包括抽样测算和简易申报。

(3)纳税人应当向应税污染物排放地的税务机关申报缴纳环境保护税。海洋工程环境保护税由纳税人所属海洋石油税务(收)管理分局负责征收。

(4)环境保护税按月计算,按季申报缴纳,自季度终了之日起 15 日内,向税务机关办理纳税申报并缴纳税款。不能按固定期限计算缴纳的,可以按次申报缴纳,纳税义务发生之日起 15 日内,向税务机关办理纳税申报并缴纳税款。遇最后一日是法定休假日的,以休假日期满的次日为期限的最后一日;在期限内有连续 3 日以上法定休假日的,按休假日天数顺延。

(5)符合税收优惠条件的纳税人,在减税、免税期间,应按规定办理纳税申报,填写《财产和行为税纳税申报表》及相关资料。

(二)编制环境保护税申报表的方法

(1)编制《环境保护税税源明细表》,见表 8-15。

表 8-15　环境保护税税源明细表

纳税人识别号(统一社会信用代码):□□□□□□□□□□□□□□□□□□□□

纳税人名称:　　　　　　　　　　　　　　　　　金额单位:人民币元(列至角分)

1.按次申报□	2.从事海洋工程□		
3.城乡污水集中处理场所□	4.生活垃圾集中处理场所□		
*5.污染物类别	大气污染物□　水污染物□　固体废物□　噪声□		
6.排污许可证编号			
*7.生产经营所在区划			
*8.生态环境主管部门			
税源基础采集信息			
		新增□　　变更□　　删除□		
*税源编号	(1)		
排放口编号	(2)		
*排放口名称或噪声源名称	(3)		
*生产经营所在街乡	(4)		
排放口地理坐标　*经度	(5)		
*纬度	(6)		
*有效期起止	(7)		
*污染物类别	(8)		
水污染物种类	(9)		
*污染物名称	(10)		
危险废物污染物子类	(11)		
*污染物排放量计算方法	(12)		

税源基础采集信息					
大气、水污染物标准排放限值	*执行标准	(13)			
	*标准浓度值（毫克/升或毫克/标立方米）	(14)			
产（排）污系数	*计税基数单位	(15)			
	*污染物单位	(16)			
	*产污系数	(17)			
	*排污系数	(18)			
固体废物信息	贮存情况	(19)			
	处置情况	(20)			
	综合利用情况	(21)			
噪声信息	*是否昼夜产生	(22)			
	*标准值——昼间（6时至22时）	(23)			
	*标准值——夜间（22时至次日6时）	(24)			
申报计算及减免信息					
	*税源编号	(1)			
	*税款所属月份	(2)			
	*排放口名称或噪声源名称	(3)			
	*污染物类别	(4)			
	*水污染物种类	(5)			
	*污染物名称	(6)			
	危险废物污染物子类	(7)			
	*污染物排放量计算方法	(8)			
大气、水污染物监测计算	*废气（废水）排放量（万标立方米、吨）	(9)			
	*实测浓度值（毫克/标立方米、毫克/升）	(10)			
	*月均浓度（毫克/标立方米、毫克/升）	(11)			
	*最高浓度（毫克/标立方米、毫克/升）	(12)			

申报计算及减免信息					
产（排）污系数计算	＊计算基数	(13)			
	＊产污系数	(14)			
	＊排污系数	(15)			
固体废物计算	＊本月固体废物的产生量(吨)	(16)			
	＊本月固体废物的贮存量(吨)	(17)			
	＊本月固体废物的处置量(吨)	(18)			
	＊本月固体废物的综合利用量(吨)	(19)			
噪声计算	＊噪声时段	(20)			
	＊监测分贝数	(21)			
	＊超标不足15天	(22)			
	＊两处以上噪声超标	(23)			
抽样测算计算	特征指标	(24)			
	特征单位	(25)			
	特征指标数量	(26)			
	特征系数	(27)			
污染物排放量（千克或吨）	大气、水污染物监测计算：(28)＝(9)×(10)÷100(1000) 大气、水污染物产(排)污系数计算：(28)＝(13)×(14)×M (28)＝(13)×(15)×M pH值、大肠菌群数、余氯量等水污染物计算：(28)＝(9) 色度污染物计算：(28)＝(9)×色度超标倍数 固体废物排放量(含综合利用量)：(28)＝(16)－(17)－(18)				
＊污染当量值(特征值)（千克或吨）	(29)				
＊污染当量数	大气、水污染物污染当量数计算：(30)＝(28)÷(29)				
减免性质代码和项目名称	(31)				
＊单位税额	(32)				

续表

申报计算及减免信息				
*本期应纳税额	大气、水污染物应纳税额计算： (33)＝(30)×(32) 固体废物应纳税额计算： (33)＝(28)×(32) 噪声应纳税额计算： (33)＝0.5或1[(22)为是的用0.5；为否的用1]×2或1[(23)为是的用2，为否的用1]×(32)按照税法所附表二中畜禽养殖业等水污染物当量值表计算： (33)＝(26)÷(29)×(32)采用特征系数计算： (33)＝(26)×(27)÷(29)×(32) 采用特征值计算： (33)＝(26)×(29)×(32)			
本期减免税额	大气、水污染物减免税额计算： (34)＝(30)×(32)×N 固体废物减免税额计算： (34)＝(19)×(32)			
本期已缴税额	(35)			
*本期应补(退)税额	(36)＝(33)－(34)－(35)			

(2)编制《财产和行为税纳税申报表》等，见表8-1、8-2。

第八节　耕地占用税会计处理与纳税申报

一、耕地占用税的会计处理

由于耕地占用税是在实际占用耕地之前一次性交纳的，不存在与征税机关清算和结算的问题，因此企业按规定交纳的耕地占用税，可以不通过"应交税金"科目核算。企业为购建固定资产而交纳的耕地占用税，作为固定资产价值的组成部分，记入"在建工程"科目。

二、耕地占用税的纳税申报实务

(一)耕地占用税申报注意事项

(1)经批准占用应税土地的,耕地占用税纳税义务发生时间为纳税人收到自然资源主管部门办理占用耕地手续的书面通知的当日;未经批准占用应税土地的,耕地占用税纳税义务发生时间为自然资源主管部门认定的纳税人实际占用耕地的当日。

(2)因挖损、采矿塌陷、压占、污染等损毁耕地的纳税义务发生时间为自然资源、农业农村等相关部门认定损毁耕地的当日。纳税人改变原占地用途,补缴耕地占用税纳税义务发生时间为改变用途之日,改变用途之日分两种情况:一是经批准改变用途的,收到批准文件的日期为补缴税款纳税义务发生时间;二是未经批准改变用途的,耕地占用税补缴税款纳税义务发生时间为自然资源主管部门认定的纳税人改变原占地用途的当日。纳税人应当自纳税义务发生之日起 30 日内在耕地或其他农用地所在地申报缴纳耕地占用税。

(3)占用耕地建设农田水利设施的,不缴纳耕地占用税。占用园地、林地、草地、农田水利用地、养殖水面、渔业水域滩涂以及其他农用地建设直接为农业生产服务的生产设施的,不缴纳耕地占用税。

(4)自然资源主管部门凭耕地占用税完税凭证或者免税凭证和其他有关文件发放建设用地批准书。

(5)纳税人享受减税、免税待遇的,在减税、免税期间应当按照规定办理申报纳税。

(6)耕地占用税纳税义务人在申报时,应进行财产和行为税税源信息报告。

(7)税务机关根据纳税人识别号及该纳税人当期有效的税源明细信息自动生成《财产和行为税纳税申报表》《财产和行为税减免税明细申报附表》。

(二)编制耕地占用税申报表的方法

(1)编制《耕地占用税税源明细表》,见表 8-16。
(2)编制《财产和行为税纳税申报表》等,见表 8-1 和 8-2。

纳税人识别号(统一社会信用代码):□□□□□□□□□□□□□□□□□□

纳税人名称:

表 8-16 耕地占用税税源明细表

面积单位:平方米;金额单位:人民币元(列至角分)

占地方式	1.经批准按批次转用□　2.经批准单独选址转用□　3.经批准临时占用□　4.未批先占□		
	项目(批次)名称		
	批准占地部门	经批准占地面积	
	收到书面通知日期(或收到经批准改变原占地用途日期) 年 月 日	批准时间 年 月 日	
	认定的实际占地日期(或认定的未经批准改变原占地用途日期) 年 月 日	认定的实际占地面积	
		批准占地文号	
损毁耕地	挖损□　采矿塌陷□　压占□　污染□		
	认定的损毁耕地日期 年 月 日	认定的损毁耕地面积	
税源编号	占地位置	计税面积	减免性质代码和项目名称
	占地用途	征收品目　　适用税额	减免税面积

第九节　车船税会计处理与纳税申报

一、车船税的会计处理

对于先计提后缴纳的情况,纳税人计提车船税时,借记"税金及附加"科目,贷记"应交税费——应交车船税"科目;实际缴纳车船税时,借记"应交税费——应交车船税",贷记"银行存款"等科目。对于先缴纳后分摊的情况,纳税人缴纳车船税时,借记"预付账款"科目,贷记"应交税费——应交车船税"科目,同时借记"应交税费——应交车船税"科目,贷记"银行存款"科目;以后各期分摊时,再借记"税金及附加"科目,贷记"预付账款"科目。

【例 8-14】某运输公司拥有商用货车 10 辆(整备质量 20 吨),商用客车 30 辆,乘用车 5 辆。假设商用货车每吨车船税 60 元,商用客车每辆车船税 1 000 元,乘用车每辆车船税 500 元。

【解析】

公司年度应纳车船税计算如下:

商用货车应交车船税=10×20×60=12 000(元)

商用客车应交车船税=30×1 000=30 000(元)

乘用车应交车船税=5×500=2 500(元)

应交车船税合计为 44 500 元。

该运输公司做如下会计分录:

借:税金及附加　　　　　　　　　　　　　　44 500

　　贷:应交税费——应交车船税　　　　　　　　　　　　44 500

实际缴纳车船税时的会计分录:

借:应交税费——应交车船税　　　　　　　44 500

　　贷:银行存款　　　　　　　　　　　　　　　　　　44 500

二、车船税的纳税申报实务

1.车船税纳税申报流程

(1)车船税纳税义务发生时间为取得车船所有权或者管理权的当月。车船税按年申报缴纳。具体申报纳税期限由省、自治区、直辖市人民政府规定。

（2）从事机动车交通事故责任强制保险业务的保险机构作为扣缴义务人已代收代缴车船税的,纳税人不再向车辆登记地的主管税务机关申报缴纳车船税。

（3）对首次进行车船税纳税申报的纳税人,需要申报其全部车船的主附表信息。此后办理纳税申报时,如果纳税人的车船及相关信息未发生变化的,可不再填报信息,仅提供相关证件,由税务机关按上次申报信息生成申报表后,纳税人进行签章确认即可。对车船或纳税人有关信息发生变化的,纳税人仅就变化的内容进行填报。已获取第三方信息的地区,税务机关可将第三方信息导入纳税申报系统,直接生成申报表由纳税人进行签章确认。

（4）符合税收优惠条件的纳税人,在减税、免税期间,应按规定办理纳税申报。

（5）车船税纳税义务人在申报时,应办理"财产和行为税税源信息报告"。

（6）税务机关根据纳税人识别号及该纳税人当期有效的税源明细信息自动生成《财产和行为税纳税申报表》《财产和行为税减免税明细申报附表》。

2.填制车船税申报表的方法

（1）编制《车船税税源明细表》,见表 8-17。

（2）编制《财产和行为税纳税申报表》等,见表 8-1 和 8-2。

（三）车船税申报纳税实训

1.基本信息

企业名称:广州市宏石矿业有限公司

纳税人识别号:91440100110943482B

纳税人身份证照类型:组织机构代码

纳税人身份证照号码:110943482

法定代表人:黄建华

会计主管:薛丹

会计:李磊

联系人:邱宏逸

联系人身份证号码:447899199404046622

登记注册类型:有限责任公司

公司地址及电话:广州市白云区上元路 26 号　87965341

开户银行及银行账号:中国工商银行白云区支行 621356452179

税款所属期间:2019 年 01 月 01 日至 2019 年 12 月 31 日

填表日期:2020 年 01 月 07 日

表 8-17　车船税税源明细表

纳税人识别号（统一社会信用代码）：□□□□□□□□□□□□□□□□□□

纳税人名称：

体积单位：升；质量单位：吨；功率单位：千瓦；长度单位：米

车辆税源明细

序号	车牌号码	*车辆识别代码（车架号）	*车辆类型	车辆品牌	车辆型号	*车辆发票日期或注册登记日期	排（气）量	核定载客	整备质量	*单位税额	减免性质代码和项目名称	纳税义务终止时间
1												
2												
3												

船舶税源明细

序号	船舶登记号码	*船舶识别号	*船舶种类	*中文船名	初次登记号码	船籍港	发证日期	取得所有权日期	建成日期	净吨位	主机功率	艇身长度（总长）	*单位税额	减免性质代码和项目名称	纳税义务终止时间
1															
2															
3															

广州市宏石矿业有限公司是一家开采业企业,经营铜矿、铁矿、锰矿、铝矿、锡矿、原油、煤炭等矿产品的开采及销售,国家税务部门认定为增值税一般纳税人。

2.广东省车辆车船适用税额见表8-18。

表8-18 广东省车辆车船税适用税额表

目录	征收品目	计税单位	年基准税额(元)	备注
乘用车按发动机气缸容量(排气量分档)	1.0升(含)以下的乘用车	辆	60	核定载客人数9人(含)以下
	1.0升以上至1.6升(含)的乘用车	辆	300	核定载客人数9人(含)以下
乘用车按发动机气缸容量(排气量分档)	1.6升以上至2.0升(含)的乘用车	辆	360	核定载客人数9人(含)以下
	2.0升以上至2.5升(含)的乘用车	辆	660	核定载客人数9人(含)以下
	2.5升以上至3.0升(含)的乘用车	辆	1 200	核定载客人数9人(含)以下
	3.0升以上至4.0升(含)的乘用车	辆	2 400	核定载客人数9人(含)以下
	4.0升以上的乘用车	辆	3 600	核定载客人数9人(含)以下
商用车	核定载客人数9人以上20人以下的中型客车	辆	480	
	核定载客人数20人(含)以上的大型客车	辆	510	
	货车	辆	16	包括半挂牵引车、三轮汽车和低速载货汽车等

表8-19 2019年度申报车船税情况表

车牌号码	车辆识别代码(车架号)	车船类型	品牌型号	发动机号	车辆发票日期或注册登记日期	核定载客(人)	整备质量(吨)	使用性质	燃料种类	排气量(升)
粤A85K65L	LFVBA14B3Y3015869	中型客车	宇通	100120258410	2018年8月15日	16	3.20	营业客车	汽油	2.8
粤A64K85L	LFVBA14B3Y3016940	中型客车	宇通	100120954176	2018年8月15日	16	3.20	营业客车	汽油	2.8
粤A79K54L	LZZAEJND8BC138572	载货汽车	东风	246964K	2018年8月15日	—	3.80	营业客车	柴油	—
粤A32K57L	LZZAEJND8BC135458	载货汽车	东风	246964K	2018年8月15日	—	3.80	营业客车	柴油	—

制表:李磊　　　审核:薛丹

3.实训要求:根据以上资料填制车船税相关的纳税申报信息,见表8-1、8-2

第十节　车辆购置税会计处理与纳税申报

一、车辆购置税的会计处理

企业购买、进口、自产、受赠、获奖以及以其他方式取得并自用的应税车辆应缴纳的车辆购置税;当初购置的属于减免税的车辆在转让或改变用途后,按规定应补缴的车辆购置税。

纳税人可以不通过“应交税费——应交车辆购置税”科目核算车辆购置税。企业实际缴纳车辆购置税时,借记“固定资产”等科目,贷记“银行存款”科目。

纳税人也可以通过“应交税费——应交车辆购置税”科目核算车辆购置税。企业购置应税车辆或者免税、减税车辆因转让、改变用途等原因不再属于免税、减税范围的,按应计提或者补缴的车辆购置税额,借记“固定资产”等科目,贷记“应交税费——应交车辆购置税”等科目;实际缴纳车辆购置税时,借记“应交税费——应交车辆购置税”科目,贷记“银行存款”科目。计入固定资产成本的车辆购置税,在车辆使用期间,采用计提折旧方式的,可以在税前扣除。

【例8-15】某公司8月份购进一辆小汽车,增值税专用发票所列价款22万元,增值税额2.86万元,9月份到主管税务机关缴纳车辆购置税。

【解析】

应交车辆购置税=220 000×10%=22 000(元)

会计分录如下:

(1)购置时:

借:固定资产——小汽车	242 000	
应交税费——应交增值税(进项税额)	28 600	
贷:银行存款或应付账等		248 600
应交税费——应交车辆购置税		22 000

如果是执行《小企业会计准则》的企业,以收付实现制为会计基础,其缴纳的印花税、耕地占用税、契税、车辆购置税等,不通过“应交税费”科目,直接记入“税金及附加”“在建工程”“固定资产”“无形资产”等相应科目。如本例,小企业购置小汽车,

确认实际支付或应付价款及相关税费时,做会计分录如下:

借:固定资产——小汽车 270 600

  贷:银行存款或应付账款等 270 600

(2)下个月公司缴纳车辆购置税时的会计分录:

借:应交税费——应交车辆购置税 22 000

  贷:银行存款 22 000

二、车辆购置税的纳税申报实务

(一)车辆购置税申报注意事项

(1)车辆购置税的纳税义务发生时间为纳税人购置应税车辆的当日。

①购买自用应税车辆的为购买之日,即车辆相关价格凭证的开具日期。

②进口自用应税车辆的为进口之日,即《海关进口增值税专用缴款书》或者海关进出口货物征免税证明的开具日期。

③自产、受赠、获奖或者以其他方式取得并自用应税车辆的为取得之日,即合同、法律文书或者其他有效凭证的生效或者开具日期。

(2)车辆购置税的计税价格根据不同情况按下列规定确定。

①纳税人购买自用应税车辆的计税价格,为纳税人实际支付给销售者的全部价款,不包括增值税税款。

②纳税人进口自用应税车辆的计税价格,为关税完税价格加上关税和消费税。

③纳税人自产自用应税车辆的计税价格,按照纳税人生产的同类应税车辆的销售价格确定,不包括增值税税款。

④纳税人以受赠、获奖或者其他方式取得自用应税车辆的计税价格,按照购置应税车辆时相关凭证载明的价格确定,不包括增值税税款。

⑤纳税人以外汇结算应税车辆价款的,按照申报纳税之日的人民币汇率中间价折合成人民币计算缴纳税款。

(3)纳税人申报的应税车辆计税价格明显偏低,又无正当理由的,由税务机关依照《中华人民共和国税收征收管理法》的规定核定其应纳税额。

(4)免税、减税车辆因转让、改变用途等原因不再属于免税、减税范围的,纳税人应当在办理车辆转移登记或者变更登记前缴纳车辆购置税。计税价格以免税、减税车辆初次办理纳税申报时确定的计税价格为基准,每满一年扣减百分之十。

(5)车辆购置税纳税地点：

①需要办理车辆登记的，向车辆登记地的主管税务机关申报纳税。

②不需要办理车辆登记的，单位纳税人向其机构所在地的主管税务机关申报纳税，个人纳税人向其户籍所在地或者经常居住地的主管税务机关申报纳税。

(6)自2019年6月1日起，纳税人在全国范围内办理车辆购置税纳税业务时，税务机关不再打印和发放纸质车辆购置税完税证明。纳税人办理完成车辆购置税纳税业务后，在公安机关交通管理部门办理车辆注册登记时，不需向公安机关交通管理部门提交纸质车辆购置税完税证明。

(7)自2019年7月1日起，纳税人在全国范围内办理车辆购置税补税、完税证明换证或者更正等业务时，税务机关不再出具纸质车辆购置税完税证明。纳税人如需纸质车辆购置税完税证明，可向主管税务机关提出，由主管税务机关打印《车辆购置税完税证明(电子版)》，也可自行通过本省(自治区、直辖市和计划单列市)电子税务局等官方互联网平台查询和打印。

(二)编制车辆购置税申报表的方法

1.编制《车辆购置税申报表》，见表8-20。

2.填写《车辆购置税申报表》的注意事项。

资料阅读

请扫一扫:《车辆购置税纳税申报表》

表 8-20　车辆购置税纳税申报表

填表日期：　　年　　月　　日　　　　　　　　　　　　　　　　金额单位：元

纳税人名称		申报类型	□征税□免税□减税
证件名称		证件号码	
联系电话		地　　址	
合格证编号（货物进口证明书号）		车辆识别代号/车架号	
厂牌型号			
排量（cc）		机动车销售统一发票代码	
机动车销售统一发票号码		不含税价	
海关进口关税专用缴款书（进出口货物征免税证明）号码			
关税完税价格		关　税		消费税	
其他有效凭证名称		其他有效凭证号码		其他有效凭证价格	
购置日期		申报计税价格		申报免（减）税条件或者代码	
是否办理车辆登记		车辆拟登记地点			

纳税人声明：

　　本纳税申报表是根据国家税收法律法规及相关规定填报的，我确定它是真实的、可靠的、完整的。

纳税人（签名或盖章）：

委托声明：

　　现委托（姓名）_____（证件号码）_____办理车辆购置税涉税事宜，提供的凭证、资料是真实、可靠、完整的。任何与本申报表有关的往来文件，都可交予此人。

委托人（签名或盖章）：　被委托人（签名或盖章）：

以下由税务机关填写

免（减）税条件代码					
计税价格	税率	应纳税额	免（减）税额	实纳税额	滞纳金金额
受理人：　　　年　月　日		复核人（适用于免、减税申报）：　　　年　月　日		主管税务机关（章）	

第十一节　烟叶税会计处理与纳税申报

一、烟叶税的会计处理

企业收购烟叶,根据有关收购凭证等做如下会计分录:

借:原材料——烟叶

　　应交税费——应交增值税(进项税额)

　　贷:银行存款

　　　　应交税费——烟叶税

企业实际缴纳烟叶税时做如下会计分录:

借:应交税费——烟叶税

　　贷:银行存款

二、烟叶税的纳税申报实务

(一)烟叶税纳税申报注意事项

(1)税款所属期限:纳税人申报烟叶税所属期的起止时间。应填写具体的年、月、日。

(2)烟叶收购价款总额:必填。填写纳税人收购烟叶实际支付的价款总额。

(3)税率:填写烟叶税适用税率。烟叶税的税率为20%。

(二)编制烟叶税申报表的方法

(1)编制《烟叶税税源明细表》,见表8-21。

表 8-21　烟叶税税源明细表

税款所属期限:自　年　月　日至　年　月　日
纳税人识别号(统一社会信用代码):□□□□□□□□□□□□□□□□□□
纳税人名称:　　　　　　　　　　　　　　　　金额单位:人民币元(列至角分)

序号	烟叶收购价款总额	税率
1		
2		
3		
4		
5		
6		

(2)编制《财产和行为税纳税申报表》等,见表 8-1 和 8-2。

第十二节　城市维护建设税和教育费附加会计处理与纳税申报

一、城市维护建设税和教育费附加的会计处理

(1)纳税人计提城市维护建设税时,应借记"税金及附加""固定资产清理"等科目,贷记"应交税费——应交城市维护建设税"科目;实际缴纳城市维护建设税时,应借记"应交税费——应交城市维护建设税"科目,贷记"银行存款"科目。"应交税费——应交城市维护建设税"科目期末贷方余额反映企业应缴未缴的城市维护建设税。

(2)纳税人计提教育费附加时,应借记"税金及附加""固定资产清理"等科目,贷记"应交税费——应交教育费附加"科目;实际缴纳教育费附加时,应借记"应交税费——应交教育费附加"科目,贷记"银行存款"科目。"应交税费——应交教育费附加"科目期末贷方余额反映企业应缴未缴的教育费附加。

(3)纳税人计提地方教育附加时,应借记"税金及附加""固定资产清理"等科目,贷记"应交税费——应交地方教育附加"科目;实际缴纳地方教育附加时,应借记"应交税费应交地方教育附加"科目,贷记"银行存款"科目。"应交税费——应交地方教育附加"科目期末贷方余额反映企业应缴未缴的地方教育附加。企业核算应缴纳城市维护建设税和教育费附加时,应设置"应交税费——应交城市维护建设税"和"应

— 290 —

交税费——应交教育费附加"账户。

【例 8-16】飞虹城建公司系一般纳税人,在异地某县承揽某一城建工程,6 月销项税额为 450 万元,进项税额为 240 万元,异地预缴增值税 90 万元。假设该公司只有该项目,当月无其他涉税事项。

【解析】

(1)应交税费的计算。

①服务发生地的计算:

应交城市维护建设税=90×5%=4.5(万元)

应交教育费附加=90×3%=2.7(万元)

应交地方教育费附加=90×2%=1.8(万元)

②机构所在地的计算:

应交城市维护建设税=(450−240−90)×7%=8.4(万元)

应交教育费附加=(450−240−90)×3%=3.6(万元)

应交地方教育费附加=(450−240−90)×2%=2.4(万元)

③服务发生地城市维护建设税税率为 5%,机构所在地城市维护建设税税率为 7%,有 2% 的税率差,在机构所在地申报时不需要补缴。

(2)应交税费的会计分录。

①在服务生地预缴税费时:

借:税金及附加	90 000	
贷:应交税费——应交城市维护建设税		45 000
——应交教育费附加		45 000
借:应交税费——应交城市维护建设税	45 000	
——应交教育费附加	45 000	
贷:银行存款		90 000

②在机构所在地预缴税费时:

借:税金及附加	144 000	
贷:应交税费——应交城市维护建设税		84 000
——应交教育费附加		60 000
借:应交税费——应交城市维护建设税	84 000	
——应交教育费附加	60 000	
贷:银行存款		144 000

二、城市维护建设税和教育费附加的纳税申报实务

缴纳增值税、消费税的单位和个人,都应申报缴纳城市维护建设税、教育费附加和地方教育附加。2021 年 4 月及以后所属期不再适用单独申报,而是将附加税费申报表作为附列资料或附表,纳税人在进行增值税、消费税申报的同时完成附加税费申报。

(一)附加税(费)申报注意事项

(1)纳税人对报送材料的真实性和合法性承担责任。

(2)纳税人使用符合电子签名法规定条件的电子签名,与手写签名或者盖章具有同等法律效力。

(3)纳税人未按照规定的期限办理纳税申报和报送纳税资料的,将影响纳税信用评价结果,并依照《中华人民共和国税收征收管理法》有关规定承担相应法律责任。

(4)纳税人跨地区提供建筑服务、销售和出租不动产的,应在建筑服务发生地、不动产所在地预缴增值税时,以预缴增值税税额为计费依据,就地缴纳教育费附加和地方教育附加。如果异地的城市维护建设税适用税率和教育费附加、地方教育附加征收率与机构所在地存在差异,无需补缴,也不能申请退抵税费。

(5)随增值税、消费税附征的城市维护建设税、教育费附加和地方教育附加可免于零申报。

(6)符合税收优惠条件的纳税人,在减税、免税期间,应按规定办理纳税申报,填写申报表及其附表上的优惠栏目。

(二)附加税(费)申报表的填写方法

详见下方二维码的相关内容。

资料阅读

请扫一扫:附加税(费)申报

本章小结

  本章所述的 12 个"小税种"均属地方税,虽然税额比较小,但是是实务中较为普遍的税种,大多数的企业都需要缴纳。凡是计算、缴纳不易与征税部门发生争议的税种,在会计处理上都可以简化,即可以不通过"应交税费"账户计算,直接反映在相关费用账户即可。当然,也可以通过"应交税费"账户反映应缴税款及其上缴情况。

  自 2020 年 12 月 1 日起,财产和行为税合并纳税申报,对财产和行为税(含土地增值税、印花税、契税、房产税、城镇土地使用税、资源税、环境保护税、耕地占用税、车船税、车辆购置税、烟叶税;不含城市维护建设税,城市维护建设税分别与增值税、消费税合并申报)进行合并申报。纳税人依照税收法律法规及相关规定确定的申报期限、申报内容,填报《财产和行为税纳税申报表》,进行财产和行为税的纳税申报。但是,申报前都需填写税源明细表。

【复习思考题】

  1.城市维护建设税的计税依据和税率是什么?

  2.印花税如何进行相关的会计处理?

  3.城镇土地使用税的纳税范围和计税依据是什么?

  4.自用房产和出租房产各自如何计税?

  5.契税的计税依据是什么? 企业单位如何进行会计处理?

  6.企业如何进行资源税的会计处理?

  7.分别阐述土地增值税纳税申报表的类型和适用范围。

  8.在本章涉及的"小税种"中,应缴税款的会计处理可以不通过"应交税费"账户核算,而是直接记入有关费用账户。请分析这样进行会计处理有何利弊。

【应用技能题】

  1.三原木房地产有限公司(私营房地产有限责任公司)2016 年 3 月份收到项目华宝大厦(写字楼一幢)预收款35 400 000.00元,相关信息见图 8-8 和 8-9,公司按规定的土地增值税预征率 6% 缴纳了相关税费。请代为申报土地增值税,填写表 8-22。(企业坐落于城市,申报时保留两位小数,属于同一税目的一律汇总申报,无减免税或抵扣的不必填写。)

企业基本情况表

企业名称	三原木房地产有限公司		
通讯地址	北京市西城区地安大街12号	邮编	100009
统一社会信用代码	911101027087986546		
主管税务机关	北京市西城区地方税务局		
开户银行	中国农业银行北京西城支行	账号	103100002269795
成立时间	2006年07月11日	注册资本	人民币贰拾万元整
法定代表人	毕世成	相关行业工作年数	3年
联系人	毕世成	联系电话	010-64066279
经营范围（按营业执照上登记填写）	房地产开发与经营，物业管理，房产租赁		
所属行业	□ 农、林、牧、渔业　□ 采矿业　□ 制造业　□ 建筑业 □ 电力、燃气及水的生产和供应业　□ 信息传输、计算机服务和软件业 □ 交通运输、仓储和邮政业　□ 批发和零售业 □ 生活服务业　☑ 房地产业　□ 金融业　□ 现代服务业　□ 其他		
主要关联企业名称（集团公司、母子总分公司、或者同属集团公司的子/分公司）			

图 8-8　企业基本情况

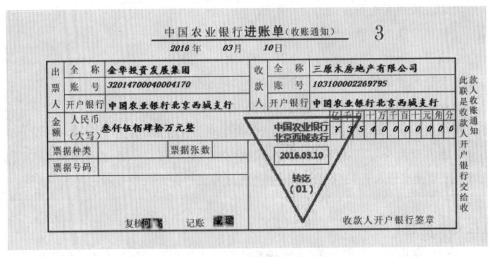

图 8-9　银行进账单

表8-22　土地增值税纳税申报表（一）

（从事房地产开发的纳税人预征适用）

税款所属时间：　年　月　日至　年　月　日　　　　　　　　　填表日期：　年　月　日

项目名称：　　　　　　　　　　　　　　　　　　　　　　　金额单位：元至角分；面积单位：平方米

项目编号：

纳税人识别号□□□□□□□□□□□□□□□□□□

房产类型	房产类型子目	收入				预征率（%）	应纳税额	税款	缴纳
		应税收入	货币收入	实物收入及其他收入	视同销售收入			本期已缴税额	本期应缴税额计算
	1	$2=3+4+5$	3	4	5	6	$7=2\times6$	8	$9=7-8$
普通住宅									
非普通住宅									
其他类型房地产									
合　计						—			

以下由纳税人填写：

纳税人声明：	此纳税申报表是根据《中华人民共和国土地增值税暂行条例》及其实施细则和国家有关税收规定填报的，是真实的、可靠的、完整的。
纳税人签章：	代理人签章：　　　　　　代理人身份证号

以下由税务机关填写：

受理人	受理日期：　年　月　日	受理税务机关签章

本表一式两份，一份纳税人留存，一份税务机关留存。

2.2021年7月4日,佛山市欧拓房地产有限公司申报6月份的印花税,企业信息如表8-23所示,该企业印花税计算表及附加税计算表如表8-24和表8-25所示。请根据实训要求,填写印花税相关申报表,见表8-1,8-2和8-3。

表8-23 企业相关信息表

企业名称	佛山市欧拓房地产有限公司		
主要经营	房地产开发、投资及销售		
增值税纳税人属性	一般纳税人		
增值税征税范围	工程安装服务、销售不动产		
增值税税率	9%		
高新技术企业	否	科技型中小企业	否
技术入股递延纳税事项	否		
国家限制或禁止行业	否	小型微利企业	是

表 8-24　印花税计算表

纳税人名称：佛山市欧拓房地产有限公司

税款所属期：2021 年 6 月 1 日—2021 年 6 月 30 日

序号	应税凭证	计税金额	适用税率	本期应纳税额	本期已缴税额	本期减免税额	本期增值税小规模纳税人减征额	本期应补（退）税额	备注
1	营业账簿	100 000 00	0.05%	5 000.00	0.00	2 500.00	0.00	2 500.00	
2	产权转移书据	38 163 300	0.05%	19 081.65	0.00	0.00	0.00	19 081.65	
	合　计			24 081.65	0.00	2 500.00	0.00	21 581.65	

注意：为减轻纳税人负担，增值税纳税人在增值税申报期限内同时办理印花税申报纳税手续。同一种类应税凭证需要频繁贴花的纳税人，可实行印花税汇总缴纳。

注：自 2018 年 5 月 1 日起，对按万分之五税率贴花的资金账簿减半征收印花税。此处印花税的计税依据是已签订的销售合同总额。

表 8-25　附征税计算表

纳税人名称：佛山市欧拓房地产有限公司

税款所属期：2021 年 6 月 1 日—2021 年 6 月 30 日

征收项目	计税依据	税率	本期应纳税额	减免额	小规模减征比例	小规模减征额	本期已缴纳税额	本期应补（退）税额
城市维护建设税		7%	0.00			0.00		0.00
教育费附加		3%	0.00			0.00		0.00
地方教育费附加		2%	0.00			0.00		0.00
合　计	—	—	0.00	0.00	—	0.00	0.00	0.00

注意：附征税的计税依据是当月所申报缴纳的增值税。月纳税销售额不超过 10 万元（季度销售额不超过 30 万元）的缴纳义务人，免征教育费附加、地方教育附加。

3.2021 年 2 月 4 日,北京煤业化工集团有限责任公司申报 1 月份的煤炭资源税,折算率为 75%。请根据表 8-26 和表 8-27 信息,填制表 8-28 和表 8-29。(折算率以小数表示。)

表 8-26　销售单汇总表(品名:原煤)

编制单位:北京煤业化工集团有限责任公司　　　　2021 年 1 月 30 日　　　　单位:元

序号	销售单编号	销售日期	销售额
001	000667544	2021-1-16	20 000.00
002	000667547	2021-1-17	35 000.00
003	000667551	2021-1-18	20 000.00
004	000667553	2021-1-19	250 000.00
005	合　　计	—	100 000.00

审核:周琪　　　　制表:林东

表 8-27　销售单汇总表(品名:洗选煤)

编制单位:北京煤业化工集团有限责任公司　　　　2021 年 1 月 30 日　　　　单位:元

序号	销售单编号	销售日期	销售额
001	000667545	2021-1-16	10 000.00
002	000667546	2021-1-17	30 000.00
003	000667548	2021-1-18	20 000.00
004	000667550	2021-1-19	10 000.00
005	000667552	2021-1-21	10 000.00
006	合　　计	—	80 000.00

审核:周琪　　　　制表:林东

表 8-28 资源税纳税申报表

税款所属时间：自 年 月 日 至 年 月 日

纳税人识别号（统一社会信用代码）：□□□□□□□□□□□□□□□□□□

纳税人名称：

金额单位：人民币元（列至角分）

本期是否适用增值税小规模纳税人减征政策
（减免性质代码：06049901）　　　是□　否□

税目	子目	折算率或换算比	计量单位	计税销售量	计税销售额	适用税率	本期应纳税额	本期减免税额	减征比例（%）本期增值税小规模纳税人减征额	本期已缴税额	本期应补（退）税额
1	2	3	4	5	6	7	8①=6×7 / 8②=5×7	9	10	11	12=8-9-10-11
原油											
天然气											
合 计	—	—	—	—	—	—	7 071 000.00				7 071 000.00

谨声明：本纳税申报表是根据国家税收法律法规及相关法规定填报的，是真实的、可靠的、完整的。

纳税人（签章）：

经办人：

经办人身份证号：

代理机构签章：

代理机构统一社会信用代码：

受理人：

受理税务机关（章）：

受理日期： 年 月 日

年 月 日

表 8-29　资源税纳税申报表附表
（申报和减免税计算明细）

纳税人识别号（统一社会信用代码）：

纳税人名称：

金额单位：人民币元（列至角分）

申报计算明细

序号	税目	子目	计量单位	销售数量	准予扣减的外购应税产品购进数量	计税销售数量	销售额	准予扣除的运杂费	准予扣减的外购应税产品购进金额	计税销售额
	1	2	3	4	5	6＝4－5	7	8	9	10＝7－8－9
1										
2										
合计	—	—	—							

减免税计算用明细

序号	税目	子目	减免项目名称	计量单位	减免税销售数量	减免税销售额	适用税率	减免性质代码	减征比例	本期减免税额
	1	2	3	4	5	6	7	8	9	10①＝5×7×9 10②＝6×7×9
合计	—	—		—					—	